A CRÍTICA NO SUBSOLO

René Girard

A CRÍTICA NO SUBSOLO

Tradução

Martha Gambini

PAZ E TERRA

Título original: *Critique dans un souterrain*

Copyright © L'Âge d'Homme, 1976
    © Grasset & Fasquelle, 1983

Direitos de edição da obra em língua portuguesa adquiridos pela EDITORA PAZ E TERRA. Todos os direitos reservados. Nenhuma parte desta obra pode ser apropriada e estocada em sistema de banco de dados ou processo similar, em qualquer forma ou meio, seja eletrônico, de fotocópia, gravação etc., sem a permissão do detentor do copirraite.

A reprodução de trechos das seguintes obras foi gentilmente autorizada por suas respectivas editoras e/ou tradutores: *Memórias do subsolo, Gente pobre, Os irmãos Karamázov* e *O anti-Édipo: capitalismo e esquizofrenia* (Editora 34); *Humilhados e ofendidos* (Editora Nova Alexandria); *A queda* e *O estrangeiro* (Editora Record , em tradução de Valerie Rumjanek); *Bíblia de Jerusalém* (Editora Paulus); *O apanhador no campo de centeio* (Editora do Autor, em tradução de Jorio Dauster); e *Aurora* (Editora Escala).

Texto revisto pelo novo Acordo Ortográfico da Língua Portuguesa.

EDITORA PAZ E TERRA LTDA
Rua do Triunfo, 177 — Sta. Ifigênia — São Paulo
Tel: (011) 3337-8399 — Fax: (011) 3223-6290
http://www.pazeterra.com.br

Dados Internacionais de Catalogação na Publicação (CIP)
(Câmara Brasileira do Livro, SP, Brasil)

Girard, René, 1923- .
    A crítica no subsolo / René Girard ;
tradução Martha Gambini ; revisão técnica Pedro
Sette-Câmara. – Rio de Janeiro : Paz e Terra, 2011.
Título original: Critique dans un souterrain.

ISBN 978-85-7753-156-1

    1. Literatura moderna - História e crítica
I. Título.

11-01304   CDD-809

Sumário

APRESENTAÇÃO 7

1 Dostoiévski: do duplo à
unidade 51

2 Por um novo processo de
O estrangeiro 167

3 De *A divina comédia* à socio-
logia do romance 215

4 Monstros e semideuses na
obra de Hugo 227

5 Sistema do delírio 241

ORIGEM DOS TEXTOS 307

Apresentação

Foi-me oferecida a oportunidade, pela qual sou grato, de reunir ensaios publicados em datas e circunstâncias diversas. Como é inevitável, os mais antigos despertam uma leve impressão de arcaísmo. Apesar disso, fico surpreso pela continuidade que eles apresentam em relação aos esforços mais recentes. Em trabalhos desse tipo, a concepção das obras nunca pode ser separada de sua abordagem. Aqui isso também é verdadeiro, mas num sentido tão particular e de uma forma tão essencial que talvez não seja inútil insistir nesse ponto.

Ao invés de trazer de fora um método já pronto, gostaria de pedir aos próprios escritores — evidentemente não a todos, mas aos que me parecem mais importantes — que o fornecessem. Não me dirijo aos seus escritos teóricos, caso existam, nem às correspondências ou a qualquer outra contribuição marginal, mas às próprias obras, ou melhor, a algumas dentre as que me parecem de maior relevância.

Geralmente, a carreira de um escritor, bem como a de um pesquisador científico, se desenvolve no decorrer de muitos anos. Ela com frequência gira, ou parece girar, em torno de um pequeno número de temas e de problemas, retomados incessantemente pelo autor. Ele não consideraria necessárias tais retomadas se não tivesse nada de novo a dizer. Ao menos, é natural pensar assim. Pode-se supor que as modificações sucessivas se produzam sob a pressão de obras já realizadas e que não satisfazem mais o escritor, ou que nunca o satisfizeram. Portanto, a nova obra apresentaria uma face negativa e crítica em relação às obras passadas, a qual podemos tentar trazer à luz a fim de revelar seus princípios.

Essa hipótese, ainda abstrata, choca-se com uma concepção hoje bastante difundida. É possível reconhecer sem dificuldades que muitos escritores, durante toda a vida, giram em torno dos mesmos temas, mas considera-se que isso ocorra, invariavelmente, ao modo dos obcecados. Se existe algum *progresso* além do técnico, ele se encontra no plano da própria obsessão, que sempre reforça seus efeitos. O crítico compara as obras sucessivas, mas não pretende extrair dessa comparação o princípio de suas análises. Não é ao obcecado que devemos solicitar a palavra final sobre sua obsessão.

Para ilustrar tal perspectiva, recorremos a obras — e há muitas — que terminam claramente como começam. O ponto de chegada é o desenvolvimento do ponto de partida, a sua confirmação brilhante ou parodística. É um mérito da crítica recente ter demonstrado isso acompanhando passo a passo alguns desses títulos. É claro que os temas nunca se repetem exatamente da mesma maneira, mas as divergências sucessivas não podem ser definidas em termos de ruptura.

Aceito tal esquema para a grande maioria das obras modernas, e isso sem qualquer reticência, como ilustra o exemplo esboçado a seguir. Sem dúvida, ele poderá ser considerado mais ou menos feliz, mas ao menos por enquanto não é essa a questão. Quanto mais Victor Hugo envelhece, mais se revela o caráter obsessivo de seu gênio, presente em estado embrionário em suas primeiras obras. Os símbolos do bem e do mal se invertem no meio do caminho, mas aí não se trata de uma verdadeira revolução. Ela ocorre no sentido geral da obsessão; de alguma forma, está "programada" desde o início. As estruturas só se modificam para se simplificar, para destacar suas linhas de força, ficando cada vez mais legíveis e tornando-se, em suma, caricaturas de si próprias no universo em que elas se anexam, inteiramente reduzido ao maniqueísmo exacerbado de uma sinfonia em preto e branco.

O caso de Dostoiévski me parece completamente diferente. Nele, desenha-se uma obsessão imperiosa desde as primeiras obras. Sempre reaparece o mesmo esquema, a mesma relação triangular da mulher desejada e dos dois rivais. Não se pode simplesmente dizer que eles a estejam disputando. O herói principal comporta-se de modo obscuro e complexo. Ele se desdobra junto à mulher amada, mas trabalha para o sucesso do rival, facilitando sua união com ela. Esse desfecho com certeza o desespera, mas não completamente: ele sonha em conseguir um lugar pequeno e secundário na vida futura do casal. Em relação ao rival, as marcas de hostilidade se alternam com gestos servis e com sinais de uma atração fascinada.

O primeiro Dostoiévski interpreta esse tipo de conduta no contexto do idealismo romântico, sempre vendo nela a "grandeza de alma" e a "nobre generosidade". Até mesmo o leitor menos atento percebe aí algo suspeito, o que é plenamente confirmado pela relação triangular entre o próprio Dostoiévski, sua futura mulher e o rival Vergunov, como demonstrado pela correspondência siberiana. Repudiar essas cartas sob a alegação de que não deveriam intervir na consideração das obras literárias é um gesto inútil. Mal se pode distinguir algumas das obras literárias. Preocupar-se com uma possível confusão entre a "realidade" e a "ficção" equivale a recair na ficção, a não ver que tudo aqui pertence ao domínio ficcional. Por toda parte, são as mesmas fascinações que se apresentam sob a aparência do dever e da moralidade.

Mesmo diante de casos tão pouco discutíveis quanto este, certos defensores da soberania estética um dia se recusaram, e se recusam até hoje, a admitir a derrota. Eles temem ter de conceder a disciplinas extraliterárias, especialmente à psicanálise, um direito de olhar sobre a atividade literária como um todo. Por isso, fecham heroicamente os olhos e mantêm até o fim o postulado da obra "autônoma", declarando intocáveis mesmo os textos mais visivelmente impregnados de desconhecimento, os mais claramente governados por mecanismos que lhes escapam.

No fundo, esses defensores da obra de arte já sucumbiram ao prestígio daquilo que chamam de ciência. Estão convencidos de que o controle dos mecanismos obsessivos, caso exista, só pode ser seu inimigo, apegado a uma *desmistificação* sem nuances, ávido por estabelecer sua dominação totalitária sobre os escombros fumegantes daquilo que amam. É preciso admitir que os acontecimentos à nossa volta não os encorajam muito a pensar de outra forma.

As relações triangulares e a obsessão pelo rival nunca irão desaparecer das obras dostoievskianas, mas, a partir das *Memórias do subsolo*, o escritor renuncia bruscamente à leitura idealista. Ele próprio passa a ressaltar o caráter obsessivo das rivalidades. A "grandeza de alma" e a "generosidade" ainda se encontram ali, mas sob a luz da sátira.

Ao vago mal-estar causado pelas primeiras obras e à vaga questão que delas emanava, mas que elas próprias eram incapazes de levantar, sucede o mal-estar e o silêncio que não pertencem mais às obras, mas aos personagens, um mal-estar e um silêncio que agora possuem a espessura e a consistência de um verdadeiro objeto, o objeto mesmo da busca dostoievskiana. Embora sua arte o proíba de explicar-se diretamente, Dostoiévski esclarece esse desconforto e responde a nossas questões. Os recortes são tantos e tão precisos, as correspondências entre os dois tipos de obra são tão perfeitas, que nenhuma dúvida mais é possível. As obsessões que sobem ao palco no segundo tipo são as mesmas que governavam o primeiro, sem nunca saírem dos bastidores.

Ninguém, ou quase ninguém, lê as obras que precedem as *Memórias do subsolo*, mas isso não é uma injustiça a ser deplorada. O "verdadeiro" Dostoiévski começa depois; ele começa com uma ruptura cujo caráter essencial deve ser reconhecido, mesmo que a continuidade dos temas a dissimule. A partir das *Memórias do subsolo*, Dostoiévski vira do avesso todas as suas perspectivas e consegue, pouco a pouco, encerrar em suas obras a relação obsessiva da qual por muito tempo fora a vítima. Ele cria, incessantemente, personagens semelhantes ao escritor que fora. Não encontramos mais a vã repetição das primeiras obras, mas um procedimento cada vez mais seguro, cujas etapas são marcadas pelos livros sucessivos, um empreendimento dinâmico em que se forja um instrumento romanesco cada vez mais potente.

Resumindo, nas obras pós-ruptura constitui-se um *saber* que se refere a um universo obsessivo não revelado, mas refletido nas primeiras obras. Antes de recorrer a disciplinas extraliterárias para esclarecer "o caso Dostoiévski", o mínimo a fazer é questionar esse saber, torná-lo totalmente explícito, a fim de compará-lo a saberes não literários, como a psicanálise.

Curiosamente, é isso que ninguém faz. Aqueles que defendem indistintamente todas as obras literárias nem sonham com isso, pois não admitem que haja obras obscuras. Os que admitem as obras obscuras tampouco o fazem, pois acreditam que todas o sejam. Eles julgam possuir o monopólio de seu esclarecimento. A ideia de dar a obras literárias a menor parcela de luz parece-lhes escandalosa.

Cegos, talvez por suas divisões, todos esses críticos dão prova de uma excessiva confiança nos rótulos. Para eles, a ciência é sempre a ciência e a literatura nunca é mais do que a literatura. Antes de mais nada, é preciso não *misturar os gêneros*. Se a fronteira do saber científico não for tão nítida quanto se imagina, seria possível, de fato, que estivéssemos diante de apenas uma distinção de gêneros, tão debilitante quanto seriam hoje as de Boileau, caso a opinião intelectual se obrigasse a respeitá-las.

Enredada na trama das grandes obras, uma rigorosa concepção do desejo revela-se em Dostoiévski. Sistematizá-la comporta riscos, mas a tentação é ainda maior pelo fato de que ao lado das últimas obras, que são as fontes diretas, dispomos das primeiras, que permitem controlá-las. Aqui, não temos mais esboços, mas objetos experimentais, cobaias de um novo gênero que só foram utilizadas pelo próprio Dostoiévski e que ainda esperam que as utilizemos. Em Dostoiévski, o desejo não possui um objeto original ou privilegiado. Esta divergência fundamental é sua primeira com relação a Freud. O desejo escolhe objetos através de um modelo; ele é desejo segundo o *outro*, mas é idêntico à sede furiosa de trazer tudo para o eu. O desejo está, desde o princípio, dilacerado entre o eu e um outro que sempre parece mais soberano, mais autônomo que o eu. Esse é o paradoxo do orgulho, que se identifica com tal desejo, e de seu fracasso inevitável. O modelo designa o desejável ao desejá-lo ele próprio. O desejo é sempre mimetismo de outro desejo, sendo, portanto, desejo do mesmo objeto e fonte inesgotável de conflitos e rivalidades. Quanto mais o modelo se transforma em obstáculo, mais o desejo tende a transformar os obstáculos em modelos.

Deste modo, de tanto presenciar tal transformação, o próprio desejo a assume: ele acredita chegar mais rápido ao seu objetivo adorando o obstáculo. A partir daí, inflama-se toda vez que as condições para um novo fracasso parecem reunidas. Para o olhar incompreensivo do psiquiatra, o desejo parece ambicionar esse fracasso. Então, inventa-se um rótulo para o fenômeno incompreendido — masoquismo —, o qual turva definitivamente sua transparência. Não é o fracasso que o desejo ambiciona, mas o sucesso de seu rival.

Assim, percebe-se nas *Memórias do subsolo* a importância de episódios que, à primeira vista, parecem simplesmente cômicos; por exemplo, o encontrão na rua transforma imediatamente o desconhecido insolente nesse *obstáculo* fascinante que acabei por definir, ao mesmo tempo rival e modelo. Aqui, a rivalidade é claramente primária; não existe mais objeto para mascarar tal verdade. A rivalidade não é o encontro acidental, sobre o mesmo objeto, de dois desejos independentes e espontâneos. Tudo aqui é mimetismo, mas o mimetismo negativo que não enxergamos e que a arte caricatural de Dostoiévski consegue tornar manifesto. Nietzsche pressentiu a importância desse livro, mas infelizmente para ele e para nós, nunca fez nada com isso.

Os sentimentos inspirados pelo obstáculo-modelo — ódio e veneração misturados — são chamados de "tipicamente dostoievskianos". Nada mais inteligível, na perspectiva mimética, que os impulsos alternados de abater o ídolo monstruoso e de "fundir-se" com ele.

Tal é, precisamente, o jogo do desejo no último Dostoiévski. E essa visão torna-se ainda mais nítida se a compararmos com as primeiras obras: utilizando-a como um crivo sobre a interpretação romântica e idealista, verificamos que esse crivo preenche, perfeitamente, as lacunas dos textos, retificando as perpétuas defasagens entre as intenções declaradas e a maneira pela qual se concretizam. Portanto, para explicar as primeiras obras de maneira satisfatória, para dissipar seu mal-estar, é preciso ver nelas não o início de uma decifração, mas os traços sintomáticos que apenas as grandes obras conseguem decifrar. A essa lei só há uma exceção, e parcial; é *O duplo*, primeira passagem em direção ao gênio futuro, logo colmatada por Bielínski e seus amigos.

Se o desejo é mimético por natureza, todos os fenômenos que ele produz tendem necessariamente à reciprocidade. Qualquer rivalidade já possui um caráter recíproco no plano do objeto, não importando a sua causa; a reciprocidade também vai intervir no plano do desejo quando cada um se torna obstáculo-modelo para o outro. O desejo vai identificar tal reciprocidade. O desejo observa; ele sempre acumula mais saber sobre o outro e sobre si próprio, mas esse saber nunca romperá o círculo de sua "alienação". O desejo tenta escapar da reciprocidade que percebe. Sob o efeito da rivalidade violenta, qualquer modelo, na verdade, deverá cedo ou tarde transmutar-se em antimodelo. Em vez de parecer, trata-se agora de diferenciar-se; todos querem romper a reciprocidade, e a reciprocidade se perpetua numa forma invertida.

Dois pedestres percebem avançar um em direção ao outro. Eles querem se evitar, cada qual tomando a direção oposta à que veem o outro tomar. O face a face se reproduz... Qualquer exemplo tão simples quanto este irá necessariamente se vincular a um domínio no qual o investimento do desejo é quase nulo. Consequentemente, ele irá sugerir mal a dissimulação do mecanismo, sua tenacidade, seu poder de difusão e de contaminação.

Após Dante, só temos Dostoiévski para revelar como é propriamente infernal não a ausência, a privação e a impossibilidade de se alcançar o objeto, mas o fato de se permanecer ligado e colado a esse *duplo*, de se modelar e de se calcar nele de forma tão mais inevitável quanto mais se tenta afastá-lo. Mesmo onde todos os dados positivos parecem se opor a isso, a relação de rivalidade tende, irresistivelmente, à reciprocidade e à identidade. É exatamente isso que causa a angústia do Eterno Amante, modelo e rival do Eterno Marido, cada vez que, a despeito de si próprio, ele entra no

A CRÍTICA NO SUBSOLO | 15

jogo deste último ou este último entra no seu. Ambos os *duplos* sempre entram na repetição obrigatória de um único e mesmo jogo.

Esse retorno desconcertante do idêntico, ali onde cada um pensa estar engendrando o diferente, define a relação dos *duplos*, a qual não têm aqui nada de imaginário. É preciso insistir nesse aspecto, mais e melhor do que fiz no ensaio sobre Dostoiévski. Os *duplos* são a resultante final e a verdade do desejo mimético, a qual busca revelar-se, mas que é recalcada pelos principais interessados devido a seu antagonismo; são os próprios *duplos* que interpretam o surgimento dos *duplos* como "alucinatório".

De forma quase unânime, o pensamento moderno, da literatura romântica à psicanálise, só vê na relação dos *duplos* um fenômeno fantasmático e fantasmagórico. Ele exclui sua própria verdade buscando dar crédito a uma diferença que cada vez mais lhe escapa, mas que ele nunca evita tornar ainda mais sutil. É esse o mecanismo da moda e do moderno, tal como Dostoiévski nunca deixa de descrever.

A leitura alucinatória é um verdadeiro artifício do desejo que acaba, necessariamente, conduzindo à loucura, pois ele faz questão de se passar por louco no único domínio em que, na realidade, enxerga corretamente. Ao esforçar-se para fazer do *duplo* um "reflexo narcísico" ou o signo ininteligível de um estado patológico sem relação com o real, todo esse pensamento permanece tributário e cúmplice das alienações que pretende combater.

Nas primeiras obras de Dostoiévski — *O duplo* constitui ainda a única exceção —, os rivais já são *duplos*, mas o jovem escritor tenta sempre contradizer essa verdade que, no entanto, já está inscrita na estrutura dos textos; ele acredita diferenciar os rivais, convencer-se de que o *seu* é sempre o "bom" e o outro, o "mau". Nas grandes obras, ao contrário, a relação dos *duplos* torna-se cada vez mais explícita.

***

A queda representa, na obra de Camus, uma ruptura análoga à do escritor russo. Assim como o primeiro Dostoiévski, o primeiro Camus esforça-se para diferenciar uma relação que permite à rivalidade mimética representar-se e investir-se nessa representação. Em *O estrangeiro*, por exemplo, o "bom criminoso" ressalta a "maldade" dos juízes. Toda a paixão da obra concentra-se nessa mensagem diferencial.

Não é surpreendente que a experiência de *A queda* seja anunciada por fenômenos que têm o estilo dos *duplos*, por incidentes bizarros que contradizem muito abertamente a lisonjeira imagem de si próprio que Clamence longamente elaborou para não ser rejeitado com indignação. Clamence considera-se fiel ao dogma da diferença, mas seu sistema desaba como um castelo de cartas: tudo se reorganiza de modo bastante sólido, e desta vez sem contestação possível, em função dos *duplos*.

Se os juízes são culpados de matar e de julgar, o mesmo ocorre com o "bom criminoso": ele também é culpado de assassinato e de julgamento, pois matou, e só matou para fornecer aos juízes uma boa ocasião de condená-lo, para se colocar na posição de juiz de seus juízes. Quanto mais Clamence se esforça para romper a simetria, mais ele a realiza.

Como as grandes obras de Dostoiévski, *A queda* permite que respondamos positivamente à questão colocada no início desta introdução. É possível produzir, entre as obras de um mesmo escritor, uma ruptura que confira às obras seguintes um alcance crítico com relação às precedentes. *A queda* de fato traz uma resposta particularmente explícita. Ela realmente não passa da reorganização crítica, embasada nos *duplos*, de temas anteriores.

Os poderes críticos da ruptura são inseparáveis do devir explícito dos *duplos*, do qual o próprio escritor se encarrega. Essa leitura à luz dos *duplos* nunca deixa de ser uma leitura à luz de outras obras: nunca a crítica distanciada das obras a praticou ou mesmo indicou. Todas as metodologias modernas continuaram cegas para a verdade dos *duplos*.

No estruturalismo linguístico, o motivo e a forma dessa cegueira se tornam manifestos. As oposições duais são indicadas e até aparecem em primeiro plano, mas o estruturalismo as compreende como apenas significantes, ou seja, diferenciadas. Sua reflexão sobre as leis diferenciais da linguagem confirma o estruturalismo em sua concepção. Como as obras literárias são feitas somente de linguagem, é natural imaginá-las riquíssimas, repletas de sentido diferencial e nada mais. Ao pé da letra, tal aspecto é verdadeiro, mas aqui a letra não é tudo, e talvez seja até excessiva. De fato, a vocação das grandes obras talvez seja a de obrigar a linguagem a dizer coisas contrárias às suas próprias leis, o som e a fúria da relação de *duplos*, *signifying nothing*.

É este *signifying nothing* que o estruturalismo linguístico sempre deixará escapar. Ele sempre o transforma numa significação adicional, à maneira dos mitos que dizem os *duplos* como gêmeos ou monstros sagrados, à maneira das psicoterapias que os dizem como sentido imaginário, mas ainda como sentido.

O estruturalismo simplesmente não vê, e não pode ver, a ruptura dostoievskiana ou camusiana, pois essa ruptura não corresponde a nenhuma modificação propriamente estrutural. Temos sempre as mesmas oposições duais, mas sabemos agora que elas são diferenciadas apenas em aparência. O estruturalismo não percebe o apagamento da diferença na violência insensata da relação dos *duplos*.

Longe de revolucionar a crítica, o estruturalismo linguístico cumpre sistematicamente sua missão tradicional, que consiste em dizer e redizer o sentido, em parafrasear e classificar as significações. Se o estruturalismo combina tão bem com o marxismo e a psicanálise, é porque estes reduzem sempre as significações patentes a outras significações, ocultas, a outro sistema diferencial. Como se diz claramente: "O inconsciente é estruturado como uma linguagem."

Não é surpreendente perceber que o estruturalismo e a crítica moderna são, em geral, pouco sensíveis à temível simplicidade dos grandes efeitos literários, cômicos ou trágicos. Porém, isso não quer dizer que essa crítica seja realmente alheia a tais efeitos. Talvez a cada dia ela se aproxime um pouco mais deles, talvez já esteja enredada nessa história. É desde sempre aos *duplos* que necessariamente pertence o desconhecimento por vezes risível, por vezes aterrorizante, desses mesmos *duplos*.

★★★

Todas as obras às quais acabei de me referir, assim como outras análogas, comportam um tema ou um simbolismo da ruptura. Eu mesmo, a respeito dessas obras, falo de uma ruptura que seria a do próprio escritor.

Nesse ponto, há necessariamente pessoas bem-intencionadas para me alertar de que a "ruptura" e a "queda" não passam aqui de temas literários. É ingênuo, afirmam elas, relacionar temas literários a referências extratextuais.

Essas pessoas de boa vontade pensam que falo deste modo por me apoiar diretamente neste tema ou neste simbolismo da ruptura, presentes, de fato, nas obras cruciais. O leitor das páginas precedentes pode constatar que não se trata disso. De um lado, parto da relação entre as obras "diferenciadas" e, de outro, das obras que tomam os *duplos* a seu encargo. Se o desejo é investido no sistema diferencial, o que é completamente evidente, também é evidente que o desmoronamento do sistema não passará despercebido pelo principal interessado. O que desmorona é exatamente essa imagem lisonjeira de si próprio que o escritor lutava por suscitar e perpetuar.

Quando escreve *A queda*, não é um personagem de ficção que Camus tem diante dos olhos, mas suas obras anteriores — é *O estrangeiro*, que a partir de agora lhe parece ingênuo, mas não no sentido amável da inocência, e sim no sentido antipático e um pouco grotesco do *ressentimento* que se desconhece. Não se trata exatamente de uma experiência agradável. Ao mesmo tempo, quando escreve *O eterno marido*, Dostoiévski tem necessariamente à vista as fascinações que caracterizam Vergunov, tais como sem dúvida viveu e ainda pode viver, mas também tais como as escreveu, as glorificou e falsificou diante de todos. Não é possível que essa experiência seja agradável, ao menos em seu primeiro momento.

Apesar disso, irão objetar que a crítica atual não pode mais passar do texto ao autor e do autor ao texto como se fazia antigamente. Essa regra é excelente, mas ela se refere, de um lado, à aplicação ingênua dos textos ao "autor", e de outro à utilização de dados biográficos. Refiro-me, sem dúvida, ao autor, mas por mais inconcebível que isso possa parecer, falo dele sem me apoiar de modo ingênuo nos textos e, contudo, sem recorrer a nada além dos textos. O autor surge na ruptura entre dois tipos de texto, como uma experiência necessária desta ruptura.

É por não enxergarmos o desmoronamento da diferença, é por permanecermos cegos aos *duplos*, que não apreendemos tal perspectiva. Não vemos que a relação entre os textos implica necessariamente a ruptura e a experiência dessa ruptura.

Certamente, percebo que as obras enraizadas na ruptura sempre comportam um tema ou um simbolismo a ela relacionados. Talvez isso seja lamentável, mas é impossível negá-lo. De qualquer forma, não consigo acreditar que se trate de uma simples coincidência. A lógica mais elementar me obriga a concluir que o escritor, por meio de seus personagens, faz alusão a uma experiência que ele com certeza deve estar vivendo, pois a análise comparada dos textos mostra-me tal necessidade. É essa análise comparada que é primordial e essencial, e não o tema ou simbolismo que aludem a ela.

Não posso me limitar a considerar esse tema ou esse simbolismo como *gratuitos*, sob as alegações de que a crítica

A CRÍTICA NO SUBSOLO | 21

não enxergará o que estou falando e acreditará que violo uma regra que, na realidade, deixou de ser aplicável. A crítica não verá que possuo, para o tema da ruptura, uma defesa irrecusável. Se me dizem, uma vez mais, que isso é impossível, que não pode haver defesa irrecusável porque qualquer defesa será ingenuamente intratextual ou ingenuamente extratextual, repetirei mais uma vez que não se trata disso. Existe uma terceira possibilidade, a minha, que é a de uma defesa intertextual.

No ensaio sobre Dostoiévski, também afirmo que o cristianismo do escritor é inseparável de sua experiência romanesca. Muitos leitores correm o risco de considerar essa afirmação ainda mais inadmissível que todo o texto, e optarão por uma inflexão das análises textuais sob o efeito de um *a priori* ideológico particularmente nefasto, o *a priori* religioso.

A experiência romanesca destrói um mito de soberania pessoal que, ao que tudo indica, se nutria de uma dependência servil em relação a um outro, duplicada por uma flagrante injustiça. O ódio não dissimula mais ao escritor suas próprias fascinações. Parece-me evidente que essa experiência é muito fecunda no plano estético. É a possibilidade finalmente conferida ao escritor de criar personagens realmente memoráveis, percebendo nos traços mais odiosos e ridículos do outro, do rival, o espelho fiel de sua própria intimidade. Temos, aqui, a fusão até então impossível da "observação" com a "introspecção".

Que algo desse tipo acontece em todas as grandes experiências romanescas é o que mostra, entre outros exemplos, o personagem de Frédéric Moreau. Nele, mil elementos provenientes do próprio criador se misturam, de modo fraternal, à lembrança dos comportamentos mais irritantes do mundano e ambicioso Maxime Du Camp. Esses comportamentos, pouco tempo antes, irritavam aquele mesmo criador em sua correspondência, e seu monopólio estava reservado, numa versão anterior de *A educação sentimental*, a um *duplo* negativo e arrivista do herói principal, que devia encarnar, ao contrário, seu próprio idealismo.

Também podemos evocar aqui o Proust de *Em busca do tempo perdido*, vasculhando sua memória, ou talvez seus papéis, para dar, ao ridículo Legrandin, o típico esnobe, a mesma voz que ele, Proust, usava para falar e escrever na época de *Jean Santeuil*. Nessa época, Proust ainda não compreendera completamente que o ódio ao esnobe é um fenômeno de esnobismo. É isso que torna *Jean Santeuil*, se comparada com *Em busca do tempo perdido*, uma obra chata e morna.

Essa experiência romanesca é claramente a experiência de uma "queda", e possui uma força prodigiosa no plano da criação. É possível que sua dimensão existencial seja muito reduzida, mas ela não se anularia e ainda poderia ser lida a partir de várias chaves filosóficas e religiosas.

As chaves religiosas parecem-me particularmente ricas, e as chaves judaico-cristãs, as mais ricas de todas, as mais favoráveis ao florescimento e à explicitação da experiência. Em primeiro lugar, porque o judaico-cristão concebe sua própria dominação, no plano individual, não como uma possessão extática, xamanística, mas como um desapossamento. Em seguida, porque esse desapossamento, mesmo que permaneça legível na linguagem tradicional do *exorcismo* — como na expulsão de Gerasa, cara a Dostoiévski —, define-se mais essencialmente no contexto da relação a um outro que só pode se tornar o próximo na medida em que deixa de ser o ídolo, ao mesmo tempo sacralizado e profanado, em que a *mímesis* desejante parece claramente transformá-lo.

O cristianismo não é um postulado exterior à obra, uma espécie de juramento que influenciaria de fora seu conteúdo; ele é a experiência romanesca, a experiência de ruptura que se relaciona ao cristianismo e que se deixa cada vez mais interpretar nele.

Aqui também nunca se usam dados biográficos separados das obras. Assim como podemos e devemos falar da experiência romanesca sem sair dos textos, podemos e devemos falar do cristianismo de Dostoiévski, pois, no plano que nos interessa, as duas coisas são inseparáveis. São os textos que nos obrigam a concluir que sua própria história está inseparavelmente ligada ao que eles próprios entendem por cristianismo. Caímos no preconceito ao amputar Dostoiévski de sua religião, pois deste modo nos privamos arbitrariamente de elementos indispensáveis à compreensão de sua obra. Atualmente, não se percebe muito bem que, para a maioria das pessoas, a ausência de preconceitos equivale à obediência militar ao imperativo segundo o qual crença religiosa e mistificação absoluta seriam apenas uma coisa só. É esta forma de encarar as coisas, ao contrário, que constitui um belo exemplo de preconceito.

Estamos de acordo que, em *A queda*, a leitura religiosa não pode constituir um postulado, pois ela nunca é adotada. Porém, ali também ela é uma possibilidade existente no espírito do criador, já que ele considera interessante fazê-la ser rejeitada por seu herói da maneira mais explícita e várias vezes. Devemos concluir que existe algo, na experiência da queda, que evoca ou lembra certas experiências religiosas, pelo menos para um certo tipo de espírito. O fato de uns responderem positivamente e outros negativamente a esse apelo não muda nada na história.

Não se deve ver como objeção o fato de a "queda" de Clamence transformar-se imediatamente em impostura, em uma nova tentativa de recuperar a diferença. Por que não seria assim? Em Dostoiévski, há muitos heróis que se assemelham a Clamence. Seria ridículo pensar que o escritor só deveria representar santos e heróis.

Existem razões ainda mais decisivas para se rejeitar tal objeção. Sob sua aparência despojada, dessa vez é ela que liga de modo inadmissível o escritor ao texto. Eu nunca disse que para determinar a realidade da experiência ou, principalmente, sua natureza, poderíamos ir aos textos que aludem a ela. Afirmo, ao contrário, que apenas a relação entre os textos pode nos elucidar; uma vez estabelecida essa relação, não podemos não levar em conta os textos que *falam* da ruptura, seja para envolvê-la de fervor religioso ou, ao contrário, para tratá-la com cinismo. Isso não significa que devamos tomar os textos literalmente.

Julgando o colapso da diferença inseparável de um jogo ao mesmo tempo ilusório e frenético entre aqueles que trabalham para tornarem-se os *duplos*, é evidente que nenhuma experiência é mais suscetível, em primeiro lugar, a gradações, e depois a manipulações e falsificações, do que tomar para si esses *duplos*. Nenhum julgamento acerca do próprio escritor é concebível ou mesmo desejável, mas o mesmo não ocorre com os textos. Sempre podemos distinguir, pelo menos até certo ponto, os textos fundados numa diferenciação ilusória das relações em jogo e aqueles que se fundam num reconhecimento dos *duplos*. A superioridade dos segundos sobre os primeiros não é o segredo de nenhuma panelinha intelectual: é ela que ratifica, quase sempre, e mesmo sem sabê-lo, o "julgamento da posteridade".*

Há alguns anos, Julia Kristeva, inspirada pelos trabalhos de Bakhtin, e em especial por sua obra sobre Dostoiévski, propôs uma distinção entre as obras *monológicas* e as *dialógicas*. Essa distinção parece focalizar o que deve ser focalizado, mas ela não atinge seu alvo porque, assim como em Bakhtin a noção de *carnavalesco* designa a forma daquilo que não tem mais forma, permanecendo por isso mesmo prisioneira do formalismo — como o próprio rito —, a noção de *dialógico* submete as estruturas a todo tipo de tortura, a fim de atenuá-las ao máximo. Isso multiplica em seu interior as substituições e as

---

* Poderão objetar que *A queda* não é uma obra-prima. Em primeiro lugar, é preciso saber qual é a parcela de modismo nesse julgamento, da desconfiança secreta em relação a temas que podem ir longe demais — qual é a parcela, em suma, da inatacável recusa moderna de acolher os *duplos*. Podemos admitir, entretanto, que *A queda* não desfruta, em relação a *O estrangeiro*, da mesma superioridade incontestável que *O eterno marido* possui em relação às primeiras obras de Dostoiévski. Isso é verdade, mas talvez o seja sobretudo por razões de forma e mesmo de gênero, as quais não dizem respeito ao ser do romance, mesmo que elas turvem um pouco seu brilho. Camus critica de forma demasiadamente direta suas obras precedentes para não depender delas com alguma estreiteza excessiva. *A queda* não atinge a perfeição como ficção. No entanto, ela é fictícia demais para se deixar ler e desfrutar em seu nível real de confissão literária e intelectual, gênero do qual o Sartre de *As palavras* chegou perto, e que talvez fosse hora de inventar. Num mundo em que a obra propriamente romanesca não é mais possível, *A queda* não encontrou sua voz. Seu caráter eminentemente crítico torna-a preciosa para nós no plano que aqui nos interessa, mas acaba enfraquecendo-a como obra independente.

oscilações, mas ela ainda permanece prisioneira, em última análise, do estruturalismo linguístico. Para escapar dele, seria preciso compreender que o balanço dessas operações sempre se resume a zero, o que nos livraria, ao mesmo tempo, de qualquer preciosismo metodológico e nos permitiria, finalmente, aceder aos *duplos*, ou seja, ao essencial.

Nas obras que podem ser definidas como "divididas em duas", descobrimos um instrumento de análise que é aplicável, em primeiro lugar e de modo privilegiado, às obras anteriores à divisão. Não se pode afirmar que a crítica dos especialistas rejeite esse instrumento: ela nem chega a vê--lo. Para explicar esse estranho fenômeno, é necessário reconhecer que os *duplos* e a cegueira para os *duplos* não têm um alcance simplesmente local, limitado às obras que lhes dão destaque. Pouco a pouco, somos levados a ampliar o alcance dos princípios de análise esboçados, a estender sua aplicação a obras críticas e literárias que parecem ignorar a ruptura não por serem profundamente alheias ou radicalmente estranhas ao que essa ruptura revela, mas por nunca a terem experimentado.

Em suma, coloca-se uma questão: seria possível considerar as obras sem quebra, sem solução de continuidade, como obras anteriores à quebra? Sob a perspectiva do último Dostoiévski, pode-se ler Hugo em função de um colapso da diferença que nunca se produz no autor, em função de *duplos* que jamais aparecem de modo explícito mas que, não obstante, deveriam ser vistos como a verdade de qualquer relação antagônica?

Antes de responder a tal questão, é preciso notar que ela arrasta o exegeta a um terreno menos favorável que as obras já consideradas. Ao abolir a diferença, esse exegeta contradiz uma intenção, ele afasta deliberadamente uma mensagem para a qual o autor, desta vez, nunca retornou. Então, ele não pode mais contar com esse mesmo autor para, em retrospecto, guiar seu procedimento. Ele não está mais jogando sobre o veludo de uma série dupla de textos. Ele não encontrará mais aquela rede estreita de fatos que fazem com que seu papel se reduza à medida que crescem a certeza e o prazer, e que até aqui conferiam ao trabalho um caráter que, de bom grado, eu qualificaria de luxuoso.

De qualquer forma, a resposta me parece positiva. O maniqueísmo dos valores possui, com certeza, mais brilho estético; o último Hugo brilha mais que o primeiro Dostoiévski ou o Camus de *O estrangeiro*, mas encontramos nele o mesmo dualismo enraizado nos mesmos tipos de conflitos. Temos sempre a mesma diferença, sustentada por identificações e exclusões que se mostram arbitrárias no nível do próprio texto. Então, o exegeta precisa reconhecer, nos heróis e nos traidores de *L'Homme qui rit*, *duplos* que, embora nunca avalizados pelo autor, permanecem *duplos*.

Ainda que o autor não esteja mais presente nas obras "sem divisão" para nos confirmar a pertinência do desejo mimético e dos *duplos*, essa pertinência não deixa de se afirmar uma vez mais — para além de certo limiar e de modo espetacular — na ausência, se é que podemos falar assim, e na irrupção da loucura, a despeito desse autor.

Com frequência, no momento em que a loucura se declara, de início vemos aparecer *duplos* associados a relações que nada têm de fictícias, que pertencem à existência do escritor e que se dispõem de modo dual ou ternário. Não é difícil reconhecer aqui uma verdadeira epifania do desejo mimético.

Sem dúvida, o *duplo* que passa diante de Nietzsche na experiência de Gênova não é estranho a Zaratustra, mas é preciso aproximá-lo também, e sobretudo, do triângulo que, exatamente antes do naufrágio definitivo, emerge para tomar de um só golpe o lugar de todos os outros temas nietzschianos: Dionísio-Nietzsche, Ariane-Cosima, Richard Wagner. *Nietzsche contra Wagner*. É impossível, apesar de blasfematório, não lembrar de outra relação do mesmo tipo que também preside uma outra grande loucura literária: a relação entre Hölderlin e Schiller, ao mesmo tempo separados e unidos por sua questão comum, a glória excessivamente divina para ser compartilhada, o gênio formidável e nulo que parece oscilar de um ao outro, doando-se e recuperando-se, ao sabor de peripécias por vezes imperceptíveis, numa cruel alternância de bênçãos e de maldições.

O fato de que aqui *apenas um* enlouquece não impede que no início dessa loucura tenham existido relações reais. Poderíamos dar outros exemplos. O livro do sr. Castella sugere, a meu ver, que a loucura de Maupassant pertence a esse tipo.* Por toda parte podem ser encontrados os *duplos* e o triângulo dostoievskiano que, evidentemente, também aparece em *A nova Heloísa*. Por toda parte encontramos a mesma troca delirante com o mesmo ídolo monstruoso, sempre abatido, sempre ressurgindo. Por toda parte, governada pelas peripécias dessas trocas violentas, encontramos a alternância do deus e da vítima sacrificial. Ou ainda Dioní-

---

* Castella, Charles. *Structures romanesques et vision sociale chez G. de Maupassant.* L'Âge d'Homme: 1972.

sio e o Crucificado, *Ecce homo*; o super-homem e o homem do subterrâneo. *Rousseau juiz de Jean-Jacques*.

Nas obras desse tipo, a continuidade é do próprio desejo mimético, de sua evolução ou, melhor ainda, de sua história. Essa continuidade vai das divisões e das partilhas mais ou menos "maniqueístas", já presentes na percepção dita normal, dos *duplos* e das triangulações que frequentam as existências mais "medianas", até a loucura de um Hölderlin ou de um Nietzsche. O devir recíproco da relação mimética gera um dinamismo arriscado. O jogo do obstáculo-modelo determina um sistema de *feedbacks*, um círculo vicioso que se estreita progressivamente. Não é difícil perceber que, para além de certo limiar, o indivíduo não consegue mais dominar ou mesmo dissimular esse mecanismo, mas que é o mecanismo que o controla.

Caso as coisas se passem assim, há obras para as quais a loucura constitui não só um limite intransponível, mas um termo inevitável e um verdadeiro destino, desde que, naturalmente, a lança seja suficientemente poderosa e nada a desvie. Essa loucura reaparece com demasiada frequência e sob formas demasiadamente análogas para que se possa tolerar a hipótese de *acidente*, que sempre recalcou as questões interessantes. Aliás, há o risco de essas questões não interessarem a mais ninguém se a escalada delirante triunfar, ao menos retoricamente, sobre as últimas inquietações a respeito da loucura. Ei-la hoje abertamente reivindicada sob suas formas outrora mais clínicas, oficialmente entronizada na qualidade de avatar supremo do ideal romântico. Isso quer dizer, é claro, que nos desviamos cada vez mais de sua estrutura real.

Tendo o caráter obsessivo de certas obras já sido anunciado de partida, não existem, para elas, senão duas possibilidades: ou rumam para a loucura, ou rompem com ela no sentido da ruptura dostoievskiana. Tanto num caso quanto no outro, em Rousseau, Hölderlin ou Nietzsche, são os mesmos *duplos*, as mesmas configurações miméticas, que se revelam abertamente. Tais convergências, presentes em tantas figuras modernas importantes, são impressionantes, independentemente do nível em que sejam percebidas. O que surpreende, ou melhor, o que deveria ser objeto de surpresa, é o fato de elas chamarem tão pouco a atenção.

Aliás, é preciso não confundir os dois tipos de obras extremas. Em um caso, a emergência do esquema mimético ocorre no e pelo delírio, no interior de uma catástrofe definitiva tanto para o autor quanto para a obra; no outro, ao contrário, essa emergência realiza-se num acréscimo de lucidez. Ela representa para a obra, e por vezes para o autor, uma espécie de segundo nascimento, colocando sobre o desejo mimético e os *duplos* a única luz verdadeira de que dispomos. No primeiro caso, é a obsessão que controla a obra; no segundo, é claramente a obra que domina a obsessão.

Se a face negativa da crítica por meio das obras ameaça chocar os puros literatos, sua face positiva — o fato de operarmos essa negação apenas a partir de outras obras e, consequentemente, de reconhecermos nessas últimas a mais alta instância crítica, de considerá-las, em suma, "irredutíveis", ao menos provisoriamente — certamente irá desagradar os desmistificadores mais ambiciosos, pois aqui não podemos ser como eles. Corre-se o risco de que o procedimento seja considerado retrógrado e obscurantista.

No entanto, não acredito estar sucumbindo nem a uma mística da obra de arte, nem a uma mística religiosa. Penso existir, em certas obras, um saber a respeito das relações de desejo, superior a tudo o que nos foi jamais proposto. Não se trata absolutamente de recusar a ciência, mas de buscá-la lá onde ela se encontra, por mais inesperado que esse lugar possa ser.

Tal afirmação pode surpreender, e é necessário justificá-la, especialmente com relação à psicanálise. A sistematização que tentei fazer acima aproxima-se, em vários pontos, das teses psicanalíticas. Impõe-se, aqui, uma comparação. Entre as peças do dossiê é preciso incluir o artigo que Freud escreveu sobre Dostoiévski.

Eis um escritor que escreve um romance sobre o parricídio e que, como sabemos, odiava o pai, homem de violência rara assassinado por seus servos. Freud deveria encontrar nele o objeto literário ideal. Tudo isso parece tão evidente, que o grosso da crítica inclina-se automaticamente em direção ao oráculo. Entende-se o porquê.

Nesse artigo de Freud sobre Dostoiévski, sentimos o peso de um certo mal-estar. Depois de boas observações preliminares, inicia-se uma demonstração, mas ela cessa bruscamente. Freud esquece ou foge de Dostoiévski para se refugiar numa novela de Stefan Zweig que lhe é visivelmente bem mais adequada.

Diante de uma obra como *Os irmãos Karamázov*, a psicanálise vacila, e Freud é forte demais para não senti-lo, mesmo que não confesse. Os elementos míticos de *Édipo rei* estão ausentes. Freud dá a entender que tal obra deve ter algum valor de sintoma, como as crises de epilepsia, mas em qual nível? Para que haja neurose, é preciso que a rivalidade com o pai e o desejo de matá-lo permaneçam inconscientes. Evidentemente, não é esse o caso. Portanto, é preciso que o caso de Dostoiévski seja muito mais ou muito menos grave do que se mostra à primeira vista, e Freud explora a primeira possibilidade. Ele esboça em traços gerais a "personalidade criminosa" do autor russo. Porém, tampouco isso o satisfaz.

Independentemente da forma assumida pelo parricídio num texto — ou, ao contrário, pela não assumida —, ele deveria ter um caráter sintomático, fazendo girar o moinho da psicanálise. Sem parricídio, temos a neurose. Com parricídio, a coisa é ainda mais grave! É evidente que *Os irmãos Karamázov* se deixam aprisionar, incomodamente, nesta camisa de força. O pai de Dostoiévski foi realmente assassinado por seus servos.

No fundo, nada é mais desconcertante do que a emergência clara de tal "parricídio" numa obra tão forte. Se Freud começa seu artigo dizendo que a obra de arte ocupa um lugar à parte e que não se pode analisá-la, não é por uma simples precaução oratória. Ele realmente não consegue situá-la em lugar algum, a não ser que a transforme em sua igual, ao que absolutamente se recusa. Portanto, é preciso expulsar esse *duplo*, despachá-lo para longe com os monstros sagrados, continuar tratando-o, tal qual todo o século XIX, como um fetiche. A partir de Nietzsche e de Freud, entretanto, os fetiches são mais vilipendiados do que venerados. Só saímos para passear com eles envergonhadamente. É isso que se chama de inversão da metafísica.

Em seu artigo, Freud resume a doutrina edipiana. O mennininho vê no pai um rival que deseja matar, mas acaba conseguindo recalcar esse desejo. De um lado, ele teme a "castração"; de outro, conserva, com relação ao pai que no início servia de modelo, certa "ternura".

Parece-me que essa "ternura" constitui um elo particularmente fraco no raciocínio freudiano. Como não é possível expressar a menor dúvida a respeito do Édipo sem ser imediatamente acusado de "resistência", vou arriscar aqui um método especialmente ardiloso. Digamos que aceito o princípio da gênese edipiana e que partilho da mais sincera adesão ao desejo infantil do parricídio e do incesto. Assim, não posso mais ser acusado de fugir em pânico diante da revelação aterrorizante e genial. Porém, as dificuldades estão longe de ser resolvidas. De fato, mais do que nunca, estou em confronto com essa "ternura" que Freud atribui ao pequeno Édipo e que parece ter saído de um romance de Paul Bourget. Nada se assemelha mais a essa ternura do que o sentimento convencional que os membros de uma família burguesa decente e bem-educada demonstram uns para com os outros, especialmente quando estão em público. É no contexto de tal vida familiar que eu esperaria encontrar tal ternura. Quanto mais adoto as razões de Freud, quanto mais me aproximo do fulcro de seu tema, mais digo *sim*, do fundo do coração, ao parricídio e ao incesto, mais tenho vontade de dizer não a essa ternura, de ver nela o resquício de um tipo de pensamento ultrapassado.

Freud vê claramente que, de acordo com seu ponto de vista, não se pode atribuir a essa ternura uma carga psíquica muito grande. Para descrever neuroses tão severas quanto as dostoievskianas, ele julga necessário reforçar esse sentimento levemente frágil. Então, evoca o que chama de componente "bissexual", reservado para esse tipo de caso. O elemento feminino, no componente bissexual, sugere à criança que se torne objeto de amor para o pai, no mesmo sentido em que a mãe o é. O reforço age tanto no plano da castração, evidentemente nunca tão temida, pois para ser amado pelo pai é preciso antes renunciar ao órgão masculino, quanto no plano da famosa "ternura", que adquire aqui um traço de homossexualidade e se vê despojada de seu caráter convencional!

Se existem freudianos que recusam tacitamente esta gênese do Édipo, há outros, os mais fiéis, que permanecem ligados a ela, e é preciso questionar seus motivos. Como Freud se viu levado a erguer uma construção tão barroca, tão heteróclita? Mesmo com a maior boa vontade do mundo, é difícil entrar em seu jogo, simplesmente porque, em última análise, não há aqui um jogo único, mas vários modos e níveis de explicações, assim como interpretações heterogêneas. Tudo isso se sobrepõe e se justapõe de maneira bastante desconcertante.

O confronto com Dostoiévski não é inútil, pois ele nos encaminha diretamente ao essencial, isto é, aos elementos neuróticos cuja gênese Freud desejaria reconstituir. As breves observações de Freud sobre os fenômenos patológicos observáveis na obra de Dostoiévski são extremamente pertinentes. Freud vê que "a ambivalência" — os misturados sentimentos de ódio e veneração "tipicamente dostoievskianos" — domina do começo ao fim. Ele conclui, não sem razão, que o próprio autor sofria com tal ambivalência. Freud também nota "a benevolência" mórbida em relação ao rival sexual, observando, finalmente, que Dostoiévski dá provas de grande perspicácia diante de situações que só podem ser explicadas por "uma homossexualidade latente".

Freud não apresenta qualquer exemplo, mas já mencionamos vários deles. Seja nas primeiras obras, nas *Memórias do subsolo* ou em *O eterno marido*, a fascinação pelo rival do mesmo sexo dará certamente uma impressão "de homossexualidade latente", sobretudo se o observador não compreende o mecanismo da rivalidade.

Freud observou tais comportamentos muitas vezes em seus pacientes, e a dupla gênese do Édipo, sobretudo a anormal, busca explicá-los. Se olharmos essa dupla gênese de perto, perceberemos que suas estranhezas sempre têm uma causa. Elas sempre se destinam a relacionar com o Édipo, a enraizar nele, fenômenos que Freud evidentemente não descobriu em Dostoiévski, mas que encontra com satisfação em sua obra. Portanto, a partir dos dados dessa obra, e levando em conta limitações muito especiais que Freud impôs a si próprio, afirmando fazer tudo partir do "Édipo", vemos muito bem por que ele foi levado a fazer o que fez e a pensar como pensou.

É preciso fixar a ambivalência neurótica no Édipo, mas como Freud postula um desejo espontâneo e independente pela mãe, não consegue pensar o complexo como verdadeiramente mimético, a despeito de certas veleidades.[*] Ele não percebe que apenas o mecanismo da rivalidade mimética, apenas o jogo do modelo-obstáculo, pode realmente produ-

---

[*] Cf. *A violência e o sagrado*. Rio de Janeiro: Paz e Terra, 2008, capítulo VII.

zir o tipo de ambivalência de que ele necessita. Portanto, ele busca gerar separadamente as duas faces da ambivalência, a negativa e a positiva. A face negativa não apresenta problemas; o desejo de matar o pai está sempre lá para dar conta disso. Cada vez que um indivíduo qualquer, sob o efeito da transferência, transformar-se em figura paterna, o velho ódio poderá despertar.

Porém, também é preciso explicar a face positiva, o elemento de atração e mesmo de fascinação que figura, visivelmente, até nas rivalidades mais normais. Isso é mais difícil. É aqui que a incapacidade de Freud de observar o mecanismo mimético, ou talvez sua obstinação em recusá-lo para preservar a paixão do incesto, se fazem sentir de modo cruel. Não tendo nada diferente a propor, Freud precisa recorrer ao velho cofre do sentimentalismo familiar, e é nele que encontra essa "ternura" sobre a qual falávamos acima. Aparentemente, essa ternura é ainda mais espantosa pelo fato de Freud não precisar mais dela para explicar seu "recalque": tal tarefa pertence ao temor da castração. A única razão de ser da ternura existente no seio da selvageria edipiana é a necessidade — inelutável, aliás — de gerar o tipo de ambivalência que observamos em Dostoiévski e que também domina, segundo Freud, toda a vida psíquica. O resultado de todo esse arranjo é um pouco estranho, mas vê-se claramente a que corresponde cada elemento.

A ternura familiar vem, assim, preencher a face positiva da ambivalência "normal" (aquela que ele definirá de modo um tanto solipsista, por oposição ao ego e ao superego). Existe aí algo pouco consistente para uma ambivalência mais demarcada. Freud constata, de um lado, que essa ambivalência mais demarcada tem um caráter de "homossexualidade latente". Ao lançar mão da *bissexualidade*, ele mata dois coelhos com uma cajadada só: torna a "ternura familiar" ao mesmo tempo anormal e reforçada, transformando-a mais ou menos num desejo homossexual passivo em relação ao pai.

Até aqui, essa construção foi aceita ou recusada como se aceita ou se recusa um artigo de fé; ela nunca foi verdadeiramente criticada, pois se acreditava não haver nada que pudesse lhe fazer frente. Freud está longe de duvidar de que a matéria dessa crítica encontra-se em Dostoiévski, de que a *perspicácia* atribuída ao escritor repousaria num substrato teórico capaz de ser explicitado.

Em primeiro lugar, o que surpreende quando comparamos a leitura das neuroses a partir do Édipo com a leitura mimética é a unidade e a simplicidade desta última. Só existe um princípio: ele é inseparável da dinâmica do desejo, que também desenvolve suas consequências numa história cuja lógica nunca é desmentida. Esse princípio constitui o próprio princípio mimético, assim como a interferência imediata do desejo imitador e do desejo imitado. É o mimetismo que gera a rivalidade, a qual, em contrapartida, reforça o mimetismo. Existe aí um mecanismo que parece elementar e bobo demais para gerar grandes consequências, mas é preciso colocá-lo à prova.

Freud viu bem que há níveis de ambivalência: ele não ignora que, no fundo, é da mesma coisa que se trata, tanto na gênese edipiana normal quanto na gênese anormal. Se, apesar disso, ele é obrigado a recorrer a uma dupla maquinaria, é porque, pelo menos em parte, a "homossexualidade latente" constitui a seu ver algo de irredutível; ele é incapaz de reconhecer que ela é um simples momento numa dinâmica contínua. Mais uma vez, o que lhe falta é o jogo do modelo-obstáculo.

Na leitura mimética, a dupla maquinaria se mostra totalmente inútil; para explicar a ambivalência grave do tipo dostoievskiano, o qual inclui a "homossexualidade latente", basta imaginar um jogo mimético mais intenso, que inclusive pode remontar a causas diversas.

Nos estágios "normais" do desejo mimético, o objeto já é designado pelo modelo, mas este modelo permanece na sombra e o objeto continua sendo o polo principal da afetividade e da atividade desejante. A anormalidade se dá quando o jogo mimético do sujeito tende a se desviar do objeto designado em direção ao rival que designa esse objeto.

Consideremos, por exemplo, o caso de uma vida *sexual* governada pelo desejo mimético. O sujeito escolhe para si um objeto do outro sexo a partir de um modelo, logo rival, do mesmo sexo que ele. É evidente que o interesse do sujeito não pode se deslocar do objeto heterossexual para o rival do mesmo sexo sem dar a impressão de que uma "tendência homossexual" encontra-se em atuação. Essa homossexualidade será descrita como *latente*, pois apesar de ter perdido sua importância, o objeto designado como modelo, o objeto heterossexual, continua sempre ali.

Devemos assinalar de passagem que essa gênese mimética do desejo "neurótico" permite compreender por que tudo o que acontece com a "homossexualidade latente" parece, ao mesmo tempo, estar impregnado de "masoquismo". Os dois rótulos recobrem um único fenômeno, ou seja, a predominância do rival sobre o objeto, a fascinação crescente que o rival exerce. Vimos que o masoquismo não passa disso. Ele é a fascinação exercida pelo modelo em sua qualidade de modelo potencial e, depois, atual.

A tendência homossexual encontra-se claramente aí. Não se trata, de modo algum, de negá-la. No entanto, não se deve lançar mão dessa tendência como se fosse uma essência independente, nem ver nela, como faz Freud, um componente biológico. E isso não porque tal componente não possa existir, mas porque temos aqui algo muito mais interessante, uma integração da homossexualidade com a dinâmica mimética, ou seja, uma gênese possível a partir da rivalidade fascinante. Deve-se supor que, para além de certo limiar, o elemento propriamente libidinal existente no desejo abandona o objeto e passa a se ocupar do rival.

Não se trata, repetimos, de negar a possível existência de uma homossexualidade biológica. Queremos simplesmente mostrar que, se Freud recorre a essa possibilidade no caso em questão, não é em consequência de uma intuição positiva, mas apenas por falta de algo melhor, por não enxergar a integração sob a dinâmica da rivalidade. Como é incapaz de relacionar a "homossexualidade latente" a algo de real na estrutura vigente das relações de desejo, Freud só consegue ver nela um peso morto que precisa transportar com todo o resto para o Édipo, antes de finalmente mergulhá-la numa opacidade biológica.

A homossexualidade é um peso morto na medida em que parece sempre visar a um "substituto do pai", mais que a rivalidade vigente. O passadismo da psicanálise, o fetichismo edipiano, o primado da diferença e a incapacidade de observar a força da rivalidade mimética constituem sempre uma única e mesma carência.

Devemos preferir a gênese mimética, em primeiro lugar, porque ela organiza dinamicamente todos os elementos, valendo-se de uma economia de meios tão prodigiosa que, se realmente apreendemos seu mecanismo, ela imediatamente deixa de parecer desconcertante. A ideia de um desejo, mesmo libidinoso, que se desloca do objeto para o rival é um princípio espantosamente fecundo, e que esclarece uma grande quantidade de fenômenos mal conhecidos. É claro, por exemplo, que a estrutura do desejo proustiano, tal como aparece no *Em busca do tempo perdido*, é sempre uma estrutura de rivalidade e de exclusão mimética, quer se trate do erotismo ou do esnobismo, em última análise idênticos. É possível demonstrar que todos os exames de Proust tendem a revelar essa identidade, que eles tendem não para Freud, mas para a definição mimética.

Outra razão que torna a leitura mimética preferível é, evidentemente, seu caráter dinâmico e não mais passadista. Essa leitura aceita, sem dificuldades, que os primeiros episódios miméticos — especialmente aqueles em que um adulto em posição de autoridade, talvez o pai, desempenha o papel de primeiro modelo e de primeiro obstáculo — possam exercer uma influência permanente e realizar verdadeiras montagens, as quais determinarão não apenas a intensidade, mas também as modalidades dos mecanismos miméticos ulteriores. Porém, nem por isso tal leitura sucumbe ao fetichismo familiar: ela não vai buscar a causa da eficácia neurótica exclusivamente num passado longínquo ou no fundo de um inconsciente qualquer. Todos os episódios sucessivos possuem tanto um dinamismo próprio quanto um efeito cumulativo, em especial no plano do saber que eles adquirem por si, um saber alheio ao desejo, fazendo de cada um deles uma aposta cada vez mais alta e determinando a evolução sempre possível rumo à demência.

A meu ver, a psicanálise nunca conseguiu demonstrar por que os episódios neuróticos, cuja essência situa-se num passado sempre mais longínquo e cuja intensidade deveria diminuir, como as reproduções sucessivas de um mesmo original, tendem, ao contrário, a se reforçar. Podemos sempre trazer à baila o inconsciente, mas essa suposta intervenção tem um caráter arbitrário: é um *deus ex machina*. O jogo do obstáculo-modelo não dá conta somente do perpétuo agravamento dos fenômenos, mas restitui o próprio estilo desse agravamento; o empobrecimento das estruturas revela as linhas de força e as ressalta para chegar à evidência fulgurante do triângulo nietzschiano, apoiado sobre os *duplos* que oscilam psicoticamente entre a autoadoração e a adoração do outro. E é isso, evidentemente, que a psiquiatria chama de megalomania e inferioridade delirantes.

O desejo e a rivalidade miméticos, à diferença do Édipo freudiano, possuem um valor exclusivamente desestruturador. Não se deve buscar neles o princípio de estruturação. Portanto, não se trata aqui de uma gênese análoga à do complexo. Tudo pode começar em qualquer lugar, a qualquer momento, com qualquer pessoa.

Em *Os irmãos Karamázov*, a relação dos filhos com o pai é uma relação mimética anterior às outras, talvez até mais destrutiva, mas fundamentalmente idêntica a qualquer uma. Portanto, a semelhança com o Édipo é superficial. Enquanto em Freud o pai não seria pai e o filho não seria filho sem a rivalidade inconsciente, em Dostoiévski a rivalidade é perfeitamente consciente, mesmo que algumas de suas consequências não o sejam. O pai é ainda menos pai pelo fato de se tornar facilmente o rival de seus próprios filhos. O crime primordial não é o parricídio, como em Freud, e sim o infanticídio. A despeito de seu título de pai e de seu papel de genitor, o pai Karamázov é, no fundo, apenas um irmão mau, uma espécie de *duplo*. Estamos num universo onde só existem irmãos.

O Édipo freudiano é apenas um caso particular da rivalidade mimética, sacralizada e mitificada por um radicalismo falso cujo verdadeiro objetivo é dissimular o desaparecimento do pai. A psicanálise só pode tratar tudo isso como escapatória. No entanto, diante da leitura mimética, é a psicanálise que assume esse papel de escapatória, mesmo no caso de um Dostoiévski, por mais que seu próprio pai o tenha massacrado. O parricídio e o incesto perpetuamente exibidos não passam de um inconfessável de má qualidade, destinado a mascarar o verdadeiro inconfessável. Invocar o pai e a mãe é nunca aceitar o papel do outro no desejo. Por exemplo, o papel do outro escritor, se é um escritor que fala. É nunca dizer quem é o Schiller do Hölderlin que talvez eu seja, quem é o meu Bielínski e meu Turguêniev, se sou Dostoiévski. Quem deve ser realmente atacado quase nunca é o pai, o rival no passado, o ídolo no fundo do inconsciente, mas o rival presente e futuro, reduzido pela psicanálise ao papel de simples figurante num jogo que se torna de outro. Nada convém melhor ao desejo do que a minimização do único ídolo que o obceca.

Basta desenvolver a dinâmica do desejo mimético para vermos que são facilmente integradas a ela, de modo sempre simples, lógico e inteligível, não apenas a bissexualidade e as homossexualidades latentes ou patentes, mas a maior parte dos fenômenos que os psiquiatras se incumbem de descrever e interpretar: as identificações, o masoquismo e o sadismo, as megalomanias e as inferioridades delirantes, os fenômenos de *duplos* etc. Em comparação, as concepções contraditórias das diversas psicoterapias, especialmente da psicanálise, aparecem menos como construções acabadas do que como esboços imperfeitos, parciais, heterogêneos, rígidos. À luz dessa dinâmica, os traços não integráveis dessas psicoterapias denunciam a si próprios como traços do delírio do obstáculo.

Parece-me que o verdadeiro espírito científico seria sensível à eficácia simplificadora da teoria mimética, ao seu poder de agregação, à coerência extraordinária que ela instaura. Talvez seja excessivo falar aqui de teoria. Na verdade, há apenas uma dinâmica estrutural ou, antes, desestruturadora. Ao contrário da psicanálise, essa dinâmica não exige qualquer posicionamento acerca da natureza do real; se ela possui um caráter implicitamente crítico com relação a numerosas teorias, não tem em si nada de ideológico ou filosófico.

Porém, é pouco plausível que essa leitura seja levada a sério. Ela parece tocar, paradoxalmente, apenas as pessoas que permanecem sensíveis a certas intuições de fundo freudiano e à vontade de sistematização científica que as acompanha. Ora, por razões evidentes, essas pessoas são ainda mais fiéis a Freud por constatar, ao seu redor, certo abandono à desordem, um recuo desse espírito científico sobre o qual Freud sempre se apoiou.

Por outro lado, nós nos chocamos contra a tradição que associa qualquer pesquisa séria a um modo de exposição didático, ou seja, ao abandono de toda ficção e de toda dramaturgia. O sentido da interpretação é dado *a priori*. Tudo deve partir da obra com vocação explicitamente científica e tudo deve voltar a ela. A ideia de que Dostoiévski tenha algo a ensinar a Freud, de que ele talvez fosse mais capaz de interpretar Freud do que Freud a si próprio, não é insinuada. Não se exclui a possibilidade de que um escritor tenha intuições fulgurantes, mas parte-se do princípio de que elas irão permanecer fragmentárias, de que elas nunca formarão um todo coerente. As analogias e divergências entre a visão freudiana do desejo e a de Dostoiévski são tais, que permitem ceder terreno sem comprometer o império da psicanálise. Serão atribuídos a Dostoiévski seus "pressentimentos" pontuais sobre uma verdade que permanecerá essencialmente alojada em Freud. É o cientista que sempre desempenhará o papel de árbitro supremo e de referência absoluta.

Essa recusa de questionar as verdades estabelecidas parece-me contrária ao espírito científico. Se Freud não tem nada de decisivo a dizer sobre Dostoiévski, é preciso perguntar-se se Dostoiévski não tem algo de mais decisivo a dizer sobre Freud. É necessário considerar a inversão da relação entre a psicanálise e Dostoiévski. Por fim, eu gostaria de mostrar, acerca de um outro ponto, a possibilidade e a fecundidade desse procedimento.

Afirma-se que, sobre a literatura, Freud dá provas de "ambivalência". Ele veria nela apenas uma trama de desconhecimentos, ao mesmo tempo em que a venera, colocando-a num pedestal, considerando-a o mais belo ornamento da cultura humanista etc. O que pensariam os maiores escritores sobre essa atitude? O que pensaria Dostoiévski?

O escritor vê-se caracterizado por Freud como um personagem que desfruta de um extraordinário *narcisismo*. Portanto, convém transportá-lo para junto das figuras do *narcisismo* intacto que Freud propõe em *Zur Einführung des Narzissmus*: o bebê que ainda se alimenta ao seio e o animal selvagem em pleno vigor. Essas criaturas, quando saciadas, parecem tão serenamente autônomas, tão indiferentes ao outro, que suscitam em Freud uma espécie de *nostalgia*, como acontece em todos aqueles que, segundo ele observa, renunciaram a uma parte de seu narcisismo, devido ao espírito de maturidade e de responsabilidade.

Penso que se Dostoiévski tivesse sido capaz de ler esse texto, teria identificado metáforas do desejo freudiano. Cabe perguntar se toda a teoria do narcisismo não seria uma projeção desse desejo. Em Freud e em outros autores, a noção de narcisismo sempre surge numa tonalidade afetiva de nostalgia e de irritação. Só se trata de *narcisismo* quando se fala de um outro que nunca é tratado de igual para igual, mas sempre um pouco mais e um pouco menos que humano, sempre um pouco sacralizado e bestializado no sentido das metáforas que aparecem na *Introdução*: a da mulher, a da criança e a do escritor.

O que o desejo nunca vê com equanimidade, o que o move de modo prodigioso, é a ausência aparente, no outro, dessa privação que ele mesmo é, ausência que lhe aparece como desejo de si mesmo, como autossuficiência divina.

Em geral, é sempre isso, em Freud e no pensamento moderno, que desencadeia a paixão desmistificadora. Renunciamos ao desejo da autonomia soberana, ultrapassamos os estágios mais ingênuos do desejo, mas desejaríamos desesperadamente que todo mundo procedesse da mesma forma para que tudo isso fosse confirmado. Não há nada mais irritante, para aqueles que sabem, do que aqueles que não sabem ou que afirmam não saber. É contra eles que se dirige a desmistificação universal. Apenas essa desmistificação pode nos garantir que não existe nada a ser desejado em lugar nenhum, que ninguém tem nada a invejar de ninguém. É por esse viés que o prurido desmistificador, e com ele muitas formas de saber moderno, entre as quais a psicanálise, ligam-se ao desejo.

É preciso assinalar que Freud descobre e nomeia o "narcisismo" a partir de uma leitura acrítica do mito de Narciso, de uma retomada pura e simples de suas significações aparentes, que bem poderiam dar conta, uma vez mais, da reciprocidade violenta e violentamente negada dos *duplos*, do jogo de um desejo mimético não percebido. É esse jogo que parece estar bem significado, e por isso mesmo mascarado, pelo tema do *espelho*.

Ninguém deseja a si mesmo, a não ser, evidentemente, que se deseje pela intermediação de algum outro; isso é o que chamamos de *coquetismo*, que não deve ser lido, como se faz habitualmente, pela chave do narcisismo. O narcisismo trai o coquetismo porque nunca restitui o papel do outro, paradoxal e essencial. A leitura narcísica permanece no plano do senso comum, que é quase sempre o sentido do desejo. É por isso, sem dúvida, que tanto essa leitura quanto o narcisismo em geral se adaptaram tão bem à nossa linguagem e aos nossos costumes, no sentido mesmo que Freud lhe conferiu, ou seja, num sentido perfeitamente mítico.

As metáforas do narcisismo desumanizam seu objeto. Elas começam — especialmente nos exemplos dados por Freud — por infantilizá-lo e animalizá-lo, e depois o tornam monstruoso. Num estágio ainda mais extremo, pode-se dizer que a vida sai de cena e tende a uma espécie de petrificação. Essa trajetória metafórica reflete a constante exasperação do desejo diante de um obstáculo-modelo sempre menos superável e sempre mais desejável. Portanto, é esse próprio desejo que se dirige para a morte. Sem dúvida, Freud enxergou isso com clareza; porém, uma vez mais, ao postular um "instinto de morte" independente, ele deixou escapar a unidade formidável de toda essa dinâmica.

No entanto, é preciso reconhecer que o mérito de *Zur Einführung des Narzissmus* não é pequeno. É a primeira vez que alguém aborda teoricamente as relações de desejo que, até então, tinham sido abordadas apenas por escritores. Infelizmente, Freud se perde, e como sempre nesse domínio, é sob o efeito do desejo que isso acontece. Por trás da noção de narcisismo, cujo equivalente pode ser encontrado, penso, num Marivaux, mas cuja miragem os maiores escritores, especialmente Dostoiévski e Shakespeare, dissipam, estão os investimentos do desejo que se dissimulam, os mesmos que produzem a mitologia.

Para tornar evidente a fraqueza da *Introdução*, é preciso compará-la a todos os trabalhos nos quais Freud não pôde se inspirar por nunca tê-los lido verdadeiramente, isto é, aos grandes descobridores do desejo mimético: Cervantes,

Shakespeare e Dostoiévski. A concordância desses escritores quanto a certas relações fundamentais, em especial a dos *duplos*, deveria surpreender o observador moderno, sempre esmagado sob a Torre de Babel das teorias contraditórias. Dirão que Shakespeare inventa em abundância metáforas análogas àquelas que acabamos de criticar em Freud. Isso é verdade. *Sonho de uma noite de verão* é uma reprise das *Metamorfoses* de Ovídio. No entanto, se olharmos de perto, constataremos que Shakespeare, ao lado das metáforas e das metamorfoses, também propõe uma crítica tão radical que nem Freud nem ninguém jamais conseguiu compreendê-la.*

Freud trata a literatura como uma espécie de amuleto, e a noção de narcisismo lhe convém. Para ele, as obras de Dostoiévski e mesmo a literatura como um todo são uma massa homogênea, um bloco maciço de "recalque" e de "sublimação". Freud nunca aceitou o trabalho de um escritor como fruto de uma tarefa intelectual como a sua, com seus erros inevitáveis, suas experiências frustradas e seus riscos de fracasso definitivo, mas também com suas chances de sucesso e com tudo que implica, em suma, a admirável expressão *by trial and error*. Ele nunca atribui ao escritor o exercício do verdadeiro pensamento, a aventura intelectual em sentido pleno.

Se as pretensões científicas que dominaram os três primeiros quartos do século XX revelam-se, no final das contas, decepcionantes, é preciso em primeiro lugar admitir

---

* Girard expõe Shakespeare como teórico do desejo mimético em *Shakespeare: teatro da inveja* (São Paulo: É Realizações, 2009), que tem *Sonho de uma noite de verão* como um de seus pilares. Comentários mais longos sobre Cervantes podem ser encontrados em *Mentira romântica e verdade romanesca* (São Paulo: É Realizações, 2009). [N.R.T.]

isso sem cair no derrotismo que nega qualquer ciência ou que só acredita que ela seja possível se o "homem" for eliminado. É preciso reencontrar aquilo que os dogmatismos fracassados desdenharam, especialmente as maiores obras literárias. Não se trata de passar novamente de uma idolatria a outra e de canonizar, sem distinções, todas as espécies de literatura; trata-se de devolver a palavra, num clima livre tanto do terrorismo cientista quanto de futilidades estetizantes, aos poucos escritores que poderiam claramente ir mais longe do que se jamais foi na compreensão das relações de desejo.

1

Dostoiévski: do duplo à unidade

I. Descida aos infernos

Os críticos contemporâneos não têm problemas em afirmar que um escritor cria a si próprio ao criar sua obra. A fórmula é eminentemente aplicável a Dostoiévski, caso não se confunda esse duplo trajeto criativo com a aquisição de uma técnica ou mesmo com a conquista de um virtuosismo.

Não se pode comparar a sucessão das obras com exercícios que o executante de uma obra musical emprega para aprimorar, pouco a pouco, seu desempenho. O essencial está em outro lugar, e de início só pode ser expresso de forma negativa. Para Dostoiévski, criar a si próprio é matar o velho homem, prisioneiro de formas estéticas, psicológicas e espirituais que estreitam seu horizonte humano e autoral. A desordem, a ruína interior e até mesmo a cegueira refletidas pelo conjunto das primeiras obras oferecem um contraste instigante com a lucidez dos escritos posteriores a *Humilhados e ofendidos* e, principalmente, com a visão genial e serena de *Os irmãos Karamázov*.

Dostoiévski e sua obra são exemplares não no sentido em que uma obra e uma existência impecáveis o seriam, mas num sentido exatamente contrário. Quando observamos esse artista viver e escrever, aprendemos, talvez, que a paz de espírito é a mais rude de todas as conquistas e que a genialidade não é um fenômeno natural. Da visão quase lendária do prisioneiro arrependido, é preciso guardar a ideia dessa dupla redenção, mas é apenas isso que deve ser guardado, pois dez longos anos se passaram entre a Sibéria e a ruptura decisiva.

A partir das *Memórias do subsolo*, Dostoiévski não se contenta mais em "repetir suas obras" e em se justificar a seus próprios olhos, remoendo sempre o mesmo ponto de vista sobre os homens e sobre si mesmo. Um atrás do outro, seus demônios são exorcizados ao se encarnar em sua obra romanesca.[*] Cada livro, ou ao menos quase todos, marca uma nova conversão e impõe uma nova perspectiva sobre os problemas de sempre.

Para além das diferenças superficiais entre os temas, todas as obras são apenas uma. É a essa unidade que o leitor é sensível quando reconhece, à primeira vista e independentemente de sua data, um texto de Dostoiévski. É essa unidade que tantos críticos buscam hoje descrever, apreender, circunscrever. Porém, não basta reconhecer a singularidade absoluta de um escritor que admiramos. Para além dela é preciso encontrar as diferenças entre as obras particulares, signos de uma busca que alcança ou não sua meta. Em Dostoiévski, a busca do absoluto não é vã; iniciada na angústia, na dúvida e na mentira, ela termina na certeza e na

---

[*] O termo "romanesca" deve ser entendido no sentido de "obra que demonstra consciência do desejo mimético", em contraste com as obras "românticas". [N.R.T.]

alegria. Não é através de uma essência imóvel qualquer que o escritor se define, mas por meio deste itinerário exaltante que talvez constitua a maior de suas obras-primas. Para descrever suas etapas, é necessário contrapor obras particulares e apreender as "visões" sucessivas de Dostoiévski.

As obras geniais repousam sobre a destruição de um passado sempre mais essencial e sempre mais original, ou seja, sobre a evocação de lembranças sempre mais afastadas sob o ponto de vista cronológico. À medida que o horizonte do alpinista se alarga, o cume da montanha se aproxima. As primeiras obras exigem de nós apenas alusões a atitudes do escritor ou a acontecimentos de sua vida mais ou menos contemporâneos à sua criação. Mas é impossível avançar em direção às obras-primas sem evocar, ao mesmo tempo e por uma série de *flashbacks* — aliás, bastante caprichosos —, a adolescência e a infância do criador.

A violência bastante relativa que exerceremos sobre as primeiras obras para nelas apreender os temas obsessivos irá encontrar sua justificativa não numa "chave" psicanalítica ou sociológica, mas na lucidez superior das obras-primas. Definitivamente, é o próprio escritor que irá nos fornecer o ponto de partida, a orientação e, até mesmo, os instrumentos de nossa pesquisa.

***

A estreia de Fiódor Mikhailovich Dostoiévski na literatura foi brilhante. Bielínski, o mais renomado crítico da época, declarou que *Gente pobre* era uma obra-prima e transformou seu autor, em alguns dias, num escritor da moda.

Bielínski ansiava ardentemente por uma literatura que hoje chamaríamos de engajada, e viu na humilde resignação do herói Makar Diévuchkin uma queixa contra a ordem social, tanto mais implacável pelo fato de não ter sido formulada diretamente.

Makar é um pequeno funcionário pobre e já idoso. A única luz em sua existência cinzenta e humilhada vem de uma jovem, Várienka, cuja convivência evita por medo da maledicência, mas com quem mantém uma correspondência bastante comovente. Infelizmente, a "mãezinha" não é menos miserável que seu tímido protetor, e aceita desposar um proprietário jovem e rico, mas também grosseiro, brutal e tirânico. Makar não se queixa, não protesta, não esboça o menor gesto de revolta. Ele participa dos preparativos do casamento, tentando febrilmente tornar--se útil. Sente-se que não recuaria diante de nenhuma baixeza para conservar seu modesto lugar à sombra de sua cara Várienka.

Um pouco mais tarde, Dostoiévski escreve *O duplo*, obra que às vezes se inspira bem de perto em certos *Duplos* românticos e, sobretudo, em *O nariz*, de Gogol, mas que, em todos os aspectos, é de longe superior a tudo o que seu autor publicará antes das *Memórias do subsolo*. O herói, Goliádkin, vê surgir ao seu lado, após algumas desventuras tão irrisórias quanto humilhantes, seu duplo Goliádkin *júnior*, fisicamente semelhante a ele, funcionário como ele e ocupando, na mesma repartição pública, a mesma função que ele. O duplo trata Goliádkin *sênior* com um desenvolto desprezo e se contrapõe a todos os projetos administrativos ou amorosos aos quais se lança. As aparições do *duplo* multiplicam-se, assim como os mais grotescos fracassos, até a entrada de Goliádkin num asilo para loucos.

O humor cáustico de *O duplo* está nos antípodas do patético um tanto adocicado de *Gente pobre*, mas os pontos em comum entre os dois relatos são mais numerosos do que se mostram à primeira vista. Como Goliádkin, Makar Diévuchkin sempre se sente vagamente martirizado pelos colegas de escritório. Ele escreve a Várienka: "Sabe o que acaba comigo, Variénka? Não é o dinheiro, são essas atribulações cotidianas todas, são essas zombarias, esses cochichos, esses risinhos todos que acabam comigo." Goliádkin diz a mesma coisa; nele, a aparição do duplo apenas polariza e concretiza os sentimentos de perseguição que permanecem difusos e sem objeto definido em seu predecessor.

Goliádkin por vezes julga possível fazer as pazes com seu duplo: nesse momento, enche-se de entusiasmo e imagina a existência que levaria se o espírito de intriga e a sagacidade desse ser maléfico estivessem a seu serviço, e não mobilizados contra ele. Ele projeta uma fusão com esse duplo, uma *unificação* com ele, reencontrando, em suma, sua unidade perdida. Ora, o duplo está para Goliádkin como o futuro marido de Várienka para Makar Diévuchkin: ele é o rival, o inimigo. Portanto, cabe perguntar se "a humilde resignação" de Makar, a extraordinária passividade que manifesta em relação a seu rival e seu lastimável esforço para desempenhar um papel mínimo no casamento de sua amada, muito inferior ao do marido, não estariam ligados a uma aberração um pouco parecida com a de Goliádkin. Com certeza, Makar possui mil razões objetivas para fugir da batalha com um rival muito mais armado que ele. Em outras palavras, ele possui mil razões para sentir-se obcecado pelo fracasso, e é precisamente dessa obsessão que sofre Goliádkin. O tema do duplo se encontra presente em todas as obras de Dostoiévski, sob as mais diversas formas e, às vezes, as mais ocultas. Seus prolongamentos são tão numerosos e ramificados que só aos poucos podem se tornar perceptíveis.

A orientação "psicológica" que se afirma em *O duplo* desagrada Bielínski. Dostoiévski não renuncia a suas obessões, mas esforça-se por expressá-las nas obras por meio de diferentes formas e estilos. *A senhoria* é uma tentativa bastante infeliz, mas significativa, de frenesi romântico. Ordínov, um sonhador melancólico e solitário, aluga um quarto na casa de um estranho casal, constituído por uma bela jovem e por um velho enigmático, chamado Múrin, que exerce sobre ela um poder oculto. Ordínov apaixona-se pela "senhoria"; esta afirma amá-lo "como uma irmã, mais que uma irmã", e acaba por propor que ele ingresse no círculo encantado de suas relações com Múrin. A "senhoria" deseja que seus dois amantes se tornem um. Ordínov esforça-se em vão para matar seu rival; o olhar de Múrin faz com que a arma caia das suas mãos. A ideia da "fusão" dos dois heróis e a do encantamento exercido por Múrin ligam-se facilmente aos temas das obras precedentes.

Em "Coração fraco", encontramo-nos mais uma vez no universo dos pequenos funcionários. A história é a de *O duplo*, mas vista de fora por um observador que não partilha das alucinações do herói. Este parece ter tudo para ser feliz: sua noiva é encantadora; seu amigo, devotado; seus superiores, benevolentes. Apesar disso, ele não deixa de se sentir paralisado exatamente pela possibilidade do fracasso, e, assim como Goliádkin, afunda pouco a pouco na loucura.

Em dado momento, o "coração fraco" apresenta a noiva a seu amigo, que, de imediato, se declara extremamente apaixonado por ela. Fiel demais para concorrer com seu camarada, ele pede a este último que lhe reserve um pequeno lugar em seu casamento: "Eu a amo tanto quanto você; ela será meu anjo da guarda, como o seu, pois a felicidade de vocês irá se derramar sobre mim e também me dará calor. Que ela me guie, como guiará você. A partir de agora, minha amizade por você e minha amizade por ela serão apenas uma. Você verá como irei protegê-los e como cuidarei dos dois." A jovem acolhe com entusiasmo a ideia desse *ménage à trois* e exclama feliz: *Nós três seremos apenas um.*

O herói de *Noites brancas*, tal como o de *A senhoria,* é um "sonhador", passando as noites crepusculares do verão de São Petersburgo dando longos passeios. Durante uma dessas caminhadas, ele conhece uma moça não menos romanesca que ele — uma verdadeira Emma Bovary russa —, que passou a adolescência pregada à barra da saia da avó. Ele se apaixona por ela, mas não lhe confessa nada porque Nástienka espera, de um momento a outro, a volta de um jovem com quem prometeu se casar. Ela, inclusive, não tem mais certeza de amar esse jovem, perguntando-se se a ligação com a avó não é um pouco responsável por essa paixão juvenil. No decorrer de confidências equívocas, ela acusa seu companheiro de indiferença e lhe propõe sua amizade em termos que lembram a "senhoria" ou a noiva do "coração fraco": "Quando eu me casar, seremos muito amigos, mais do que irmãos. Vou amá-lo quase tanto quanto a ele..." O herói acaba por confessar seu amor, mas longe de ganhar vantagem junto à jovem, se comporta exatamente como Makar Diévuchkin, a fim de garantir o sucesso de seu rival. Ele faz com que as cartas de Nástienka cheguem até o jovem, arranja um encontro, no qual acompanha sua amiga, e, finalmente, está presente, *voyeur* fascinado, quando os dois jovens se reencontram e caem nos braços um do outro. Toda a conduta desse herói é descrita em termos de generosidade, de devotamento, de sacrifício. Nástienka afasta-se para sempre, mas envia ao infeliz uma carta em que expressa, uma vez mais, o que poderia ser chamado de "sonho da vida a três". "Nós nos encontraremos", diz, "o senhor virá a nossa casa, não nos deixará, será para sempre meu amigo, meu irmão...".

★★★

Sabemos que o jovem Dostoiévski ficava paralisado diante das mulheres, a ponto de desmaiar quando uma bela jovem de São Petersburgo, muito conhecida, foi-lhe apresentada em um salão. Porém, não sabemos nada, ou quase nada, sobre uma vida sentimental que talvez se resumisse a muito pouco, exatamente devido a essa paralisia. Em contrapartida, temos muitas informações sobre as relações entre Dostoiévski e Maria Dmitrievna Issaiev, sua futura esposa, durante todo o período que precedeu o casamento.

Em 1854, Dostoiévski acabara de sair da prisão, mas ainda não estava quite com a justiça do czar: foi preciso se engajar num regimento siberiano, servindo primeiro como simples soldado e, depois, a partir de 1856, como oficial subalterno. Instalado em Semipalatinsk, tornou-se amigo do casal Issaiev: o marido, homem inteligente mas amargo, se matava de tanto beber. Sua mulher, Maria Dmtrievna, tinha trinta anos e falava muito de seus ancestrais, aristocratas franceses emigrados durante a Revolução. Vista de perto, Semipalatinsk era ainda menos romanesca que Yonville--l'Abbaye. Dependendo das estações, funcionários ávidos, soldados brutais e aventureiros aí chafurdavam na lama ou na poeira. Maria Dmitrievna inspirou imediatamente em Dostoiévski os sentimentos que, em seu lugar, teriam sentido qualquer um de seus heróis: *Fiquei imediatamente apaixonado pela mulher de meu melhor amigo.* Conhecemos o que se segue pelas cartas de Fiódor Mikhailovich a um jovem magistrado, o aristocrático Wrangel, que fez tudo o que estava ao seu alcance para tornar mais suave a existência do escritor durante os anos de serviço militar.

Issaiev logo morreu. Fiódor Mikhailovich pediu em casamento Maria Dmitrievna, que aceitou. A viúva morava então em Kuznetsk, povoação ainda mais perdida que Semipalatinsk, uma verdadeira Dodge City siberiana onde o papel do xerife era desempenhado pela polícia secreta e o dos índios, pelos piratas quirguizes. Naturalmente, Dostoiévski passava todas as suas licenças em Kuznetsk, e foi durante uma dessas viagens que a tragédia eclodiu. Ele escreve a Wrangel: "Eu a vi. Que alma nobre e angélica. Ela chorou e beijou-me as mãos, mas ama a um outro." O *outro* se chama Nikolai Vergunov. Ele tem 35 anos, acabou de sair da prisão e é jovem e belo, enquanto Fiódor Mikhailovich é feio. Assim como a heroína de *Noites brancas*, Maria Dmitrievna hesita: ela se declara apaixonada por Vergunov, mas faz confidências a Dostoiévski e encoraja-o a voltar para revê-la.

Vergunov é professor e ganha muito pouco dinheiro. Se Maria Dmitrievna casar com ele, se enterrará para sempre na estepe, com um enxame de filhos e um marido jovem demais que acabará por abandoná-la. É esse o quadro sombrio que, em suas cartas, Dostoiévski pinta para a viúva. Ele também lhe fala de seu brilhante futuro como escritor, da fortuna que o espera no dia em que tiver permissão para publicar... Porém, Dostoiévski renuncia rapidamente a essa linguagem, pois não quer obrigar a orgulhosa Maria Dmitrievna a defender seu Vergunov; não devemos, escreve ele, "dar a impressão de estarmos trabalhando por nós mesmos". Levando ao extremo a lógica desse raciocínio, ele adota a conduta de seus próprios heróis, transformando-se em advogado e defensor de seu rival junto à jovem. Dostoiévski promete intervir — e intervém — em seu favor junto a Wrangel. Nas cartas dessa época, sua caligrafia, em geral bastante nítida, torna-se completamente ilegível. O nome do professor escande sua prosa delirante como uma espécie de refrão: "E sobretudo, por Deus, não esqueça Vergunov."

Embora o escritor justifique sua conduta por razões táticas, ele não hesita, nas outras vezes, em atribuir a si mesmo o papel de bonzinho: Dostoiévski admira sua própria grandeza de alma, falando de si próprio como falaria de um herói de Schiller ou de Jean-Jacques Rousseau. Ele sente, por Vergunov, uma "simpatia desinteressada", assim como "piedade" por Maria Dmitrievna. Toda essa magnanimidade acaba por dar frutos:

Senti piedade dela, e ela se voltou para mim — foi de mim que ela teve piedade. Se você soubesse o anjo que ela é, meu amigo. Você nunca conheceu alguém assim: a cada instante algo de original, de inteligente, de espiritual, mas também de paradoxal, de infinitamente bom, de realmente cavalheiresco — um cavalheiro em trajes de mulher. Ela irá se perder.

De fato, em Kuznetsk, impera o cavalheirismo. Os dois homens acabam se reencontrando, jurando "amizade e fraternidade", chorando um nos braços do outro. Vergunov chora muito. Um dia, Dostoiévski escreve a Wrangel que chorar é a única coisa que ele sabe fazer. Entre dois mal-entendidos, Dostoiévski escreve cartas ardentes para obter um aumento de salário para o rival: "O senhor se lembra, neste verão eu lhe escrevi em favor de Vergunov; *ele merece*." Dominique Arban definiu, de modo preciso, o sentido de todo esse comportamento: "A fim de ser pelo menos um terceiro nesse casamento que não seria o seu, ele resolveu que Vergunov devia apenas a ele, Dostoiévski, seu sucesso material."

Dostoiévski embriaga-se de retórica romântica, felicitando-se por sua heroica vitória sobre o "egoísmo das paixões", falando da santidade de seu amor. Porém, nem sempre consegue esconder os aspectos mórbidos de sua aventura. "Nestes tempos, tenho estado como louco, no sentido exato do termo... Minha alma não se cura e nunca se curará." E, numa outra carta a Wrangel, ele escreve:

Eu a amo até a demência... Sei que em muitos aspectos estou agindo de modo insensato nas minhas relações com ela, que quase não existe esperança para mim — mas que haja ou não esperança, isso não me importa. Não consigo pensar em outra coisa. Apenas em vê-la, ouvi-la... Sou um pobre louco... Um amor assim é uma doença.

A paixão de Dostoiévski, exasperada pelo entusiasmo de Maria Dmitrievna por Vergunov, começa a murchar quando esse entusiasmo diminui. O casamento torna-se então inevitável e, mais que nunca, em suas cartas a Wrangel, Dostoiévski fala de sacrifício, de nobreza e de ideal. Em aparência, nada mudou; o linguajar permanece o mesmo, mas a situação transformou-se radicalmente. Antes, a retórica servia para justificar uma atração irresistível; agora ela é necessária para sustentar uma vontade vacilante:

Imagine então que canalha eu seria se, apenas para viver no conforto, preguiçoso e sem preocupações, renunciasse à felicidade de ter como mulher o ser que é para mim a coisa mais preciosa, se renunciasse à esperança de fazer sua felicidade, não me importando com suas misérias, seus sofrimentos, suas inquietações, esquecendo-a e abandonando-a unicamente por causa de alguns incômodos que talvez um dia desarranjem minha preciosa existência.

Dostoiévski era um homem corajoso. As obsessões não tinham destruído nele a vontade e o senso de responsabilidade. Ele se casou com Maria Dmitrievna e Vergunov foi o padrinho. Imediatamente, sobreveio a catástrofe. O novo marido foi acometido por uma crise de epilepsia no carro que conduzia ele e sua mulher a Semipalatinski. Maria

Dmitrievna cai doente de terror. Na chegada, foi preciso preparar-se para uma revista militar. A vida começa com brigas, preocupações com dinheiro e problemas de moradia, mas a maior infelicidade, nunca formulada mas facilmente dedutível de tudo o que é dito e não dito nas cartas de Dostoiévski, foi a indiferença do esposo pela esposa — indiferença dos sentidos, do coração e do espírito, a qual Fiódor Mikhailovich seguramente fez de tudo para combater, mas que nunca conseguiu superar. Essa indiferença tomara conta dele antes de seu casamento, quando teve certeza de que não disputava com mais ninguém a posse de Maria Dmitrievna.

A presença do rival, o medo do fracasso e o obstáculo exercem sobre Dostoiévski, assim como sobre seus heróis, uma influência ao mesmo tempo paralisante e excitante. Isso é novamente constatado em 1862, quando o escritor se torna amante de Paulina Súslova, modelo das grandes orgulhosas de todas as obras-primas. Inicialmente, ele domina a jovem com todo o peso de sua idade e de sua celebridade. Dostoiévski se recusa a divorciar-se por ela, e sua paixão só se agrava no dia em que ela desviou o olhar dele e se apaixonou, em Paris, por um estudante de medicina espanhol.

Em 1859, após seu casamento com Maria Dmitrievna, Dostoiévski recebeu a aguardada permissão de dar baixa no serviço militar, de voltar para a Rússia e, finalmente, retomar sua carreira de escritor. Num primeiro momento, publica alguns relatos e novelas, que figuram entre os mais medíocres de sua obra. Depois, entre 1861 e 1862, temos as *Recordações da casa dos mortos*, grande reportagem sobre a prisão siberiana que obteve um sucesso magnífico e que, pela segunda vez, colocou seu autor na cena de São Petersburgo. Em 1861, Dostoiévski também publicou um romance, *Humilhados e ofendidos*, até então o mais ambicioso de sua carreira.

O herói é um jovem escritor chamado Vânia, cujo rápido sucesso encontra um esquecimento relativo, como no caso do próprio Dostoiévski. Vânia está apaixonado por Natacha; ela estima-o infinitamente, mas não o ama. Em compensação, Natacha ama Aliocha, que não estima. Vânia faz de tudo para facilitar os amores de Natacha e Aliocha; sua atitude lembra a do próprio Dostoiévski diante de Vergunov e de Maria Dmitrievna. Todos os biógrafos e críticos de Dostoiévski reconheceram, em *Humilhados e ofendidos*, alusões muito claras à experiência de Kuznetsk. Porém, as obras anteriores à Sibéria prefiguram, como vimos, essa experiência amorosa. Do ponto de vista psicológico, portanto, *Humilhados e ofendidos* não traz nenhum elemento realmente novo.

A intriga do romance parece quase cômica quando a reduzimos a seus dados essenciais. Embora Natacha tenha abandonado a casa de sua família por causa de Aliocha, sendo então amaldiçoada por seu pai, ele não a ama. Ele ama uma segunda jovem, Kátia. Em suma, Dostoiévski duplica o esquema original: enquanto o jovem escritor Vânia empurra Natacha para os braços de Aliocha, Natacha, por sua vez, empurra Aliocha para os braços de Kátia. Esta, que não quer ser a última no quesito grandeza de alma, rejeita Aliocha com todas as suas forças e devolve-o à infeliz Natacha.

Neste romance aparecem as obsessões das obras anteriores à prisão, mas aqui elas são mais urgentes, mais torturantes, mais intoleráveis que nunca. Com o tempo, as linhas estruturais dessa obsessão se acumulam, se tornam mais precisas, simplificando-se como os traços de um rosto nas mãos de um caricaturista. Em todos os escritos desse período, Dostoiévski multiplica as situações obsessivas, conferindo-lhes tal relevo que se torna quase impossível um engano quanto à sua natureza.

Todos os personagens de *Humilhados e ofendidos* assumem um prazer doloroso, mas intenso, diante do espetáculo do fracasso amoroso, para o qual colaboram com todo o empenho. Antes mesmo de abandonar Natacha por Kátia, Aliocha é culpado de inúmeras infidelidades com mulheres levianas. Ele visita a noiva após cada uma de suas farras e as relata: "Vendo-a doce e condescendente, Aliocha já não conseguia se segurar e confessava tudo, sem ninguém pedir — era para aliviar o coração e 'se sentir como antes', conforme suas palavras." A jovem escuta essas confidências com uma atenção apaixonada: "Ah! Não se distraia [...]!", exclama. O prazer que Natacha, embora horrivelmente enciumada, sente ao perdoar Aliocha por suas farras revela com ainda mais clareza o caráter ambíguo da "magnanimidade" dostoievskiana: "[...] tivemos uma briga meses atrás", explica ela a Vânia, "[...] quando ele esteve com essa tal Mina... eu soube disso, espionei-o e, acredite ou não: foi terrivelmente dolorido para mim e, ao mesmo tempo, agradável... não sei por quê...". O próprio Vânia está apaixonado por Natacha, e por isso sente-se duplamente humilhado em sua humilhação. Nessa cena, existe um masoquismo e um voyeurismo potencializados, dos quais o romance fornece numerosos exemplos.

O sonho da vida a três transformou-se em pesadelo universal. Aliocha quer provocar um encontro entre Natacha e Kátia:

> — [...] Vocês duas foram feitas para serem irmãs e devem amar uma a outra. Não paro de pensar nisso. É verdade: eu mesmo juntaria vocês e ficaria perto olhando com prazer para as duas. Não vá pensar alguma coisa, Natachetchka, e permita-me falar dela. É justamente com você que me dá vontade de falar sobre ela e com ela sobre você. [...]
> Natacha olhava para ele em silêncio, com carinho e tristeza. Como se as palavras dele a afagassem e afligissem com algo.

É claro que todos esses amores nascem apenas do obstáculo que lhes é oposto por um terceiro, e que só subsistem por causa dele. Logo o objeto da rivalidade começa a aparecer apenas como um simples pretexto, e cada um dos dois rivais permanece a sós diante do outro. A nulidade pessoal de Aliocha, que Natacha e Kátia atiram uma à outra como fariam com uma bola, dá ainda maior destaque ao confronto entre as duas mulheres. Aqui elas finalmente se encontram.

> Então Kátia aproximou-se dela, pegou-a pelas mãos e apertou seus lábios rechonchudos contra os lábios de Natacha. [...]
> As duas se abraçaram e começaram a chorar. Sem soltar Natacha, Kátia sentou-se no braço da poltrona e começou a beijar suas mãos.

Apesar das fulgurações que a iluminam, *Humilhados e ofendidos* não está entre as grandes obras de Dostoiévski. O romance se desenvolve do início ao fim num clima de idealismo romântico que não é difícil de ser qualificado como mistificador. A retórica sentimental coloca sob uma falsa luz de esforço moral e espírito sacrificial uma conduta que cada vez mais claramente deriva do *masoquismo* psicopatológico.

II. Psicologia subterrânea

Em certo sentido, o Dostoiévski de *Humilhados e ofendidos* está mais afastado de seu próprio gênio do que o Dostoiévski de *O duplo*. Exatamente este afastamento — sinto a tentação de dizer "extravio" — sugere que uma ruptura é inevitável. Porém, apenas a iminência dessa ruptura é revelada, e não a iminência da genialidade. Se Dostoiévski tivesse enlouquecido em 1863, em vez de escrever *Memórias do subsolo*, não seria difícil descobrir em *Humilhados e ofendidos* os signos precursores dessa loucura. E pode ser que em 1863 não houvesse outra decisão para Dostoiévski a não ser entre a loucura e a genialidade.

Agora enxergamos com clareza que o percurso para a maestria romanesca não é um progresso contínuo nem um processo cumulativo comparável à construção, em patamares sucessivos, de um edifício qualquer. *Humilhados e ofendidos* é certamente superior, por sua técnica, às obras iniciais. É evidente que a lucidez vindoura já desponta em certas passagens e personagens, mas a obra não deixa de se situar, dado seu desequilíbrio e a defasagem revelada entre a perspectiva do criador e a significação objetiva dos fatos, no ponto extremo da cegueira. E esse ponto extremo não pode preceder e anunciar senão a noite definitiva ou a luz da verdade.

Não existe tarefa mais essencial, e no entanto mais negligenciada, do que comparar num mesmo escritor as obras realmente superiores àquelas que não o são. Para facilitar tal cotejo, deixaremos inicialmente de lado *Memórias do subsolo*, obra infinitamente rica e diversa, e voltaremos a atenção para uma novela escrita sete anos depois, *O eterno marido*. Se nos afastamos um momento da ordem cronológica, isso se deve apenas a razões práticas, para facilitar a compreensão de nosso ponto de vista. *O eterno marido* é exclusivamente consagrado aos temas obsessivos que assinalamos nas obras do período romântico e na correspondência siberiana. Portanto, essa novela nos permitirá esboçar, em certos pontos bem definidos, uma primeira comparação entre os dois Dostoiévskis, aquele que possui genialidade e aquele que não a possui.

O eterno marido é a história de Páviel Pávlovitch Trussótzki, um notável da província que parte para São Petersburgo após a morte de sua mulher, visando aí a encontrar seus amantes. O relato esclarece de modo pleno a fascinação exercida sobre os heróis de Dostoiévski pelo indivíduo que os humilha sexualmente. Como notamos em *Humilhados e ofendidos*, a insignificância do amante sugeria a importância da rivalidade na paixão sexual; em *O eterno marido*, a mulher está morta, o objeto desejado desapareceu, e o rival permanece; o caráter essencial do obstáculo revela-se de modo integral.

Em sua chegada a São Petersburgo, Trussótzki pode escolher entre dois amantes de sua falecida mulher. O primeiro, Vieltchâninov, é o narrador de *O eterno marido*; o segundo, Bagautov, suplantou Vieltchâninov junto à esposa infiel, e seu reinado revelou-se mais durável que o precedente. Porém, Bagautov também morre, e, após os funerais que assiste em grande luto, Trussótzki lança-se sobre Vieltchâninov, como prêmio de consolação. Aos olhos de Trussótzki, é Bagautov, por tê-lo traído e ridicularizado mais radicalmente, que encarna plenamente a essência da sedução e do dom-juanismo. É dessa essência que Trussótzki encontra-se privado, precisamente porque sua mulher o enganou; portanto, é dessa essência que busca se apropriar, tornando-se companheiro, seguidor e imitador de seu rival triunfante.

Para compreender esse *masoquismo*, é preciso esquecer todo o aparato médico que normalmente o obscurece e simplesmente ler *O eterno marido*. Não existe, em Trussótzki, um desejo de humilhação no sentido comum da palavra. Ao contrário, a humilhação é uma experiência tão terrível que fixa o masoquismo sobre o homem que a infligiu ou sobre quem a ele se assemelha. O masoquista não consegue reencontrar sua autoestima a não ser por meio de uma vitória espetacular sobre o ser que o ofendeu. Porém, a seus olhos, esse ser adquire dimensões tão fabulosas que parece ser o único capaz de obter tal vitória. No masoquismo, há uma espécie de miopia existencial que reduz a visão do ofendido à imagem de quem ofende. Este define não somente o alvo do ofendido, mas os instrumentos de sua ação. Dessa forma, a contradição, o dilaceramento e a duplicação são inevitáveis. O ofendido está fadado a uma errância sem fim em torno do ofensor, a reproduzir as condições da ofensa e a fazer-se ofender novamente. Nas obras que consideramos até aqui, o caráter repetitivo das situações gera uma espécie de humor involuntário. Em *O eterno marido*, esse caráter repetitivo é ressaltado: o escritor retira dele efeitos cômicos totalmente conscientes.

Na segunda parte da novela, Trussótzki decide casar-se novamente e tenta envolver Vieltchâninov na história. Ele não consegue aderir à própria escolha enquanto o sedutor consumado não confirmar sua excelência, isto é, enquanto este não desejar a jovem que ele próprio deseja.

Portanto, ele convida Vieltchâninov a acompanhá-lo numa visita à jovem. Vieltchâninov tenta esquivar-se, mas acaba cedendo, vítima, escreve Dostoiévski, de "uma atração estranha". Os dois homens param antes da visita numa joalheria, e o eterno marido pede ao eterno amante que escolha para ele o presente que destina à futura esposa. A seguir, os dois dirigem-se à casa da senhorita e Vieltchâninov recai, invencivelmente, em seu papel de sedutor. Ele agrada; Trussótzki, não. O masoquista é sempre o artífice fascinado de sua própria infelicidade.

Por que ele se precipita dessa forma na humilhação? Porque é imensamente vaidoso e orgulhoso. Só em aparência a resposta é paradoxal. Ao descobrir que sua mulher prefere um outro a ele, o choque que Trussótzki sente é terrível porque, para ele, é um dever ser o centro e o umbigo do universo. O homem é um antigo proprietário de servos. É rico. Vive num mundo de senhores e de escravos, sendo incapaz de imaginar um meio-termo entre esses dois extremos. Portanto, o mais ínfimo fracasso o condena à servidão. Marido enganado, ele se destina ao nada sexual. Depois de ter se concebido como um ser de onde irradiavam naturalmente a força e o sucesso, ele agora se percebe como um dejeto que destila inevitavelmente a impotência e o ridículo.

A ilusão da onipotência é tão mais fácil de destruir quanto mais completa for. Entre Eu e os Outros sempre se estabelece uma comparação. A vaidade pesa na balança e faz com que ela penda para o Eu. Se esse peso inexiste, a balança, bruscamente erguida, penderá para o Outro. O prestígio do qual dotamos um rival excessivamente feliz é sempre a medida de nossa vaidade. Acreditamos empunhar solidamente o cetro de nosso orgulho, mas ele nos escapa ao menor fracasso para reaparecer, mais brilhante do que nunca, entre as mãos de outro.

Assim como Ordínov se esforça em vão para assassinar Múrin em *A senhoria*, Trussótzki esboça um gesto assassino na direção de Vieltchâninov. Na maioria das vezes, ele busca um *modus vivendi* com o rival fascinante. Como o herói de "Coração fraco", ele espera que se derrame sobre ele um pouco dessa felicidade fabulosa que atribui ao seu vencedor. O "sonho da vida a três", até aqui idílico ou patético, reaparece numa perspectiva grotesca.

Portanto, o impulso primeiro que anima os heróis dostoievskianos não é aquele sugerido pelas primeiras obras. O leitor de *Humilhados e ofendidos* que pretende permanecer fiel às intenções conscientes do escritor acaba chegando a fórmulas que contradizem radicalmente a significação latente da obra. O crítico Georges Haldas, por exemplo, define da seguinte maneira a essência comum a todos os personagens:

A CRÍTICA NO SUBSOLO | 71

"É a piedade que revela o que seu coração tem de mais nobre e faz com que consintam em sacrificar, neles mesmos, a parte possessiva de todo amor." O crítico percebe bem que "um elemento turvo" mistura-se à paixão, mas a seu ver é exatamente esse elemento que os personagens conseguirão vencer. Ele prossegue: "Há como um sabá do amor-paixão e da piedade — até mesmo da caridade —, uma luta terrível ao termo da qual a piedade triunfa e a paixão perde."

Longe de renunciar à "parte possessiva de todo amor", esses personagens se interessam somente por ela. Eles parecem generosos *porque não o são*. Como conseguem, porém, mostrar e enxergar a própria natureza de maneira contrária ao que é? Isso ocorre porque o orgulho é uma força contraditória e cega, que cedo ou tarde acaba por suscitar efeitos diametralmente opostos àqueles que busca. O orgulho mais fanático está fadado, ao menor revés, a se inclinar muito diante do outro; ou seja, ele se assemelha, externamente, à humildade. O egoísmo mais extremo nos transforma, à menor derrota, em escravos voluntários, e assim se assemelha, externamente, ao espírito sacrificial.

A retórica sentimental que triunfa em *Humilhados e ofendidos* não revela o paradoxo, mas joga com ele de forma a dissimular a presença do orgulho. A arte dostoievskiana do grande período realiza exatamente o inverso. Ela faz com que o orgulho e o egoísmo saiam de seus esconderijos, denunciando sua presença em condutas quase idênticas às da humildade e do altruísmo.

Só perceberemos o masoquismo dos personagens de *Humilhados e ofendidos* se ultrapassarmos as intenções do autor rumo a uma *verdade objetiva* que ninguém pode nos censurar de "projetar" sobre o romance, pois ela se torna explícita em *O eterno marido*. Na obra genial, a distância entre as intenções subjetivas e a significação objetiva é maior.

Sem dúvidas, há aspectos brilhantes atravessando *Humilhados e ofendidos*. O próprio título é um achado; ele faz com que muita gente pense que o romance, raramente lido, é dostoievskiano no sentido em que serão as obras posteriores. A ideia de que o comportamento dos personagens está enraizado no orgulho já se encontra expressa. "Eu [...] fico apavorado", nota brevemente Vânia. "Todos são dominados pelo orgulho." A ideia, no entanto, permanece abstrata, isolada e submersa no seio da retórica idealista. Em *O eterno marido*, ao contrário, temos uma sensação quase física da vaidade mórbida e dissimulada do herói principal, verdadeiro espelho deformante no qual o dândi Vieltchâninov contempla o *duplo* de sua própria presunção dom-juanesca.

Após *Humilhados e ofendidos* há, em Dostoiévski, uma mudança de orientação ao mesmo tempo sutil e radical. Essa metamorfose tem consequências intelectuais, mas ela não é fruto de uma operação intelectual. Diante do orgulho, a inteligência pura é cega. A metamorfose tampouco é de ordem estética; o orgulho pode assumir todas as formas, mas também pode descartá-las. O Dostoiévski de Semipalatinsk, o Dostoiévski que escrevia a Wrangel as cartas que conhecemos, era incapaz de escrever *O eterno marido*. Apesar das dúvidas que já o assaltavam, ele se empenhava para considerar seu orgulho mórbido e sua obsessão com a humilhação sob uma luz lisonjeira e mentirosa. Esse Dostoiévski só podia escrever *Noites brancas* ou *Humilhados e ofendidos*. Não se trata de fazer de Trussótzki um personagem autobiográfico no sentido tradicional do termo, mas de reconhecer que essa genial criação se funda na consciência aguda de mecanismos psicológicos próprios ao criador mesmo, mecanismos cuja tirania repousava, justamente, no esforço desesperado desse homem para dissimular de si sua significação e até sua presença.

***

Existe, por trás da metamorfose da arte dostoievskiana, uma verdadeira conversão psicológica, cujos novos aspectos são indicados pelas *Memórias do subsolo*. O herói dessas memórias é muito parecido com Trussótzki. O próprio autor ressalta o fato em *O eterno marido*: "Chega de psicologia de subsolo", exclama um Vieltchâninov exasperado pela frequência com que seu ridículo imitador colocava-se no papel de bobo. As *Memórias do subsolo* são mais difusas, menos "bem-compostas" que *O eterno marido*, mas têm alcance mais amplo. Os "sintomas" apresentados pelo herói do subsolo não são novos para nós, mas inscrevem-se num quadro existencial ampliado. Não é de inferioridade sexual que ele sofre, mas de inferioridade generalizada. Seu caso deveria nos convencer de que os fenômenos mórbidos apresentados por Trussótzki não são de ordem especificamente sexual e não estão vinculados a uma terapia apropriada.

Fraco e doentio, o herói do subsolo pertence, para sua infelicidade, a essa classe burocrática pretensiosa e lastimável cuja mentalidade o escritor considera extremamente significativa e, em certos pontos, até mesmo profética com respeito à sociedade que se encontra então em gestação.

O problema do rival aparece sob uma forma muito pura, quase abstrata, na primeira "aventura" relatada nas *Memórias do subsolo*. Certo dia, num café, um oficial cujos movimentos nosso aleijão está atrapalhando agarra este último pelos ombros e o deixa um pouco mais longe, sem mesmo lhe dar a honra de dirigir-lhe a palavra. A lembrança dessa desenvoltura obceca o herói subterrâneo. O oficial desconhecido assume, em sua imaginação, proporções tão monstruosas quanto Vieltchâninov na de Trussótzki.

Qualquer obstáculo, qualquer aparência de obstáculo, desencadeia os mecanismos psicológicos já observados em *O eterno marido*. Uma segunda aventura vem confirmar esse ponto. Os antigos condiscípulos do herói organizam uma noitada. O herói subterrâneo julga-se muito superior a eles e não sente, em geral, nenhum desejo de se socializar, mas o sentimento de ser excluído da festa desperta nele uma necessidade frenética de ser convidado. O desprezo que acredita inspirar nesses medíocres personagens irá conferir-lhes uma importância prodigiosa.

A ideia de que o orgulho encontra-se na origem da grandeza imaginária e da baixeza efetiva do herói do subsolo é mais desenvolvida do que em *O eterno marido*. Em seus sonhos solitários, o herói se eleva sem esforço até o sétimo céu; nenhum obstáculo o detém. Porém, chega um momento em que o sonho não lhe basta. A exaltação egoísta nada tem a ver com o nirvana budista. Cedo ou tarde, ela precisa ser posta à prova na realidade. O sonho solitário é sempre a vigília de armas do cavaleiro errante, mas o sonho é delirante e a encarnação, impossível. O herói subterrâneo precipita-se, então, nas aventuras que o humilham; sua queda é ainda maior por ter subido alto demais no sonho.

Todas as morais que repousam sobre a harmonia entre o interesse geral e os interesses particulares "bem compreendidos" confundem o orgulho com o egoísmo, no sentido tradicional do termo. Seus inventores nem desconfiam que o orgulho é contraditório em sua essência, duplicado e dilacerado entre o Eu e o Outro; eles não percebem que o egoísmo sempre desemboca nesse altruísmo delirante que são o masoquismo e o sadismo. Eles fazem do orgulho o contrário do que ele é, ou seja, uma força de divisão e de dispersão. A ilusão, presente em todas as formas de pensamento individualista, evidentemente não é fortuita. De fato é ela, e apenas ela, que define corretamente o orgulho. Portanto, é o próprio orgulho que suscita as morais da harmonia entre os diversos egoísmos. Como sabemos, o orgulhoso deseja ser acusado de egoísmo — e, de bom grado, acusa a si próprio — para melhor dissimular o papel que o Outro desempenha em sua existência.

A segunda parte das *Memórias do subsolo* revela, de modo brilhante, a vaidade do raciocínio utilitarista. O herói do subsolo é perfeitamente capaz de reconhecer seu interesse "bem compreendido", mas não tem qualquer desejo de adaptar sua conduta a isso. Esse interesse parece terrivelmente chato e tedioso ao lado das quimeras que frequentam sua solidão e dos ódios com os quais é tecida toda a sua vida social. Qual o peso de nosso "interesse", por mais "bem compreendido" que seja, ao lado dessa onipotência que o Outro, o carrasco fascinante, parece deter? O orgulhoso sempre acaba por preferir a escravidão mais abjeta ao egoísmo recomendado pela falsa sabedoria de um humanismo decadente.

O raciocínio utilitarista parece irrefutável devido ao seu cinismo. Não se trata mais de combater — a tarefa revelou-se impossível —, mas de utilizar o desejo incoercível do indivíduo de referir tudo a si próprio. Esse cinismo é apenas aparente. O utilitarismo elimina do idealismo o que nele resta de autêntica grandeza, mas ainda mantém e reforça sua ingenuidade. Dostoiévski sente tudo isso. Ele compreende que a descoberta subterrânea desfere um golpe fatal à utopia do "palácio de cristal", pois revela o nada da visão metafísica e moral sobre a qual se pretende fundá-la. Essa vitória — a primeira — sobre as sinistras platitudes morais do século XIX parece-lhe tão importante que ele gostaria de formulá-la em termos didáticos e filosóficos. É por essa razão que, no início de sua novela, Dostoiévski encarrega seu herói de refutar diretamente os sistemas éticos cuja inépcia a sequência do relato, única e propriamente romanesca, vai demonstrar.

No entanto, Dostoiévski não conseguiu traduzir em conceitos a psicologia do subsolo. Por que ele leria melhor seu próprio texto do que a maioria de seus críticos? Ele viu claramente que o herói subterrâneo escolhia sempre algo diferente de seu interesse "bem compreendido", mas não soube dizer *o que ele estava escolhendo* nem *por que* ele escolhia isso. Ele deixa escapar o essencial. À moral do interesse "bem compreendido", o autor só consegue opor uma liberdade abstrata e vazia, uma espécie de "direito ao capricho" que, de fato, não refuta nada. Portanto, essa primeira parte é muito inferior à continuação. Mas é nela, infelizmente, que se apoiam quase todas as críticas quando buscam definir o antideterminismo e o antipsicologismo dostoievskianos, e parece ser dela, também, que Gide tomou sua famosa teoria do "ato gratuito".

O texto simplesmente rejeita, em nome de um irracionalismo vago e situado ainda mais abaixo do utilitarismo na escala do pensamento ocidental, todos os elementos positivos que este último ainda encerra. Portanto, a despeito de seu autor, ele tende a novas divisões e novas dispersões, situando-se objetivamente no impulso histórico do orgulho prometeico. Ele acaba contradizendo a parte romanesca do qual se considera o comentário. Assim, não é surpreendente vê-lo constantemente citado, nos dias de hoje, por um individualismo anarquizante que só consegue reclamar de Dostoiévski deixando prudentemente de lado o melhor de sua obra.

É lamentável que críticas em princípio hostis a tal individualismo anarquizante também deem grande importância a esse texto atípico, buscando nele a definição da liberdade dostoievskiana. Essas críticas recaem, necessariamente, na eterna divisão entre o pensador e o romancista, a qual sempre se estabelece em detrimento do segundo Dostoiévski, ou seja, do único que realmente importa. Não é o pensamento desencarnado que nos interessa, mas o pensamento encarnado nos romances. Em suma, é preciso colaborar com o trabalho de deciframento levado a cabo pelo escritor, e não aproveitar seus deslizes ou especular sobre suas fraquezas. A interpretação não deve repousar sobre o que há de mais limitado na obra do romancista, de mais sujeito ao passado, mas sim sobre o que se abre para o futuro, trazendo em si a maior riqueza.

O Dostoiévski genial é o Dostoiévski romancista. Portanto, cabe questionar o sentido da liberdade não em suas reflexões teóricas, mas em seus textos inteira e autenticamente romanescos. Essa liberdade tem a mesma radicalidade da de Sartre, pois o universo de Dostoiévski é tão desprovido de valores objetivos quanto o universo sartreano. No entanto, o Dostoiévski da maturidade e da velhice percebe, de início apenas no nível da criação romanesca, e depois no nível da meditação religiosa, o que nem o Sartre romancista nem o Sartre filósofo perceberam, isto é, que em tal universo, a escolha essencial deve se dar não sobre um *em si* mudo, mas sobre uma conduta já carregada de sentido e que propaga o sentido cujo modelo inicial nos é fornecido por um outro. As melhores psicologias da infância confirmam os dados primeiros da obra romanesca. No universo estruturado pela revelação evangélica, a existência individual permanece essencialmente imitativa, talvez mesmo — e sobretudo — ao rejeitar com horror qualquer ideia de imitação. Os Padres da Igreja consideravam evidente uma verdade que depois foi obscurecida e que o romancista reconquista, passo a passo, pelas consequências terríveis desse obscurecimento.

Na época das *Memórias do subsolo*, o romancista possui o suficiente dessa verdade para torná-la operante em sua obra, mas é tão incapaz quanto outros pensadores de sua época de enunciar sua fórmula. Daí o caráter gratuito, arbitrário e brutal de sua prosa não romanesca. Ele sabe muito bem onde quer chegar — ou pelo menos acredita sabê-lo, pois ainda aí acontece-lhe de se enganar —, mas nunca consegue justificar logicamente suas conclusões.

O orgulho subterrâneo é, estranhamente, um orgulho banal. O sofrimento mais vivo provém do fato de o herói não conseguir *se distinguir* de maneira concreta dos homens que o rodeiam. Todavia, ele pouco a pouco toma consciência desse fiasco. Ele se percebe rodeado de pequenos funcionários que possuem os mesmos desejos e que sucumbem aos mesmos fracassos que ele. Todos os indivíduos do subsolo acreditam ser tão mais "únicos" quanto mais, na verdade, são semelhantes. Não é difícil apreender o mecanismo dessa ilusão. Já vimos como, em *O eterno marido*, Vieltchâninov entra, à sua própria revelia, no jogo do parceiro. O masoquista sempre acaba por encontrar diante de si um sádico, e o sádico, um masoquista. Cada um confirma ao Outro sua dupla ilusão de grandeza e de pequenez, sendo por ele também confirmado. Cada um mantém e precipita no outro o vaivém entre a exaltação e o desespero. A imitação odiosa se generaliza e os conflitos estéreis se exasperam. Cada um exclama com o homem do subsolo: "Eu sou sozinho, e eles são *todos* [...]."

Para além do desacordo superficial, há um acordo profundo entre a realidade social e a psicologia individual. O duplo já oferecia uma mistura de psicopatologia fantástica com realismo cotidiano que pressupõe esse acordo. As cenas mais significativas são aquelas em que Goliádkin júnior, o duplo, recorre a pequenos ardis bastante clássicos para suplantar seu rival junto ao chefe do serviço. A rivalidade dos dois Goliádkins se concretiza em situações muito significativas do ponto de vista sociológico. Para compreender as obsessões dos pequenos funcionários dostoievskianos, é preciso imaginar a burocracia czarista de meados do século XIX, sua hierarquia excessivamente estrita e a multiplicação de empregos inúteis e malpagos. O processo de "despersonalização" sofrido pela massa dos funcionários subalternos é tão mais rápido, eficaz e sorrateiro quanto mais se confunde com as rivalidades ao mesmo tempo ferozes e estéreis geradas pelo sistema. Os indivíduos, constantemente colocados uns contra os outros, só conseguem compreender que sua personalidade concreta está se dissolvendo.

Otto Rank, em seu ensaio sobre o tema do duplo na literatura,* viu claramente que a "maestria [de Dostoiévski] caracteriza-se pela descrição absolutamente objetiva de um estado paranoico do qual nenhum traço é omitido, como também pela ação do ambiente sobre a loucura da vítima". Infelizmente, Rank não detalha em que consiste essa ação do ambiente. Não basta dizer que o meio *favorece* a loucura, pois nunca é possível distingui-la daquele. O aspecto burocrático é a face externa de uma estrutura cuja face interna é a alucinação do duplo. O próprio fenômeno é duplo: ele comporta uma dimensão subjetiva e uma dimensão objetiva que concorrem pelo mesmo resultado.

Para se convencer disso, é preciso, inicialmente, reconhecer que *O duplo* e as *Memórias do subsolo* são dois esforços que buscam expressar a mesma verdade. Todas as cenas capitais das duas obras acontecem em noites de outono ou de fim de inverno. Uma neve semiderretida cai; temos, ao mesmo tempo, muito frio e muito calor; faz um tempo úmido, insalubre, ambíguo — numa palavra: *duplo*. Nas duas novelas, encontramos os mesmos tipos de rivalidade e os mesmos temas, inclusive o do convite recusado e o da expulsão física, que irá reaparecer em Samuel Beckett.

---

* *Don Juan. Une étude sur le double*. Paris: Denöel et Steele, 1932.

Se as duas novelas são apenas uma, a alucinação de Goliádkin deve derivar definitivamente do orgulho. O orgulhoso se vê como *um* no sonho solitário, mas no fracasso ele se divide entre um ser desprezível e um observador que despreza. Ele se torna Outro para si próprio. O fracasso o obriga a tomar, contra si mesmo, o partido desse Outro que lhe revela seu próprio nada. Portanto, as relações consigo mesmo e com os outros são caracterizadas por uma dupla ambivalência:

> Está claro que odiava todos os funcionários da nossa repartição, do primeiro ao último, e desprezava-os a todos, mas, simultaneamente, como que os temia. Acontecia-me até colocá-los acima de mim. Sucedia o seguinte: ora desprezava alguém, ora colocava-o acima de mim. Um homem decente e cultivado não pode ser vaidoso sem uma ilimitada exigência em relação a si mesmo e sem se desprezar, em certos momentos, até o ódio.

O fracasso gera um duplo movimento. O observador que despreza, o Outro que está no Eu, aproxima-se sem cessar do Outro que está fora do Eu, o rival triunfante. Vimos que, do outro lado, esse rival triunfante, esse Outro fora do Eu, cujo desejo eu imito e que imita o meu, aproxima-se sem cessar do Eu. À medida que a cisão interior da consciência se reforça, a distinção entre o Eu e o Outro se atenua; os dois movimentos convergem um para o outro, gerando a "alucinação" do duplo. O obstáculo, como uma cunha sobre a consciência, agrava os efeitos duplicadores de qualquer reflexão. O fenômeno alucinatório constitui o resultado e a síntese de todas as duplicações subjetivas e objetivas que definem a existência subterrânea.

É essa mistura de subjetivo e objetivo que o relato de 1846 nos faz sentir de modo maravilhoso. A psiquiatria é incapaz de colocar concretamente o problema do duplo, pois ela não pode questionar as estruturas sociais. Ela busca curar o doente trazendo-o de volta ao "senso da objetividade". Porém, a "objetividade" desse doente é, em certo sentido, superior à dos seres "normais" que o rodeiam. Goliádkin poderia já proferir as fanfarronices do herói do subsolo:

> Quanto a mim, a única coisa que fiz foi levar ao extremo na minha vida o que vocês só ousaram levar até a metade, sempre chamando de sabedoria sua covardia e consolando-se, assim, com mentiras. De modo que talvez eu esteja mais vivo que vocês.

O que é então essa coisa que o herói do subsolo acredita ser o único a "levar ao extremo", mas que compartilha com todos os seus vizinhos? É, evidentemente, o orgulho, esse primeiro motor psicológico — e por isso também metafísico — que governa todas as manifestações individuais e coletivas da vida subterrânea. Embora O duplo seja uma obra notável, ela não consegue colocar em evidência o essencial. Em particular, ela não revela o papel desempenhado pela literatura no egotismo do subterrâneo. As Memórias do subsolo consagram a esse tema páginas capitais. O herói nos informa que cultivou durante toda a vida "o belo e o sublime". Ele admira com paixão os grandes escritores românticos. Porém, é um bálsamo envenenado que tais seres excepcionais vertem sobre suas feridas psicológicas. Os grandes arrebatamentos líricos desviam do real sem serem realmente libertadores, pois as ambições que despertam são definitiva e terrivelmente mundanas. A vítima do romantismo torna-se cada vez mais inapta à vida, sempre exigindo desta última elementos crescentemente exorbitantes. O individualismo literário é uma espécie de droga cujas doses precisam ser incessantemente aumentadas para proporcionar, ao preço de sofrimentos cada vez maiores, alguns êxtases duvidosos. O dilaceramento entre o "ideal" e a realidade sórdida é agravado. Depois de sentir-se um anjo, o herói do subsolo sente-se uma besta. As duplicações se multiplicam.

É de seu próprio romantismo que Dostoiévski aqui faz a sátira. O contraste entre as situações lastimáveis e a retórica grandiosa com a qual o herói do subsolo se embriaga corresponde à defasagem entre a interpretação sugerida pelo autor e a significação objetiva de um romance como *Humilhados e ofendidos*. O herói subterrâneo, autor presumido das *Memórias do subsolo*, percebe a verdade das aventuras grotescas que viveu na cegueira. Essa distância entre o homem que ele se tornou e o homem que fora outrora reflete a distância que separa as *Memórias do subsolo* de obras anteriores, que a partir de agora qualificaremos de "românticas".

O romântico não reconhece suas próprias duplicações e, dessa forma, as agrava. Ele quer acreditar que é perfeitamente *um*. Então, elege uma das duas metades de seu ser — na época romântica propriamente dita, geralmente opta pela metade ideal e sublime; agora, é com mais frequência a metade sórdida — e esforça-se por fazer dessa metade sua totalidade. O orgulho busca provar que pode reunir e unificar todo o real em torno de si.

No Dostoiévski romântico, as duas metades da consciência romântica se refletem separadamente: uma parte, em obras sentimentais ou patéticas; a outra, em obras grotescas. Temos de um lado *Gente pobre*, *A senhoria* e *Noites brancas*; de outro, "O senhor Prokhartchin", *Aldeia de Stiepantchikov e seus habitantes*, *Um sonho do tio* etc. Em obras como *Humilhados e ofendidos*, a divisão das pessoas em "boas" e "más" reflete a dualidade subterrânea, a qual, subjetiva, nos é apresentada como um dado objetivo do real. A diferença entre os "bons" e os "maus" é tão radical quanto abstrata: os mesmos elementos, alterados pelo sinal de mais ou de menos, são encontrados nos dois casos. Teoricamente, nenhuma comunicação é possível entre essas duas metades, mas o masoquismo dos "bons" e o sadismo dos "maus" revelam a instabilidade da estrutura, a perpétua tendência das duas metades de passar uma pela outra, mas sem nunca chegar à fusão. Masoquismo e sadismo refletem a nostalgia romântica da unidade perdida, mas essa nostalgia é mesclada de orgulho; o desejo que engendra, longe de ajuntar, dispersa, pois ela sempre se extravia na direção do Outro.

Portanto, a obra romântica não pode salvar o escritor. Ela o aprisiona no círculo de seu orgulho, perpetuando o mecanismo de uma existência destinada ao fracasso e à fascinação. Dostoiévski faz alusão, nas *Memórias do subsolo*, à arte duplicada a que renuncia ao descrever as veleidades literárias de seu herói. O desejo impotente de se vingar leva este último a fazer não sua própria sátira, como nas

Memórias do subsolo, mas a do rival, do inimigo, do oficial arrogante:

> Uma vez, de manhã, embora até então nunca fosse dado às literaturas, veio-me de repente a ideia de descrever aquele oficial numa transposição acusatória, caricatural, em forma de novela. Foi com prazer que a escrevi. Eu acusava, cheguei a caluniar até [...].

Todas as obras do período romântico, com exceção parcial de *O duplo*, refletem apenas uma dualidade que as obras geniais *revelam*. O herói do subsolo é, *ao mesmo tempo*, o herói "sonhador" e lírico das obras sentimentais e o pequeno funcionário intrigante e ridículo das obras grotescas. As duas metades da consciência subterrânea se juntaram. Não é sua síntese impossível que o escritor nos apresenta, mas sua dolorosa sobreposição no interior de um mesmo indivíduo. Essas duas metades dominam, alternativamente, a personalidade do infeliz herói, determinando o que os médicos chamaram de seu temperamento *cíclico*. A obra que revela a divisão é uma obra que *ajunta*.

***

É bastante fácil encontrar na existência do próprio Dostoiévski a penosa dualidade que caracteriza a existência subterrânea. Parece que as lembranças pessoais que o escritor utiliza nas *Memórias do subsolo* se concentram em torno dos últimos anos de sua adolescência.

A infância de Fiódor Mikhailovich se deu à sombra de um pai tão caprichoso em sua conduta quanto austero em seus princípios. A literatura se apresentava então como um meio de fugir das tristes realidades da vida familiar. Essa tendência à "evasão" reforçou-se em seguida sob a influência do jovem Chidlovsky, que se tornou amigo dos dois irmãos Dostoiévski exatamente no dia em que chegaram a São Petersburgo, no ano de 1837. Chidlovsky era louco por Corneille, Rousseau, Schiller e Victor Hugo. Escrevia versos onde expressava uma urgente necessidade de "reger o universo" e de "conversar com Deus". Ele chorava muito e chegava até a falar em colocar um fim em sua pobre existência jogando-se em um canal de São Petersburgo. Fiódor Mikhailovich ficou subjugado; admirava aquilo que Chidlovsky admirava; pensava o que ele pensava. Parece que seu chamado para a escrita data dessa época.

Alguns meses mais tarde, Dostoiévski entrou na sinistra Academia Militar de Engenharia de São Petersburgo. A disciplina era feroz e os estudos, ingratos e penosos. Dostoiévski ficava sufocado em meio a jovens rudes, totalmente ocupados com suas carreiras e com a vida mundana. Se os devaneios do herói do subsolo lembram Chidlovsky, as desventuras que lhe sucedem remetem à Academia Militar de Engenharia. Após ter escondido durante muito tempo de si mesmo os sofrimentos que seus condiscípulos lhe infligiam, Dostoiévski talvez os exagere um pouco. Agora, forte o suficiente para encará-los, ele é ainda fraco demais para lhes dar seu perdão.

Foi durante esses anos na Academia que o pai de Dostoiévski foi assassinado pelos servos que tiranizava, tal como fazia com os filhos. Diante da ideia de sentir-se aliviado com a morte e de ter sido ao mesmo tempo seu cúmplice, Fiódor Mikhailovich sente uma angústia extrema e faz de tudo para expulsar da memória a horrível lembrança.

Assim que sai da Academia Militar, Dostoiévski escreve *Gente pobre* e é aclamado como um novo Gogol no círculo de amigos de Bielínski. Passa da pobreza ao luxo, do anonimato à glória, da escuridão à luz. Os sonhos chidlovskianos mais delirantes se tornam realidade. Dostoiévski está embriagado de alegria; seu orgulho, massacrado mas vivo, reergue-se e se expande. "Jamais, meu irmão", escreve ele a Mikhail, "minha glória ultrapassará o cume que atingiu agora. Por toda parte, suscito um incrível respeito, uma surpreendente curiosidade... Todos me acham uma maravilha". Difunde-se o rumor, constata com satisfação, "de que uma nova estrela acabou de nascer, e de que ela vai jogar todo mundo na lama".

O escritor leva muito a sério todas as adulações. Não enxerga que tudo não passa de um empréstimo de curto prazo e que será preciso devolver tudo rapidamente, sob o risco de perder seu crédito. Dostoiévski não pratica nenhum dos pequenos compromissos que tornam tolerável o subterrâneo literário. Sem dúvida, seu orgulho é maior do que o das pessoas que o rodeiam, mas ele é sobretudo mais ingênuo, mais brutal e menos hábil para satisfazer os outros orgulhos. Esse jovem provinciano, fervilhando com desejos insatisfeitos, mas já maltratado pela existência a ponto de permanecer desde então disforme, não podia deixar de fazer rir, e ao mesmo tempo de irritar, os dândis literários que se agrupavam em torno de Turguêniev.

Já há muito tempo Dostoiévski escolhera ser deus, longe dos homens e da sociedade. Ei-lo agora penetrando, sob aclamações, nos salões literários de São Petersburgo. Não é surpreendente que veja a si mesmo como uma divindade. Todos os testemunhos contemporâneos descrevem sua espantosa transformação. De início extremamente silencioso e fechado, ele então demonstra uma exuberância e uma arrogância extraordinárias. Antes as pessoas sorriam, mas ele logo passou dos limites.

Todos os mecanismos subterrâneos entram, então, em movimento. Feridos em seu orgulho, Turguêniev e seus amigos esforçam-se também por feri-lo. Dostoiévski tenta se defender, mas a partida não é igualitária. Ele acusa Turguêniev, que na véspera venerava, de "ter ciúmes" de sua obra. Dostoiévski dá a entender que suas asas de gigante o impedem de andar. Os gozadores se agitam, e versos satíricos, feitos por Turguêniev e Nekrassov, começam a circular:

Chevalier à la triste mine,
Dostoïevski, aimable fanfaron,
Sur le nez de la littérature,
Tu rougeoies comme un nouveau bouton.*

O superficial Panaev comentará, um pouco mais tarde, em suas *Lembranças*: "Fizemos com que um dos pequenos ídolos atuais perdesse a cabeça... Ele acabou divagando.

---

* "Cavaleiro da triste figura/ Dostoiévski, amável fanfarrão./ No nariz da literatura,/ Enrubesces, como espinha em botão." Troyat, Henri. *Dostoïevski*, p. 112.

Logo o descartamos e foi completamente esquecido. Coitado! Nós o ridicularizamos."

Vemos se fechar, aqui, o círculo do orgulho e da humilhação. Nada mais banal, de certa forma, que esse círculo, mas Dostoiévski ainda não é capaz de descrevê-lo, pois não começou a libertar-se dele. Certamente, Dostoiévski é orgulhoso *à sua maneira*, e essa maneira é única. Tal singularidade não é sem importância, pois se reflete na obra, mas é menos importante, para ela, do que os pontos em comum entre Dostoiévski e o resto dos homens. Se seu orgulho não fosse composto da mesma substância que os outros orgulhos, não poderíamos censurar o escritor, como com frequência ocorre, por ser *mais* orgulhoso e, consequentemente, *mais* humilhado que o comum dos mortais. Esse orgulho a *mais* está misteriosamente ligado ao *menos* que, um pouco depois, irá permitir que Dostoiévski reconheça e analise em si próprio os mecanismos subterrâneos. Esse *mais* e esse *menos* informam melhor sobre a gênese da natureza do gênio romanesco que a singularidade inefável visada por tantos críticos. É preciso sempre voltar à frase das *Memórias do subsolo* citada acima: *E, no que se refere a mim, apenas levei até o extremo, em minha vida, aquilo que não ousastes levar até a metade sequer* [...].

Se a dialética de orgulho e de humilhação não fosse tão presente quanto afirmará o Dostoiévski genial, não poderíamos compreender nem o sucesso das obras que a dissimulam, nem a genialidade do escritor que revela sua universalidade. Tampouco poderíamos compreender a eclosão tardia dessa genialidade, pois seria impossível entender a relação de Dostoiévski com Bielínski e seus amigos. Em *O duplo*,

Dostoiévski trabalhara um estado de exaltação fácil de ser assimilado. Dando uma dimensão realista e cotidiana a um tema romântico batido, o escritor conduzia sua obra para novas profundezas. Sua alegria talvez seja um pouco comparável à do pesquisador científico que une sorte e habilidade, descobrindo repentinamente a solução de um problema que poderia exigir muitos rodeios. O motivo do duplo permite que Dostoiévski penetre num domínio literário no qual ele ainda era incapaz de chegar por seus próprios meios. Talvez ele nunca viesse a conquistar e a possuir esse domínio se sua obra tivesse sido acolhida como merecia. De fato, ele talvez tivesse cedido à tentação de repetir o sucesso de *O duplo* e de cristalizar num procedimento permanente a técnica tão particular dessa obra. Tal Dostoiévski seria mais puramente "literário" que o Dostoiévski real, talvez mais moderno, no sentido que muitos dão hoje a esse termo, mas menos universal e, definitivamente, menor.

Quem sabe se, ao condenar *O duplo* após algumas hesitações, Bielínski não prestou, no fundo, um grande favor ao seu protegido, embora por razões diferentes das que imaginava? Agora Dostoiévski o exasperava, e ele próprio era egoísta demais, um homem de letras muito exagerado, para recusar, em suas relações com o jovem escritor, o papel sádico que o masoquismo dele demandava. Fora da questão dos empréstimos tomados de Gogol, as objeções que a crítica opôs a *O duplo* eram bastante simplistas. Porém, de que maneira Dostoiévski poderia questionar o julgamento do homem que o arrancara de sua horrível adolescência? As cartas que ele escreve ao seu irmão revelam um grande desconcerto:

Fiquei momentaneamente abatido. Tenho um terrível defeito: um orgulho, uma vaidade sem limites. Só a ideia de ter frustrado a expectativa do público, de ter estragado uma obra que poderia ter sido grandiosa, literalmente me mata. Goliádkin me aborrece. Muitas de suas passagens ficaram mal-acabadas. Tudo isso torna minha vida insuportável.

Assim como Vieltchâninov acaba por entrar no jogo de Trussótzki, Bielínski e seus amigos se comportaram como *duplos* e fecharam em torno de Dostoiévski o círculo do fracasso. Eles lhe barraram a saída que teria sido a de uma carreira honrosa, e mesmo brilhante, na literatura. Eles o ajudaram a sufocar em embrião o escritor de talento em que poderia se transformar. As obras posteriores a *O duplo* justificam, por sua mediocridade, a condenação inapelável que Bielínski lançou contra elas. Apenas duas vias permanecem abertas para Dostoiévski, a da alienação completa ou a da genialidade: a da alienação primeiro; em seguida, a da genialidade.

III. Metafísica subterrânea

Após *Memórias do subsolo*, Dostoiévski compôs aquela que por muito tempo foi, e que talvez permaneça, a mais célebre de suas obras: *Crime e castigo*. Raskólnikov é um sonhador solitário, alternando entre a exaltação e a depressão, vivendo no pavor do ridículo. Portanto, ele pertence também ao subsolo, mas é mais trágico que grotesco, pois se esforça ferozmente por experimentar e ultrapassar os limites invisíveis de sua prisão. A necessidade de ação que em seu predecessor só se traduzia por veleidades lastimáveis, desemboca, desta vez, num crime cruel. Raskólnikov mata, e mata deliberadamente, para assentar seu orgulho em bases inabaláveis. O herói subterrâneo reina sobre seu universo individual, mas sua realeza é a cada instante ameaçada pela irrupção de outrem. Raskólnikov acredita que seu crime, ao excluí-lo da moral comum, afastará esta ameaça.

Seu crime, é verdade, isola Raskólnikov de maneira mais radical do que o seu sonho. No entanto, o sentido desse isolamento, que o herói acreditava ser eternamente determinado por sua vontade, continua em questão. Raskólnikov não sabe se sua solidão o torna superior ou inferior aos outros homens, um indivíduo divino ou um indivíduo rasteiro. E o Outro continua sendo o árbitro desse debate. No final das contas, Raskólnikov não é menos fascinado pelo juiz do que Trussótzki pelo Don Juan modelo ou o herói do subsolo por suas bravatas de oficial. Em seu ser, Raskólnikov depende sempre do veredito do Outro.

A intriga policial transforma o herói do subsolo num suspeito verdadeiro, vigiado por policiais verdadeiros e arrastado diante de juízes verdadeiros que o julgarão num tribunal de verdade. Fazendo seu herói cometer um crime real, Dostoiévski ressalta magistralmente a mais extrema duplicação. O próprio nome desse herói sugere tal dualidade, já que *Raskol* significa cisma, separação. Os escritores do século XX retomaram incansavelmente essa encarnação mítica da psicologia subterrânea, mas por vezes a corrigiram num sentido individualista; eles lhe dão a conclusão que Raskólnikov esforça-se em vão por tornar verdadeira.

A CRÍTICA NO SUBSOLO | 93

É impossível ler essas obras sem se perguntar a razão pela qual o mito do processo exerce sobre seus autores tal fascinação. A conclusão será talvez menos simples e menos tranquilizadora, pois essa própria fascinação, para além da "inocência" do herói e da "injustiça" da sociedade, tornara-se objeto de reflexão.

O devaneio de Raskólnikov é tão literário quanto o do herói do subsolo, mas diferentemente orientado. O "belo e o sublime" do romântico são substituídos pela figura de Napoleão, modelo quase lendário de todos os grandes ambiciosos do século XIX. O Napoleão de Raskólnikov é mais "prometeico" do que romântico. A super-humanidade que ele encarna é fruto de um orgulho mais extremo, mas seu "projeto fundamental" não mudou. Além disso, Raskólnikov não pode escapar das oscilações subterrâneas: a única coisa que consegue é lhes dar uma terrível amplidão. Em outros termos, o orgulho a mais não tem o poder de fazer Raskólnikov emergir do subsolo.

O Nietzsche de *Zaratustra* certamente responsabilizaria a covardia dos "últimos homens", isto é, a covardia subterrânea, pelo fracasso de Raskólnikov. Como Dostoiévski, Nietzsche acredita reconhecer naquilo que ocorre ao seu redor a *paixão* do orgulho moderno. Dessa forma, pode-se imaginar sua perturbação quando ao acaso uma vitrine de livreiro colocou em suas mãos um exemplar das *Memórias do subsolo*. Ele reconheceu nelas uma descrição magistral daquilo que ele próprio chama de *ressentimento*. É o mesmo problema e quase a mesma maneira de colocá-lo. A resposta de Dostoiévski é sem dúvida diferente, mas *Crime e castigo*, a despeito de Sônia e da conclusão evangélica, continua muito afastado da certeza definitiva. Durante muito tempo, Dostoiévski continuará indagando se um orgulho ainda mais extremo que o de Raskólnikov não alcançaria sucesso ali onde esse herói fracassou.

***

Após *Crime e castigo* vem *O jogador*. O herói é o *outchitel* — preceptor — de um general russo que se hospeda, junto com a família, numa estação alemã. Ele sente uma paixão subterrânea pela filha do general, Polina, que o trata com uma indiferença cheia de desprezo. É a consciência de ser olhado pela jovem como um *nada* que faz dela um *tudo* aos olhos desse novo personagem do subsolo. Nela, o alvo e o obstáculo se confundem, o objeto desejado e o rival obsedante são inseparáveis. "Tenho a impressão", nota o *outchitel*, "de que, até agora, ela me olhou como aquela imperatriz da antiguidade que se despia em presença do seu escravo, não o considerando uma pessoa. Sim, muitas vezes, ela não me considerou uma pessoa...".

Por trás da intangibilidade de Polina, o *outchitel* imagina um orgulho extremo, o qual ele busca desesperadamente alcançar e assimilar. Porém, a situação se reverte na noite em que Polina vai ao quarto do jovem e singelamente se oferece a ele. Encerra-se então a atitude de servidão: o *outchitel* abandona Polina e se precipita ao cassino, onde numa só noite ganha uma fortuna na roleta. Quando amanhece, ele nem mesmo tenta encontrar sua amada. Uma prostituta francesa, que aliás o entedia mortalmente, arrasta-o a Paris e devora todo o seu dinheiro.

Basta que Polina se mostre vulnerável para que ela perca o prestígio aos olhos do *outchitel*. A imperatriz torna-se escrava e vice-versa. É exatamente por isso que o *outchitel*, que esperava o "momento favorável", decide jogar. Estamos num universo onde só existem relações subterrâneas, mesmo com a roleta. Tendo tratado Polina com a firme desenvoltura que convém ao senhor, ele sabe que agora agirá da mesma forma com a roleta e que a vitória, nas duas frentes, está assegurada.

O jogo do amor e o jogo de azar se unem. No universo do subsolo, o Outro exerce uma força de gravitação que só pode ser vencida opondo-lhe um orgulho mais denso e mais taciturno, em torno do qual o próprio Outro será obrigado a gravitar. No entanto, o orgulho em si não pesa nada, pois ele não *é*; de fato, ele só adquire densidade e peso pela homenagem do Outro. Dessa forma, o poder do senhor e a escravidão dependem de detalhes ínfimos, da mesma forma que, na roleta, a parada da bola em tal ou tal número depende de causas minúsculas e perfeitamente incalculáveis. O amante está assim à mercê do mesmo acaso que o jogador. Entretanto, no âmbito das relações humanas, é possível subtrair-se ao acaso dissimulando o próprio desejo. Dissimular o desejo é apresentar ao Outro a imagem, necessariamente enganosa, de um orgulho satisfeito, obrigando-o então a revelar o seu próprio desejo e a se despojar, por isso, de qualquer prestígio. Contudo, para dissimular o próprio desejo, é preciso ser perfeitamente senhor de si. O domínio de si permite dominar o acaso do subsolo. Daí a acreditar que, em todos os âmbitos, o acaso obedecerá ao indivíduo suficientemente senhor de si, só existe um passo, e foi esse o passo dado pelo *outchitel* francês em *O jogador*. Toda a novela funda-se na identidade secreta do erotismo e do jogo. "Observe que estas senhoras", comenta o *outchitel*, "muitas vezes, jogam com muita sorte; elas têm um admirável controle sobre si".

A roleta, como a mulher, maltrata aqueles que se deixam fascinar por ela, aqueles que temem demais perdê-la. Ela só ama os felizes. O jogador que se obstina, como o amante infeliz, não consegue nunca subir o aclive fatal. É exatamente por isso que os ricos ganham: eles podem se dar o luxo de perder. O dinheiro atrai dinheiro; da mesma forma, só os Don Juans seduzem as mulheres, pois enganam todas elas. As leis do livre mercado capitalista, como as do erotismo, pertencem ao orgulho subterrâneo.

Ao longo de todo esse período, Dostoiévski — como revela sua correspondência — está realmente convencido de que um pouco de sangue-frio deveria permitir-lhe triunfar na roleta. No entanto, ele nunca consegue aplicar seu "método" porque, desde os primeiros ganhos ou as primeiras perdas, se deixa submergir pela emoção e recai na escravidão. Ele perde, em suma, por ser vulnerável demais, psicológica e financeiramente. Nele, a paixão pelo jogo confunde-se com a ilusão engendrada pelo orgulho subterrâneo. A ilusão consiste em estender ao âmbito da natureza física a influência que o domínio de si pode exercer sobre o universo do subsolo. Sem dúvida, a ilusão não consiste em acreditar que se é deus, mas que é possível tornar-se divino. Ela não possui um caráter intelectual, e se encontra tão profundamente enraizada que Dostoiévski só conseguirá se livrar das mesas de jogo em 1871.

Para apreender a relação entre o erotismo e o dinheiro, é preciso aproximar de *O jogador* a cena em que Natascha Filipovna, de *O idiota*, lança ao fogo notas de dinheiro. A jovem está disposta a esmagar com seu desprezo qualquer homem que faça o menor gesto em direção ao dinheiro que se consome. A mulher substitui a roleta, enquanto, na cena capital de *O jogador*, é a roleta que substitui a mulher. Aliás, pouco importa: não é fácil distinguir nitidamente o erotismo e o jogo, esses dois ordálios do orgulho subterrâneo.

O dinheiro sempre desempenhou um papel de importância no sonho do subsolo. O sr. Prokhartchin, protagonista de um conto imediatamente posterior a *O duplo*, é um velho militar que vive e morre como um mendigo ao lado de suas moedas. Uma das testemunhas de sua lamentável existência se pergunta se o infeliz sonha em ser Napoleão. O personagem do avaro é um precursor de Raskólnikov.

O tema do dinheiro a serviço da vontade de poder reaparecerá em *O adolescente*, penúltimo romance de Dostoiévski. Arkádi, o herói, não sonha mais em ser Napoleão, mas Rothschild. O dinheiro, especula ele, oferece ao medíocre, no mundo moderno, a possibilidade de se elevar acima dos outros homens. Arkádi não atribui nenhum valor concreto à fortuna, só desejando ganhar a sua para lançá-la na cara dos *outros*. A ideia rothschildiana, assim como a ideia napoleônica, deriva da fascinação exercida pelo Outro sobre o orgulhoso do subsolo.

Essa ideia, ao mesmo tempo grandiosa e restrita, pertence ao momento da exaltação egotista. O Eu estende suas conquistas imaginárias à totalidade do ser. Porém, basta um único olhar do Outro para dispersar tais riquezas. Deste modo, assistimos a uma verdadeira bancarrota financeira e espiritual, a qual se concretiza por despesas exageradas seguidas de empréstimos humilhantes. A "ideia" permanece, mas passa a um segundo plano. Arkádi se veste como um príncipe e leva uma existência de dândi.

A prodigalidade é muito frequente entre os personagens de Dostoiévski, de todas as épocas. Porém, foi preciso esperar *O adolescente* para encontrá-la unida à avareza. Antes, os avaros são apenas avaros e os pródigos, apenas pródigos. A tradição do *caráter* clássico ainda é a mais forte. Entretanto, é a sobreposição dos contrários, ou seja, a união sem reconciliação que, em todos os domínios, define o subsolo. E é essa "largueza" que, no dizer de Dostoiévski, define o russo, e talvez o homem moderno em geral. É na paixão pelo jogo — prodigalidade avara, avareza pródiga — que se revela essa união dos contrários. Na roleta, os momentos da dialética subterrânea se sucedem muito rapidamente e deixam de ser distintos. A cada jogada, o domínio e a escravidão estão em jogo. A roleta é uma quintessência abstrata de alteridade num universo em que todas as relações humanas são permeadas de orgulho subterrâneo.

Como dissemos, o Dostoiévski genial reúne elementos de psicologia do subsolo que permanecem isolados e duplicados nas obras anteriores. É esse procedimento criador que encontramos, uma vez mais, no personagem de Arkádi. Mais do que em *O jogador*, Dostoiévski compreende em *O adolescente* o papel desempenhado pelo dinheiro em sua própria vida; é essa percepção que dessacraliza o dinheiro e faz refluir o fetichismo do subsolo. Até aproximadamente 1870, a maioria das cartas do romancista se agrupa em duas categorias: umas são cheias de projetos sensacionais, que devem garantir uma vida boa ao seu autor e aos seus próximos, e as outras são pedidos de dinheiro, frenéticos ou suplicantes. No ano de 1871, em Wiesbaden, Dostoiévski sofre mais uma vez pesadas perdas no jogo. E, mais uma vez, ele anuncia à sua mulher que está curado de sua paixão. Porém ele agora diz a verdade. Nunca mais colocará os pés numa sala de cassino.

★★★

É possível escapar do subsolo pelo domínio de si? Esta questão liga-se à questão de Raskólnikov, à questão do super-homem. Ela se encontra no centro de *O idiota* e de *Os demônios*, duas obras-primas romanescas que se seguem a *O jogador*.

No príncipe Míchkin, o domínio de si não provém, em princípio, do orgulho, mas da humildade. A ideia original do príncipe é a do homem perfeito. A substância de seu ser, a essência de sua personalidade, se define pela humildade, enquanto o orgulho, ao contrário, define o fundo mesmo, a essência da personalidade subterrânea. Em torno de Míchkin encontramos, aliás, o formigamento subterrâneo das obras precedentes.

O primeiro modelo de Míchkin é um Cristo mais romântico que cristão, aquele de Jean-Paul, de Vigny, do Nerval das *Quimeras* — um Cristo sempre isolado dos homens e de seu Pai, numa agonia perpétua e um pouco teatral. Esse Cristo "sublime" e "ideal" é também um Cristo incapaz de resgatar os homens, um Cristo que morre inteiramente. A angústia de Míchkin diante da excessivamente realista *Descida da cruz*, de Holbein, simboliza essa dissociação da carne e do espírito à qual chega o idealismo romântico.

As fraquezas do modelo se reencontram no discípulo. A humildade de certa maneira característica de Míchkin é inicialmente concebida como perfeição, mas, à medida que avançamos no romance, ela aparece mais e mais como uma espécie de enfermidade, uma diminuição de existência, uma verdadeira carência do ser. Vemos, finalmente, reaparecerem as duplicações, sintomas irrecusáveis do masoquismo do subsolo. Míchkin duplica-se em sua vida sentimental; abandona Agláia para se devotar à infeliz Natascha Filipovna, que lhe inspira mais uma "piedade" obsedante do que amor. O príncipe e Rogójin são *duplos* um do outro, ou seja, as duas metades, para sempre disjuntas e mutiladas, da consciência subterrânea.

A conclusão, de uma força excepcional, nos mostra essas duas "metades" lado a lado, junto ao cadáver de Natascha Filipovna. Assim, ambas as "metades" se revelam incapazes de salvar a infeliz. Rogójin é a sensualidade bestial, sempre subjacente ao idealismo desencarnado. Portanto, devemos reconhecer, na catástrofe final, uma consequência da impotência romântica a se encarnar. Toda a vida espiritual de Míchkin está ligada à epilepsia, e sua paixão pela humildade talvez seja apenas a forma suprema dessa volúpia que a humilhação oferece como degustação aos habitantes do subterrâneo.

O idiota, romance que Dostoiévski desejaria luminoso, revela-se como o mais negro de todos, o único que termina num tom de desespero. Esforço supremo para criar uma perfeição puramente humana e individualista, o romance se volta, em suma, contra sua própria "ideia". Ele reencontra uma vez mais, porém num nível superior, as conclusões das *Memórias do subsolo*. O fracasso da ideia inicial é o triunfo de outra ideia, mais profunda e que só é desesperadora por ainda não se revelar em toda sua amplitude. Tal fracasso não se deixará deduzir de uma obra medíocre, mas implica, então, o mais brilhante sucesso literário. *O idiota* é um dos apogeus da obra de Dostoiévski; seu caráter "experimental" lhe confere uma densidade existencial que poucas obras revelam.

O segundo modelo de Míchkin é um Dom Quixote também revisto e corrigido pelo romantismo, ou seja, novamente um "idealista" e a vítima patética de sua própria perfeição. Esse Dom Quixote não é o de Cervantes, assim como o Míchkin copiado dele não é o "verdadeiro" Míchkin. É no fracasso da ideia de perfeição que Dostoiévski se alça, sem dúvida, à altura de Cervantes. Por trás da pseudoperfeição, sempre os mesmos demônios reaparecem. A visão popular de *O idiota* suprime os demônios e cai na frivolidade. É à ideia finalmente rejeitada por Dostoiévski que somos remetidos por todos os Míchkin cinematográficos, amorosamente mimados por belas damas em crinolina, sempre extraordinariamente espirituais, apresentando sua melancolia sofredora e a eterna barba aparada que come metade de seu rosto.

***

De onde provém o mal-entendido entre Míchkin e os Outros? Todas as censuras devem ser lançadas sobre eles? As consequências quase sempre desastrosas das intervenções de Míchkin nos obrigam a levantar a questão. Quando o general Ivólgin começa a se vangloriar, Liebédev e seus outros companheiros de bebida não hesitam em interrompê-lo, o que obriga o velho palhaço a não ultrapassar certos limites. Míchkin, porém, não interrompe, e o general leva o delírio a tal ponto que não consegue mais acreditar em suas próprias mentiras. Massacrado de vergonha, ele sucumbe, um pouco mais tarde, a um ataque de apoplexia.

Para apreciar a ambiguidade profunda de Míchkin, é preciso conhecer a estreita relação que liga este personagem ao Stavróguin de *Os demônios*. Os dois homens são a antítese um do outro. Ambos são aristocratas desenraizados, ambos permanecem alheios à agitação frenética que suscitam. Ambos são senhores do jogo que não se importam em ganhar. Stavróguin, porém, diferentemente de Míchkin, é um ser cruel e insensível. O sofrimento de outrem o deixa indiferente, a menos que lhe proporcione um prazer perverso. Ele é jovem, belo, rico, inteligente; recebeu em partilha todos os dons que a natureza e a sociedade podem atribuir a alguém, vivendo por isso no mais completo tédio. Não tem mais desejos, pois já possuiu tudo.

Aqui, é preciso renunciar à visão tradicional que insiste na "autonomia" dos personagens do romance. As cadernetas de notas de Dostoiévski provam que Míchkin e Stavróguin têm uma origem comum. Esses dois personagens encarnam respostas contraditórias — porque hipotéticas — a uma única questão, que se refere à significação espiritual do desprendimento. Por trás desse enunciado abstrato, encontramos o exame de consciência que as *Memórias do sub-*

solo inauguraram e que vai se aprofundando até *Os irmãos Karamázov*.

Qual a situação de Dostoiévski, na época de *O idiota* e de *Os demônios*? A revelação do subterrâneo é a revelação do niilismo. A religião de Dostoiévski, nessa época, não passa muito de uma reação violenta contra a influência de Bielínski, uma recusa do ateísmo intelectual que grassa entre os intelectuais russos. É preciso reconhecer que o escritor se encontra entregue ao niilismo, mas esse niilismo não é somente um fardo, e sim uma fonte de conhecimento, e mesmo de poder, num mundo que ainda acredita na solidez dos valores românticos.

A eficácia da revelação subterrânea pode ser facilmente verificada no âmbito literário. Esse período é o mais fecundo que Dostoiévski viveu, e as obras que então emergem são infinitamente superiores às precedentes. A "vitalidade de gato" que o escritor descobrirá em si mesmo ao sair da prisão nunca foi desmentida. Porém, a existência de Dostoiévski, sempre instável e desordenada, passa nesse momento por um paroxismo de instabilidade e de desordem. A energia do niilismo parece se dirigir principalmente às formas mais variadas de autodestruição.

Entretanto, há algo mais: embora ainda aconteça de Dostoiévski desempenhar o papel de vencido — com Paulina Súslova, por exemplo —, também lhe acontece de se impor como nunca antes conseguira. Sua personalidade de homem e de escritor se afirma cada dia com mais autoridade, sua influência já se exerce sobre os mais diversos meios. Dessa vez não é um fogo de palha, uma ilusão logo dissipada, como em 1846. Grandes partes de sua existência escapam a essa armadilha viscosa, a esse soterramento no Outro que define o subsolo. A criação de um Míchkin e de um Stavróguin reflete essa mudança. Dostoiévski se interessa, a partir de agora, pelos seres dominadores, tanto ou talvez mais do que pelos seres dominados. Por vezes é surpreendente que o escritor tenha conseguido unir em si esses dois contrários que são Míchkin e Stavróguin: perguntamos se sua personalidade não era completamente monstruosa. É preciso compreender que a diferença entre Míchkin e Stavróguin é, ao mesmo tempo, imensa e minúscula. Ela definitivamente se refere a uma questão de perspectiva.

Diante dos notáveis resultados obtidos pela ingenuidade de Míchkin junto às mulheres, seu rival junto a Agláia questiona se o príncipe, em vez de ser o mais simples, não seria o mais ardiloso, o mais diabólico de todos os homens. Um incidente um pouco análogo se produz em *Os demônios*. A mulher manca e ao mesmo tempo louca e inspirada com quem Stavróguin se casa por bravata inicialmente vê nele o herói e o santo que um dia deve surgir para salvar a Rússia. Portanto, é possível perguntar se Míchkin não seria Stavróguin e, reciprocamente, se Stavróguin não seria Míchkin. O orgulho mais extremo, mesmo que não encontre obstáculo e não caia na armadilha do masoquismo, é sempre o mais difícil de ser percebido, pois ele realmente despreza as satisfações vulgares que a vaidade reclama. Ele se confunde mais com a humildade autêntica do que com todas as atitudes intermediárias. Como consequência, nada é mais fácil do que se enganar a respeito desses dois extremos, tanto em si mesmo quanto em outrem.

Isso não quer dizer que Dostoiévski tenha sido tomado, sucessiva ou alternativamente, por Míchkin e Stavróguin, mas que esses dois personagens constituem a expansão fictícia de dois pontos de vista opostos, entre os quais o escritor hesita quando reflete sobre o valor moral de suas próprias condutas.

Projetar a redação de *O idiota* e conceber um herói que se destaca dos outros não por sua perfeição, mas por sua imperfeição, é afirmar sua própria inocência, é lançar sobre o outro toda a culpabilidade. Inversamente, projetar a redação de *Os demônios* e conceber um herói cujo desprendimento constitui uma forma de degradação moral e espiritual é recusar esse tipo de justificação, é evitar ler qualquer superioridade na lucidez que faz descer e subir as engrenagens do subsolo. O "desprendimento" não prova que se tenha triunfado sobre o próprio orgulho; ele prova somente que a escravidão foi trocada pelo domínio: os papéis se inverteram, mas a estrutura das relações intersubjetivas permaneceu a mesma.

Essa dupla criação revela claramente o tipo de homem que era Dostoiévski. Ele não pode se satisfazer, como faz um Monsieur Teste, com a autonomia relativa que conseguiu alcançar sobre o formigamento do subsolo. Não lhe basta ver que o eterno mal-entendido entre o Eu e o Outro está pendendo ao seu favor, e não em seu prejuízo. É o próprio mal-entendido que lhe parece intolerável. O niilismo não consegue matar nele a necessidade de comungar.

Míchkin e Stavróguin são, essencialmente, duas imagens opostas do romancista. *O idiota* e *Os demônios* são romances circulares: eles se desenvolvem a partir de um núcleo em torno do qual gravita o universo romanesco. Devemos enxergar aí uma imagem da criação estética. Porém, o sentido dessa criação muda de um romance para outro. Se, com *O idiota*, Dostoiévski não tivesse ultrapassado sua ideia inicial do homem perfeito, diríamos sem dificuldade que *Os demônios* estaria para *O idiota* como as *Memórias do subsolo* estão para *Humilhados e ofendidos*. Há aqui uma ruptura nova, que se produz num nível mais elevado que a primeira e cujos frutos estéticos e espirituais serão, consequentemente, ainda mais notáveis.

Essa análise sumária mal encosta na significação "existencial" das obras consideradas. Para isso, seria necessário levar em conta, de maneira particular, todos os personagens secundários. Buscamos somente mostrar que a criação de Dostoiévski está sempre ligada a uma interrogação fervorosa, a qual se refere ao próprio criador e às suas relações com os outros. Os personagens são sempre as letras X e Y de equações que visam definir tais relações.

★★★

Há igualmente *modelos* de Stavróguin. É possível reconhecer elementos que dele são emprestados sem negar o caráter profundamente subjetivo da criação romanesca. O conhecimento de si próprio é continuamente mediado pelo conhecimento de outro. Portanto, a distinção entre os personagens "autobiográficos" e os personagens que não o são é superficial: ela só vale para obras superficiais, que não conseguem nem revelar as relações preexistentes entre o Outro e o Eu, nem se transformar em instrumento de novas mediações. Se a obra é profunda, não se pode falar de "autobiografia" mais do que de "invenção" ou de "imaginação", no sentido convencional desses termos.

Um modelo importante de Stavróguin é Nikolai Spechnev, um dos membros do Círculo Petrashevski, grupo revolucionário do qual Dostoiévski fez parte e que lhe valeu seus quatro anos de prisão. Filho de um rico proprietário de terras, Spechnev viajara por muito tempo pela Europa. Os testemunhos da época estão de acordo quando reconhecem nele atitudes "byronianas" ao mesmo tempo "esplêndidas e sinistras", lembrando o personagem de *Os demônios*. Petrashevski chamava Spechnev de "o homem das máscaras", e Bakunin admirava seu estilo distinto. Na época do Círculo Petrashevski, Fiódor Mikhailovich teria reconhecido, se dermos crédito ao relato — na verdade bastante tardio — de Yanovsky, seu médico e amigo, que um vínculo secreto o unia a Spechnev: "Estou com ele e pertenço a ele", teria afirmado o escritor. "Tenho meu Mefistófeles."

Sem dúvida, Spechnev desempenhou junto a Dostoiévski um papel um pouco semelhante ao representado por Chidlovsky alguns anos antes. É essa relação de mestre e discípulo que, no romance, encontramos entre Stavróguin e todos os possessos. O mimetismo subterrâneo, a imitação do rival, frequentemente notada nas obras precedentes, adquire nesse romance uma dimensão intelectual, espiritual e até mesmo "religiosa". Dostoiévski desvela o elemento irracional que intervém na difusão de qualquer mensagem, mesmo que essa mensagem se mostre inteiramente racional. Um ponto de vista novo não encontra público junto às multidões, a não ser que desperte o entusiasmo de verdadeiros fiéis.

Todos os possessos estão suspensos à boca desse messias negativo que é Stavróguin. Todos falam dele em termos religiosos. Stavróguin é sua "luz", sua "estrela". Eles se inclinam à sua frente como diante do "Altíssimo". Os pedidos que lhe são dirigidos parecem preces humildes. "Porventura", diz Chátov ao seu ídolo, "não vou beijar o seu rastro quando você se for? Não consigo arrancá-lo do meu coração, Nikolai Stavróguin!". O próprio Stiepánovitch, cuja filosofia consiste inteiramente em não ser enganado por nada, submete-se religiosamente ao enigmático personagem:

> Você é meu ídolo! Você não ofende ninguém, e no entanto o odeiam; você vê todos como iguais e todos o temem [...]. Você é o chefe, o sol, e eu sou seu verme...

Stavróguin está para *Os demônios* como o oficial insolente está para o herói do subsolo: é o obstáculo intransponível sempre transformado em absoluto quando se deseja fazer de si mesmo um absoluto. Em *Os demônios*, o tema do obstáculo, como todos os temas subterrâneos, adquire uma dimensão quase mítica. Stavróguin aceita duelar, ou melhor, servir de alvo a um homem cujo pai foi gravemente insultado. Ele mostra tal indiferença diante das balas que seu adversário, fora de si, não consegue nem mesmo mirar. Temos aí, mais uma vez, o autocontrole que permite dominar o subsolo.

O desejo de fusão com o rival horripilante revela aqui seu significado fundamental. O orgulhoso não renuncia a ser deus; é exatamente por isso que ele se inclina num espírito de ódio diante de Stavróguin. Ele constantemente volta a se chocar contra o obstáculo, pois acredita apenas nele e nele quer se transformar. A extraordinária baixeza do herói do subsolo, sua paralisia na presença do rival, sua consternação à ideia do conflito que ele mesmo provocou — tudo isso, à luz de *Os demônios*, sem dúvida não se torna racional, mas perfeitamente inteligível e coerente. O "sonho da vida a três" é particularmente significativo. O fiel renuncia à conquista da mulher que seu ídolo cobiça; então, ele se torna seu servidor — sou tentado a escrever "seu arauto" —, na esperança de que lhe permitam recolher as migalhas do banquete celeste.

Como é próprio do ídolo contrapor-se e perseguir seus adoradores, nenhum contato com ele é concebível fora do sofrimento. Masoquismo e sadismo constituem os sacramentos da mística subterrânea. O sofrimento vivido revela ao masoquista a proximidade do carrasco divino; o sofrimento infligido dá ao sádico a ilusão de ser a encarnação desse mesmo carrasco, no exercício de seu poder sagrado.

O culto que os possessos prestavam a Stavróguin é um dos temas que às vezes faz com que Dostoiévski seja julgado excessivamente *russo* pelos espíritos ocidentais. No entanto, Dostoiévski não acrescentou nada às descrições puramente psicológicas do subsolo. *Os demônios* fazem passar de implícita a explícita uma significação presente em todas as obras precedentes. Não é justo, por exemplo, que se considere a viagem de Trussótzki a São Petersburgo como uma espécie de peregrinação infame? Dirão que se trata de uma simples metáfora. Talvez, mas, de metáfora em metáfora, uma visão singularmente coerente acaba por se impor. Os esforços "antinaturais" que o eterno marido faz para conduzir a mulher de sua escolha aos pés do ídolo se assemelham por completo aos sacrifícios das religiões primitivas, aos ritos bárbaros que exigem de seus fiéis os cultos do sangue, do sexo e da noite. Também os possessos conduzem suas mulheres ao leito de Stavróguin.

Pode-se reencontrar esse caráter religioso da paixão subterrânea em *O jogador*, mas é uma mulher que descreve o *outchitel*. Além disso, a linguagem utilizada não nos surpreende, pois é aquela de toda a tradição poética ocidental. No entanto, não devemos esquecer que os trovadores tomaram essa linguagem emprestada da mística cristã, e os grandes poetas do mundo ocidental, de Baudelaire a Claudel, nunca confundiram esse conjunto do imaginário místico com uma simples retórica; eles sempre souberam preservar ou reencontrar, em suas obras, um pouco da força sagrada original, seja para saboreá-la, seja para denunciar seu alcance blasfematório. Por trás de toda retórica passional utilizada desde suas primeiras obras, Dostoiévski descobre agora uma profundidade idólatra. Com um mesmo movimento, ele penetra na verdade metafísica de seu próprio destino e remonta às fontes profundas do mistério poético ocidental.

A vida subterrânea é uma imitação odiosa de Stavróguin. Ele, cujo nome significa "carregador de cruz", usurpa junto aos possessos o lugar do Cristo. Com Piotr Vierkoviénski, Stavróguin forma o espírito de subversão; com o velho Vierkoviénski, pai deste último e pai espiritual de Stavróguin — pois fora seu preceptor —, uma espécie de contratrindade demoníaca. O universo do ódio parodia, em seus menores detalhes, o universo do amor divino. Stavróguin e os possessos que ele arrasta atrás de si estão todos em busca de uma redenção ao avesso, cujo nome é danação. Dostoiévski encontra invertidos os grandes símbolos das Escrituras, tais como desenvolvidos pela exegese patrística e medieval. Também as estruturas espirituais são *duplas*. Todas as imagens, metáforas e símbolos que as descrevem têm um duplo sentido, e é preciso interpretá-las de modo oposto, de acordo com a orientação das estruturas — se estão para o alto, para a unidade, para Deus, como na vida cristã, ou para baixo, isto é, para a dualidade que conduz à fragmentação e, finalmente, à destruição total do ser.

Stavróguin é para *Os demônios* o que a mulher é para o amante, o rival é para o ciumento, a roleta é para o jogador e, no caso de Raskólnikov, o que ele é para Napoleão, no qual Hegel já via "a encarnação viva da divindade". Stavróguin é a síntese de todas as relações subterrâneas anteriores. O romancista não acrescenta nada e não corta nada: o rigor que demonstra é o de um fenomenólogo que descreve a essência, ou a razão, de uma série de fenômenos. Não se pode dizer que ele interprete. É a aproximação desses fenômenos que revela sua identidade profunda, congelando subitamente mil suposições esparsas em um única e fulgurante evidência.

O homem que se revolta contra Deus para adorar a si mesmo sempre acaba por adorar o Outro, Stavróguin. Elementar, mas profunda, a intuição realiza a superação metafísica da psicologia subterrânea iniciada em *Crime e castigo*. Raskólnikov é, essencialmente, o homem que não consegue tomar o lugar do deus que ele matou, mas o sentido de seu fracasso permanece oculto. É esse o sentido revelado por *Os demônios*. Evidentemente, Stavróguin não é deus *em si*, e nem mesmo *para si*; as homenagens unânimes de *Os demônios* são homenagens de escravos, e como tais não possuem qualquer valor. Stavróguin é deus *para os Outros*.

Dostoiévski não é filósofo, mas romancista. Ele não cria o personagem de Stavróguin por ter formulado para si, intelectualmente, a unidade de todos os fenômenos subterrâneos. Ao contrário, ele consegue alcançar essa unidade por ter criado o personagem de Stavróguin. A psicologia subterrânea tende em si própria a estruturas sempre mais estáveis e mais rígidas. O domínio atrai o domínio e a escravidão atrai a escravidão. Por não desejar, o senhor só encontra escravos ao seu redor, e, por encontrar apenas escravos, não pode desejar. É a implacável lógica da psicologia subterrânea que conduz à metafísica.

Apesar disso, a intuição dostoievskiana não deixa de apresentar um alcance filosófico essencial. Ela evoca um diálogo com todo o individualismo ocidental, de Descartes a Nietzsche. Ela evoca esse diálogo ainda mais imperiosamente por encontrar, nesses dois grandes profetas do individualismo, uma experiência do Duplo bastante semelhante à de Dostoiévski.

É preciso se apoiar na biografia de Baillet, como faz Georges Poulet num ensaio de *Études sur le temps humain*[*], para colocar em relevo todas as duplicações que a experiência cartesiana comporta. A crítica demonstra que "na embriaguez de Descartes há [...] uma parte sombra assim como uma parte luz. [...] Essas duas partes são [...] tragi-

_____
[*] "Le songe de Descartes". Paris: Plon, 1950, pp. 16-47.

camente dissociadas". O espírito do filósofo é afetado por um "movimento pendular", sendo submetido à "alternância da ciclotimia". Poulet fala mesmo de um "irmão inimigo" que o filósofo abriga em seu interior. Ele descreve "a grande infelicidade de um tempo dilacerado entre um espírito que se situa no intemporal e o resto, que só vive numa duração obscura e confusa". Ao lado do Descartes "dominador", temos um Descartes "lançado fora de seu caminho por uma força que o domina e o ultrapassa". Isso significa que "entramos nessa região sombria da angústia [...] que subsiste subterraneamente em nós e cuja ação sobre nós nunca cessa". É preciso compreender que essa experiência da duplicação subterrânea está estreitamente ligada ao que há de mais fundamental no procedimento do filósofo. "Una em seu objetivo, sua pesquisa foi dupla em seu método."

Baillet descreve a postura bizarra de Descartes, tal como ele aparece a si próprio nos sonhos:

Acreditando andar pelas ruas, ele era obrigado a se inclinar para o lado esquerdo a fim de poder se dirigir ao lugar aonde desejava chegar, pois sentia uma grande fraqueza do lado direito, sobre o qual não conseguia se sustentar.

Georges Poulet vê nesse modo de andar a "imagem simbólica de uma vida cindida em duas". Como não pensar aqui em Ivan Karamázov, o mais "duplicado", talvez, de todos os personagens dostoievskianos, que também anda de modo desigual? Aliocha olha seu irmão se afastar e observa que seu ombro direito é mais baixo que seu ombro esquerdo.

Finalmente, há em Baillet uma passagem que parece descrever exatamente a alucinação de *O duplo*:

> Tendo percebido que passara por um homem conhecido sem cumprimentá-lo, ele quis voltar sobre seus passos para ser gentil, e foi violentamente empurrado pelo vento que soprava contra a igreja.

Esse encontro mudo também se assemelha à famosa visão de Rapallo (em janeiro de 1883) que "deu" a Nietzsche o personagem de Zaratustra. Na estrada de Portofino, o escritor vê aparecer seu herói, que o ultrapassa sem nada dizer. Nietzsche evocou esse estranho acontecimento num poema que não deixa subsistir qualquer dúvida sobre a natureza da experiência:

> *Da, plötzlich Freundin! wurde Eins zu Zwei — Und Zarathustra ging an mir vorbei...* *

No decurso de sua história, o individualismo ocidental assume, pouco a pouco, as prerrogativas que eram de Deus na filosofia medieval. Não se trata de uma simples moda filosófica, de um entusiasmo passageiro pelo subjetivo; não existe mais, desde Descartes, outro ponto de partida senão o *cogito ergo sum*. Kant conseguiu, durante algum tempo, manter fechadas as comportas do subjetivismo, através de um compromisso no final das contas arbitrário. Porém, a verdade deve acabar, e acaba, por se revelar. O idealismo ab-

---

* "Então, subitamente, amiga! um tornou-se dois — e Zaratustra passou ao meu lado."

soluto e o pensamento prometeico levaram o cartesianismo até suas mais extremas consequências.

Que onipotência é essa, herdada, no advento do mundo moderno, não pelos homens em geral nem pela soma de todos os indivíduos, mas por cada um de nós em particular? Quem é esse Deus que está morrendo? É o Jeová da Bíblia, o Deus possessivo dos hebreus, o que não tolera rivais. A questão está longe de ser histórica e acadêmica. Trata-se, de fato, de determinar o sentido da tarefa que cabe inteiramente a cada um dentre nós, indivíduos modernos. Aqui, qualquer pluralismo é excluído. É o Deus único da tradição judaico-cristã que dá sua qualidade particular ao individualismo ocidental. Cada subjetividade tem de fundar o ser do real em sua totalidade e afirmar: *Eu sou aquele que sou*. A filosofia moderna reconhece essa exigência quando transforma subjetividade na fonte única do ser, mas esse reconhecimento permanece abstrato. Nietzsche e Dostoiévski são os únicos a compreender que a tarefa é propriamente sobre-humana, ainda que imposta a todos os homens. A autodivinização e a crucifixão que ela implica constituem a realidade imediata, o pão cotidiano de todos os pequenos burocratas de São Petersburgo, que passam sem transição do universo medieval ao niilismo contemporâneo.

Trata-se de saber, de fato, *quem* será o herdeiro, o filho único do Deus morto. Os filósofos idealistas acreditam que basta responder "Eu" para resolver o problema. Porém, o Eu não é um *objeto* contíguo a outros Eus-objeto; ele é constituído a partir de sua relação com o Outro e não pode ser considerado fora dessa relação. É essa relação que vem, necessariamente, envenenar o esforço para se substituir o Deus da Bíblia. A Divindade não pode caber nem ao Eu nem ao Outro; ela é sempre tratada entre esses dois polos. É essa divindade problemática que carrega de metafísica subterrânea a sexualidade, a ambição, a literatura — em resumo, todas as relações intersubjetivas.

Não podemos mais ignorar os efeitos do envenenamento metafísico, pois eles se agravam incessantemente. Esses efeitos se fazem sentir, de modo oculto mas reconhecível, bem antes dos séculos XIX e XX. Talvez convenha buscar os primeiros traços de nosso mal-estar na própria origem do período individualista, naquela moral da *generosidade* desenvolvida ao mesmo tempo por Descartes, o primeiro filósofo do individualismo, e Corneille, seu primeiro dramaturgo. Lucien Goldmann notou com muita propriedade que Descartes não consegue justificar em teoria sua regra da generosidade, pois não pode deduzi-la do *cogito.**

É significativo que o individualismo racionalista e a moral irracional da generosidade apareçam conjuntamente. Se considerarmos essa "generosidade" à luz de *Os demônios,* veremos talvez o início de uma dinâmica "subterrânea" cujos momentos correspondentes às metamorfoses da moral e da sensibilidade se sucedem até a época contemporânea.

O Eu, cuja vocação é divinizar-se, não quer reconhecer o temível problema que lhe é colocado pela presença do outro; não obstante, deve tentar resolver esse problema no nível prático, para aquém da reflexão filosófica. Nos primeiros estágios da dinâmica, o Eu se sente suficientemente forte para triunfar frente aos seus rivais. Mas ainda é preciso

---

* *Médiations* 3. Paris: 1961, p. 167.

que ele prove a si mesmo sua superioridade, e para que a prova buscada seja satisfatória a seus próprios olhos, a rivalidade deve ser leal. Evidentemente, a solução que se impõe é a generosidade. Para que vencedor e vencidos sejam nitidamente distinguidos, é necessário que as regras do *fair play* sejam respeitadas e que o Outro também as respeite. O "interesse geral" é sempre alegado, pois é preciso dissimular o objetivo egotista dessa manobra. Aliás, a moral da generosidade é muito menos "subterrânea" que as posteriores, mas ainda assim já o é, no sentido de que o Eu impõe a si mesmo o regime da *prova*. Ele acredita realmente em sua própria divindade, isto é, em sua superioridade sobre o outro, mas não o suficiente para descartar uma demonstração concreta. Ele precisa se assegurar disso.

A passagem da "generosidade" cartesiana à "sensibilidade" pré-romântica está ligada a um sério agravamento do conflito das consciências. O Eu é incapaz de reduzir o Outro, todos os Outros, à escravidão. A "divindade", que durante o primeiro século do individualismo permaneceu ancorada de maneira mais ou menos sólida no Eu, tende a partir de agora a se deslocar para o Outro. Para evitar tal catástrofe — iminente, aliás —, o Eu se esforça para se compor com seus rivais. Ele não renuncia ao individualismo, mas busca neutralizar suas consequências. O Eu procura assinar um pacto de não agressão metafísica com o Outro. No fim do século XVIII, os homens se lançam uns aos braços dos outros, como que para retardar o grande desencadeamento da Revolução e o triunfo da livre concorrência; porém, esse enternecimento é de origem puramente tática, nada tendo a ver com amor verdadeiro.

A "generosidade" corneliana assumiu uma nuança de histeria. Não é surpreendente que o sadismo e o masoquismo triunfem, então, na literatura. Os contemporâneos raramente têm consciência do que está acontecendo, pois eles mesmos participam da dialética. Por exemplo, um Diderot se extasia diante da "nobreza" e da "delicadeza" dos personagens de Richardson. A distância entre a interpretação e o significado objetivo da obra lembra a que observamos em *Humilhados e ofendidos*.

É no fim do século XVIII que o cristianismo simplesmente negado pelos filósofos reaparecerá, invertido, no subsolo. É nesse momento que começa a grassar, pela primeira vez, o "maniqueísmo" romanesco, do qual apenas os maiores escritores ficarão isentos. A literatura torna-se "subjetiva" e "objetiva"; as duplicações subterrâneas se multiplicam. Um pouco mais tarde, o próprio Duplo, cuja presença corresponde a um paroxismo de esquartejamento entre o Eu e o Outro, faz sua aparição entre os escritores mais angustiados. A literatura se mobiliza no conflito entre o Eu e o Outro, começando a desempenhar o papel justificador que nela percebemos até nossos dias. Rousseau afirma que irá se apresentar armado com as *Confissões* no tribunal supremo...

Pouco antes de sua ruptura definitiva com Dostoiévski, o crítico Bielínski escrevia a um de seus amigos: "Acabei de ler as *Confissões* de Rousseau. Através delas fui tomado da maior repugnância por esse senhor, de tanto que se parece com Dostoiévski, cuja convicção é de que todo o gênero humano o inveja e persegue."

O autor tira daí consequências injustas, mas há uma verdade profunda nessa aproximação. A lucidez do Dostoiévski genial não foi dada, e sim conquistada, e compreenderemos que essa conquista não tinha nada de necessário, que de fato ela é quase milagrosa, se reconhecermos que a obra de Rousseau reflete, mas sem jamais revelar, preocupações muito semelhantes às do escritor russo. A obra-prima do "sonho da vida a três" é *A nova Heloísa*. Esse romance coloca em jogo os mesmos elementos de *Humilhados e ofendidos*, podendo também ser lido à luz de *O eterno marido*. Tanto em Rousseau quanto em Dostoiévski, a obsessão pela inferioridade sexual conduz o Eu à rivalidade, mas ao mesmo tempo o proíbe de se envolver nela a fundo. A fraternização exaltada com o Outro dissimula ao máximo esse conflito, mas não o suprime. A nova Heloísa de Kuznetsk é menos elegante, menos harmoniosa e mais áspera que a de Clarens, mas não menos "sentida".

Ainda que remonte a Rousseau, a retórica de *Humilhados e ofendidos* não se sobrepõe a uma experiência que poderia ser inicialmente apreendida em sua verdade nua. Retórica e experiência são inseparáveis. É exatamente isso que nos revela a correspondência siberiana. O romantismo do primeiro Dostoiévski não deve ser concebido como um simples erro literário, facilmente corrigível no dia em que o escritor finalmente descobrir seu "caminho". Aliás, não há caminho; ninguém ainda conseguiu abrir um. Rousseau nunca escreveu o equivalente a *O eterno marido*. O romantismo francês possui suas *Confissões de um filho do século*, mas ainda espera suas *Memórias do subsolo*. A obra genial de Dostoiévski é a parcela de verdade que surge repentinamente sobre o fundo imenso da mentira. O primeiro Dostoiévski com certeza mente para si mesmo, mas a mentira que ele repete é aquela que lhe é murmurada por todas as obras da moda, pelas conversas mundanas e quase pela própria natureza. Esse Dostoiévski tenta viver as relações consigo próprio e com o outro no mesmo nível de consciência que as pessoas cultas de seu meio. Aliás, é exatamente por não consegui-lo que ele é um mau romântico e que traz em si a chance de um destino realmente excepcional. Dostoiévski não é um mau romântico por lhe faltar a essência do romantismo, mas, ao contrário, por possuí-la em demasia, por estar sempre prestes a se lançar na loucura ou na genialidade. Ele se concebe como um *duplo* rústico de escritores adequados e distintos à maneira de Turguêniev, ou seja, de todos os bons alunos do romantismo ocidental. Nele, as contradições que definem o romantismo são violentas demais para serem levadas em conta. O herói subterrâneo nos descreve, nas *Memórias do subsolo*, o mecanismo desse fracasso, assimilando seu caso ao de todo o romantismo russo. O russo, afirma ele, é incapaz de manter até o fim a pose do "belo e do sublime", mostrando sempre um pouco da metade sórdida de si mesmo, a qual seria conveniente esconder. Como um verdadeiro mujique, ele acaba sempre cometendo algum erro de mau gosto, alguma palhaçada enorme que destrói a dignidade e a solenidade de seu próprio teatro.

A imitação russa dos modelos europeus é sempre um pouco forçada, está sempre prestes a recair na paródia. Assim, os russos só podem optar ou pelos mais grosseiros artifícios literários, ou pelo realismo genial. O fato é que os grandes românticos russos sempre demonstraram, com respeito às próprias tendências literárias e espirituais, uma clarividência muito rara em seus análogos ocidentais.

Pushkin escreve *Eugênio Oneguin*; Gogol, *Almas mortas*; Lérmontov, *Herói de nosso tempo*. Dostoiévski, enfim, o mais desequilibrado de todos, é sem dúvida também o mais genial. A rivalidade mimética assume em seu caso uma forma tão aguda que nenhuma das máscaras que ela usa consegue obscurecê-la por muito tempo. Consequentemente, o escritor nunca dispõe do mínimo de equilíbrio e de estabilidade necessário para criar uma obra de "talento".

A Rússia de 1840 tem certo "atraso" em relação à Europa. Ela confunde de modo muito significativo o romanesco barroco, a sensibilidade rousseauniana, o *Sturm und Drang* e o romantismo de 1830. O jovem Dostoiévski devora, indiscriminadamente, *Os bandoleiros*, de Schiller, *Notre-Dame de Paris*, *Chatterton*, Lamartine, Byron e... Corneille. Essa última escolha só é surpreendente por estarmos habituados a distinguir cuidadosamente os vários períodos de nossa história literária. Da criança que teria declarado, aos seis anos, "Eu quero ser deus", passamos sem dificuldade ao adolescente que declama: "Sou senhor de mim como do universo." Esse mesmo adolescente escrevia então ao seu irmão Mikhail: "E Corneille? Você leu *O Cid*? Leia-o, miserável, leia-o e caia de joelhos diante de Corneille. Você o ofendeu."

É notável que Dostoiévski tenha percorrido, de sua adolescência à velhice, todos os momentos de uma mitologia do Eu que se estende por quase três séculos na Europa Ocidental. Aliás, essa prodigiosa consumação de mitos individualistas confirma a unidade da sensibilidade moderna. Se a partir de *Memórias do subsolo* Dostoiévski supera, descrevendo-as, as modalidades propriamente românticas do individualismo, as novas modalidades, e particularmente a super-humanidade prometeica, começam a obcecá-lo. Em 1863, o escritor russo tinha ainda trinta, cinquenta ou mesmo duzentos anos de atraso em relação aos seus homólogos alemães ou franceses; em alguns anos, ele alcançou e ultrapassou todo mundo, pois rejeitou o mito do super-homem antes mesmo que este tivesse se apoderado do imaginário ocidental.

***

Às vezes, lemos que o preconceito religioso falseou o sentido de *Os demônios* e que o romancista não teria escapado ao niilismo se tivesse permanecido fiel às suas melhores intuições. Existe nessa afirmação um erro duplo. O primeiro consiste em separar o simbolismo cristão da estrutura romanesca. Vimos que as verdades penosamente extraídas do subsolo psicológico evocam esse simbolismo; elas se organizam ao seu contato e descobrem nele uma forma que lhes convém, sua forma estética natural, poderíamos dizer. Esse acordo entre o simbolismo e a psicologia é tão mais notável pelo fato de esta última, na ordem da criação dostoievskiana, ser anterior àquela. O romancista não busca "ilustrar" os princípios da fé cristã, mas obedece aos dinamismos de sua própria criação.

O segundo erro consiste em acreditar que o recurso ao simbolismo cristão é incompatível com o niilismo. O acordo entre o simbolismo e a psicologia demonstra que a consciência moderna permanece presa a uma "forma" cristã mesmo quando se vangloria de ter superado o cristianismo, mas ele demonstra apenas isso. O Dostoiévski de *Os demônios* mais ou menos exorcizou o racionalismo, o cientismo e o utilitarismo que triunfam na época por toda a Europa, mas não está certo de ter exorcizado o niilismo. Certos críticos de Dostoiévski tendem a apressar o ritmo de sua evolução espiritual, seja por desejarem "cristianizar" superficialmente sua obra, seja, ao contrário, por quererem descristianizar tudo a seu bel-prazer. Essa obra é um meio de conhecimento, um instrumento de exploração; portanto, ela sempre se encontra para além do próprio criador. Ela está adiantada em relação à sua compreensão e à sua fé. Aliás, afirmar isso equivale a repetir que Dostoiévski é essencialmente romancista.

A loucura dos possessos e seu fracasso tornam dedutível a escolha cristã. Mas qual seria ainda o peso de tal dedução diante da imensa liturgia do mal que se desdobra por toda essa obra-prima? As platitudes do utilitarismo e do pragmatismo moderno estão definitivamente varridas, mas a história parece entregue às potências infernais.

É o triunfo de Satã que *Os demônios* proclamam. A crença na eficácia do demônio deveria ter como contrapartida uma crença ainda mais firme na eficácia da graça. Dostoiévski se inquieta por não encontrar em si mesmo tal firmeza. O escritor se vê fascinado pelo mal e se pergunta se algo de bom pode advir dessa fonte. Descobrir por toda parte um pouco da presença de Satã não seria fazer seu jogo, colaborar com sua obra de divisão, talvez com mais eficácia do que se alinhar sob sua bandeira? *É possível crer no diabo sem crer em Deus?* Essa pergunta, que Stavróguin coloca a Tíkhon, conduz ao próprio coração da obra, e é a pergunta que o próprio Dostoiévski se faz.

Liebédev, em *O idiota*, é um ser fraco e covarde, mas é também um intérprete do Apocalipse, embriagado de pessimismo profético. Ele aplica de modo surpreendente o texto sagrado aos eventos contemporâneos. Dentre os alunos que tem, encontra-se um pacífico general aposentado que acaba de morrer. Diante da ideia de que suas lições podem ter contribuído com essa morte, o professor sente uma grande satisfação.

Liebédev não passa de um palhaço, mas suas palhaçadas estão ligadas ao exame de consciência que o romancista realiza, através de personagens interpostos, em todas as suas grandes obras. *O idiota* revela uma ordem de preocupação que é desenvolvida em *Os demônios*, isto é, na obra de Dostoiévski mais marcada pelo espírito apocalíptico e pelo pessimismo profético. O criador deseja saber se não estaria misturando algo de impuro à própria indignação e se a ardente e eterna necessidade que todos sentimos de nos justificar não estaria se manifestando aqui sob uma nova forma. Deve-se ver nessa inquietação uma prova adicional do caráter profundamente lógico da criação dostoievskiana.

Para identificar o diálogo do escritor consigo mesmo, é preciso não flexionar sua obra nem no sentido do ceticismo, nem no sentido de uma fé monolítica e *a priori*, a qual seria, talvez, o contrário da fé. É preciso seguir, em seu caminho para o Cristo, os progressos dessa consciência religiosa terrivelmente exigente, pois ela não consegue se satisfazer com meias-medidas ou com falsas aparências.

Por sua atitude política e religiosa, por seu caráter e até mesmo por seu aspecto físico, é Chátov, em *Os demônios*, que mais se parece com seu criador. Chátov é um homem

A CRÍTICA NO SUBSOLO | 125

honesto, embora desajeitado e pesado. Reconhecemos nas teorias eslavófilas e ortodoxas desse revolucionário arrependido a ideologia defendida pelo romancista em seu *Diário de um escritor*. A mulher de Chátov viveu com Stavróguin, mas voltou para o marido e teve um filho. Chátov está prestes a ser assassinado por seus antigos amigos políticos; sua felicidade traz um eco da felicidade e da paz que Dostoiévski finalmente conheceu em sua vida familiar, após seu segundo casamento.

A Stavróguin, que lhe pergunta se ele acredita em Deus, Chátov não responde diretamente. Ele acredita "na Rússia ortodoxa", no "Cristo russo", e também no fato de que "é na Rússia que acontecerá Seu segundo advento". Ele nunca afirma acreditar em Deus; no máximo, ousa dizer que acreditará. Antes de sustentarmos, como por vezes se faz, que as "confissões" de Chátov contradizem a "mensagem" do romance, seria melhor esclarecer a natureza dessa mensagem.

A ideia de Chátov, como todas as ideias de *Os demônios*, foi semeada por Stavróguin. Portanto, ela permanece tributária do niilismo que pretende combater. Ela não é a tradição, mas a ideologia da tradição. O niilismo é a fonte de todas as ideologias, pois ele é a fonte de todas as divisões e de todas as oposições do subsolo. Por essa razão, todas as ideias que Stavróguin espalha ao seu redor se contradizem. Chátov é contra o ocidentalismo, contra a Revolução, contra seus antigos amigos. O credo eslavófilo se mostra totalmente positivo, mas a despeito das aparências, o *contra* precede nele o *a favor*, determinando-o.

As "confissões" de Chátov não nos revelam uma "descrença" imutável e subjacente à crença, tal como o inconsciente é subjacente à consciência. Elas encarnam um momento da dialética espiritual de Dostoiévski. Por suas origens e função, a "ideia" eslavófila é tão afastada do Cristo quanto poderia ser, na França, a ideologia da Restauração. Será preciso perceber isso para avançar no caminho do verdadeiro cristianismo.

Se o racionalista, "o homem do palácio de cristal", pudesse compreender que a forma judaico-cristã está enraizada nele muito mais profundamente do que suas próprias negações, ele sem dúvida se inclinaria diante do mistério. O niilista é de outra têmpera. Com certeza, a visão de *Os demônios* não é compatível com certas refutações grosseiras do cristianismo, mas constata o fracasso trágico dessa religião. Portanto, ela pode conduzir a um requisitório mais severo do que todas as críticas do passado.

O engenheiro Kiríllov levanta esse requisitório. Segundo ele, todo o mal vem do desejo de imortalidade que Cristo loucamente acendeu em nós. É esse desejo, para sempre insatisfeito, que desequilibra a existência humana e gera o subsolo. É esse desejo que Kiríllov quer aniquilar de uma só vez através de seu suicídio filosófico. Ele irá se matar não por causa do desespero advindo de sua mortalidade, como tantos outros, mas para possuir o infinito de sua liberdade na acepção total da finitude. Como Raskólnikov, Kiríllov é um herói nietzschiano que espera ultrapassar o subsolo graças a um orgulho tão grande, que seria impossível concebê-lo maior e mais puro. É o mesmo conflito que encontramos em *Crime e castigo*, mas ambos, niilismo e cristianismo, cresceram. Pode-se dizer que um empresta ao outro a sua força. Kiríllov não busca mais o absoluto matando seu semelhante como fez Raskólnikov, mas matando a si próprio.

Para compreender a "ideia" de Kiríllov, é necessário reconhecer nela uma forma superior da redenção pelo avesso que perseguem, de forma mais ou menos consciente, os discípulos de Stavróguin. A morte desse possuído, que se considera ao mesmo tempo muito semelhante e radicalmente diferente da paixão, deve colocar fim à era cristã. Kiríllov está tão convencido da eficácia metafísica de seu gesto que qualquer publicidade lhe é indiferente: *Quidquid latet apparebit...* Ele não imita o Cristo, mas o parodia; não busca colaborar para a obra redentora, mas a corrige. A ambivalência subterrânea é levada aqui ao grau supremo da intensidade e da significação espiritual; o rival ao mesmo tempo venerado e odiado é o próprio Redentor. À humilde imitação de Jesus Cristo opõe-se a imitação, orgulhosa e satânica, de *Os demônios*. É a própria essência do subsolo que, finalmente, se revela.

IV. Ressurreição

O episódio de Chátov anuncia uma superação da ideologia eslavófila e o episódio de Kiríllov, uma superação do niilismo. Ambas serão cumpridas em *Os irmãos Karamázov*, romance cuja serenidade se encontra muito distante de *Os demônios*. O espírito de Stavróguin pode ser sentido nas caricaturas vingadoras que aparecem por todo o relato: a do professor Vierkoviénski ou a do escritor Karmazínov, em quem não é difícil reconhecer Turguêniev, o inimigo literário de sempre. Os rancores acumulados na época dos primórdios literários remontam à superfície. Certas colocações de *Os demônios* vêm do próprio Bielínski, e podem ser encontradas em sua correspondência. O crítico declarava-se disposto, por exemplo, "a tornar nem que fosse uma fração da humanidade feliz, a destruir o resto a ferro e fogo". Ele professava um ateísmo radical: "Não vejo nas palavras 'Deus' e 'religião' senão obscurantismo, trevas, cadeias e chicotadas", escrevia a Herzen em 1845. Fiódor Mikhailovich, embora horrorizado por seus ataques contra Cristo, foi profundamente marcado por seu messianismo social.

O romance constrói sua trama a partir de acontecimentos contemporâneos: deve a maior parte de sua substância às lembranças do Círculo Petrashevski, mas é totalmente dirigido ao homem que dominou, durante longos anos, a existência de Dostoiévski. Não há dúvidas de que o jovem escritor transferiu para Bielínski, o redentor, o homem que o transformara do nada em ser, os sentimentos filiais que jamais puderam se expandir enquanto seu pai vivia. Após romper com o grupo de Turguêniev, Dostoiévski continuou, durante algum tempo, a visitar Bielínski, mas o crítico, como vimos, acabou também por se indispor contra seu protegido; ele condenou todos os escritos posteriores a *Gente pobre* e chegou até a repudiar os elogios que tão imprudentemente derramara sobre sua primeira obra. Eis, por exemplo, o que escrevia a um de seus amigos sobre o Dostoiévski de *A senhoria*: "É a pior das inépcias! [...] Cada uma de suas novas obras é uma nova queda. [...] Nós nos enganamos grosseiramente sobre a genialidade de

Dostoiévski. [...] Eu, o primeiro dos críticos, não passei de um asno estúpido."

Por sua mistura de verdade e mentira, de lucidez e orgulho ingênuo, a própria carta é subterrânea. Após ter concedido ao jovem escritor a plenitude da existência, Bielínski repudiou o filho indigno e novamente o mergulhou no nada. A partir de então, Dostoiévski sentia pelo crítico um misto de veneração e de ódio tipicamente subterrâneos. Quando começou a visitar *verdadeiros* revolucionários, não foi por uma convicção refletida, mas para rivalizar, num fervor militante, com o modelo inacessível. No Círculo Petrashevski, onde se conspirava vigorosa, mas abstratamente, ele se destacou pelo extremismo de suas opiniões. Era visto, então, como um homem "capaz de tomar a frente de uma revolta empunhando uma bandeira vermelha". Um dia, declarou-se a favor de uma revolta armada do campesinato russo. No entanto, sua obra literária não nos traz, por assim dizer, nenhum eco desta fúria política, e a censura não basta para explicar tal silêncio. Em 1848, Dostoiévski publicou "Coração fraco" e *Noites brancas*. A angústia que se revela nessas obras nada tem a ver com os movimentos revolucionários que sacudiam a Europa e entusiasmavam a *intelligentsia* russa. Dostoiévski leva nesse momento uma existência *dupla*: todo o lado ideológico de seu ser constitui uma imitação de Bielínski, e sua vida pública é o resultado de um verdadeiro enfeitiçamento.

Em 15 de abril de 1849, Dostoiévski faz a leitura, no Círculo Petrashevski, de uma carta sediciosa de Bielínski a Gogol. O futuro denunciante do círculo está presente, e posteriormente acusará Dostoiévski de ter manifestado na leitura uma paixão e uma convicção extraordinárias. Dostoiévski, por sua vez, se opõe muito sinceramente ao conteúdo da carta, mas os argumentos alegados não são convincentes:

> Aquele que me denunciou [Bielínski ou Gogol] pode dizer a qual dos dois correspondentes eu estava mais ligado? [...] Agora, peço-lhes que considerem as seguintes particularidades: será que eu teria lido o artigo de um homem com quem estava brigado por uma questão de ideias (o que não é nenhum mistério, muitas pessoas sabem disso), apresentando-o como um breviário, como uma fórmula a ser seguida por cada um? [...] Eu fiz a leitura me esforçando para não demonstrar nenhuma preferência por qualquer dos correspondentes.

O denunciante detinha todos os trunfos em seu jogo. Por que teria introduzido no seu relatório uma mentira que só poderia enfraquecê-lo? Ele fala a verdade, e podemos nos surpreender, com Henri Troyat, ao ver Dostoiévski emprestar "sua voz e seu talento à prosa de um *inimigo*". No entanto, é inútil buscar a explicação deste enigma no plano ideológico. Bielínski é o rival metafísico, o ídolo monstruoso que Dostoiévski busca, em vão, encarnar. Portanto, o ódio não é incompatível com a imitação apaixonada; ao contrário, é sua inevitável contrapartida. Os dois sentimentos só são contraditórios em aparência, ou melhor, é no orgulho subterrâneo, como sempre, que deve ser buscada a chave da contradição. Não é pela biografia de Dostoiévski que sua obra será explicada, mas talvez seja possível, graças à obra, tornar sua biografia realmente compreensível.

A CRÍTICA NO SUBSOLO | 131

Após sair da prisão, Dostoiévski desvia, inicialmente de modo hesitante, e depois com violência, da herança espiritual legada por Bielínski. Ele então descobre que as ideias revolucionárias que alardeava e que fizeram com que fosse condenado nunca foram realmente as *suas*. A ideologia de *Os demônios* é totalmente copiada e imitada: "A força mais importante, o cimento que une todo o conjunto, é a vergonha de ter uma opinião própria." O abandono da ideologia de Bielínski, tal como o abandono, na mesma época, da retórica sentimental e romântica, é fruto desse exame de consciência implacável ao qual devemos todas as grandes obras. Embora Dostoiévski não nos traga toda a verdade, ele nos traz certamente a *sua* verdade, relacionando o comportamento revolucionário aos prestígios dispensados por um sedutor irresistível, mais do que a uma autêntica paixão pela liberdade.

Os sentimentos que Bielínski inspira em seu jovem admirador foram dilacerantes desde o princípio. Deixando-se "adotar" por um pensador cosmopolita, revolucionário e ateu, Dostoiévski tinha necessariamente a impressão de trair a memória de seu pai. Este teria ficado aterrorizado com as ideias de Bielínski. A influência do crítico reforçara o sentimento de culpabilidade do filho em relação ao pai.

Cada vez que o incita a se revoltar, mesmo em pensamento, contra a tradição nacional e religiosa, ou seja, contra a tradição paterna, o mestre aparecia ao seu discípulo como o instigador de um novo *parricídio*. A associação entre Bielínski e o parricídio é reforçada ainda pelo caráter blasfematório que assume, na Rússia czarista, qualquer atentado, até mesmo em pensamento, contra a pessoa mesma do monarca, pai de todos os povos.

Tratamos acima das duplicações sexuais e sentimentais; tudo isso é tributário da duplicação essencial que recobre o tema do *parricídio*. As alusões ao tema se multiplicam a partir de *A senhoria*. Múrin, o velho enigmático, rival de Ordínov, assassinou os pais da jovem que mantém em seu poder. Portanto, esta é sua cúmplice. *Nietotchka Niezvanova* parece particularmente fértil em elementos psicopatológicos não dominados. O sonho que encerra uma das partes do romance é um texto capital, no qual se entrecruzam todos os elementos do drama dostoievskiano.

É a mãe de Nietotchka que no início desempenha o papel do pai de Dostoiévski. Nietotchka não ama essa mulher rude e austera, cuja tristeza cresceu ainda mais com as infelicidades, mas adora seu pai, um violinista improdutivo e boêmio. A mãe fica doente e morre de miséria, de esgotamento e, sobretudo, de falta de afeto. O pai e a filha fogem juntos, como dois cúmplices, mas o pai também morre, e Nietotchka é acolhida por pessoas muito ricas. Uma noite, em sonho, ela acredita escutar novamente a música dilacerante e maravilhosa que seu pai tocava na noite em que a mãe morreu. Abrindo a porta, encontra-se numa sala imensa, luminosa e aquecida, em meio a uma grande multidão que se reunira para escutar o músico. Nietotchka dirige-se lentamente para ele, que a olha sorrindo. Porém, no momento em que ele a toma nos braços, ela percebe, tomada de horror, que o homem não é seu pai, mas seu *duplo* e seu assassino.

O ingresso no grupo de Bielínski foi, para Dostoiévski, o que para sua heroína representava a entrada na sala de concerto. No entanto, assim como o êxtase de Nietotchka,

A CRÍTICA NO SUBSOLO | 133

o seu foi de curta duração, e seu preço também constituiu uma duplicação da angústia.

Menos de um ano depois da briga definitiva com Dostoiévski, Bielínski morreu. Não sabemos exatamente quando começaram suas crises de epilepsia ou de pseudoepilepsia, das quais o escritor sofreria durante toda a vida. Porém, as duas primeiras, cujo relato possuímos, aconteceram pouco tempo após o assassinato do pai, na ocasião de um enterro sobre o qual imaginamos ter lembrado ao filho o evento trágico profundamente enraizado em sua memória e, depois, com o anúncio da morte de Bielínski. O círculo do fracasso que então se fecha em torno de Dostoiévski é, em sua essência original, o círculo do parricídio. Talvez o escritor não esteja completamente errado ao afirmar que seus quatro anos de prisão o salvaram da demência.

Existe uma espécie de fatalidade do parricídio. O revoltado entra no feudo de Bielínski para se livrar de seu pai, mas logo recai na paternidade e no parricídio. Bielínski se torna o duplo do pai, Spechnev se torna o *duplo* de Bielínski etc. Todos os esforços de libertação apenas repetem e tornam mais opressor o ciclo original. Portanto, meditar sobre as relações entre pai e filho equivale a meditar uma vez mais sobre a estrutura subterrânea, sobre as relações com o rival odiado que é também o modelo venerado, apreendendo essa estrutura num nível realmente original. Assim, não há um "tema do pai" a ser acrescentado aos temas anteriores, mas a retomada e o aprofundamento de todos esses temas. Chegamos finalmente ao ponto mais doloroso, ao lugar que comanda todas as manifestações mórbidas, ao objeto que todos os mecanismos do subsolo se esforçam para dissimular.

★★★

É em *O adolescente* que o problema do subsolo e o problema do pai começam a se juntar. Arkádi — filho não reconhecido do nobre Versílov e de uma serva, Sófia — sofre por não pertencer de pleno direito à família de seu pai, mas não pode rejeitar o veredito que o oprime. Do mesmo modo que em *Os irmãos Karamázov* Dmitri torna-se o rival de seu pai junto a Grúchenka, Arkádi compete com Versílov junto ao objeto de seus desejos, a generala Akhmákova. Porém, não é realmente esta última que está em jogo na rivalidade, mas a mãe: Sófia, a *sabedoria*, simbolicamente dilacerada e duplicada por esse conflito subterrâneo. Os últimos sonhos de uma "vida a três" que o escritor descreveu também são, e em todos os sentidos do termo, os primeiros.

A bastardia é a consagração legal e social de uma separação na união e de uma união na separação, a qual caracteriza a relação entre o pai e o filho, mesmo legítimo. A bastardia pode então simbolizar tanto essa relação como a vida subterrânea por inteiro, que é o fruto desse vínculo. Encontraremos esse símbolo em Sartre.

Segundo as circunstâncias ou o humor do momento, Versílov pode se comportar como herói ou como patife. Arkádi descobre, por exemplo, que ele teria ido à casa de uma jovem desconhecida e sem recursos que, por meio de anúncios de jornal, se oferece para dar aulas particulares. Pouco tempo depois, a jovem se enforca. Arkádi, convencido da perversidade de Versílov, faz alusão à história diante dele, mas este, longe de perturbar-se, lamenta que o orgulho da jovem a tenha impedido de aceitar sua ajuda. Arkádi, que desprezava Versílov do fundo do seu ser, pergunta-se então se não deveria admirá-lo. Seus sentimentos por Versílov são sempre extremos. Ele certamente dá mostras de ambivalência subterrânea, mas essa ambivalência é de alguma forma justificada pela dupla natureza do pai. A duplicação objetiva, como sempre, confirma, encoraja e agrava a duplicação subjetiva. O pai, ser duplo, transmite ao seu filho sua duplicação.

Versílov traz em si Míchkin e Stavróguin. Esses dois personagens, vistos na perspectiva de *O adolescente*, encarnariam assim uma nova tentação individual, um novo esforço, por parte do escritor, para fazer prevalecer uma *metade* da consciência subterrânea excluindo a outra. *O idiota* e *Os demônios* não estão isentos de "maniqueísmo", pois Míchkin e Stavróguin possuem, em ambos os romances, uma existência separada. Em *O adolescente*, ao contrário, cada um dos dois personagens só existe em função do outro, exceto do ponto de vista de Arkádi, que sempre questiona se seu pai é completamente bom ou completamente mau. No entanto, a visão de Arkádi em particular não tem qualquer estabilidade. As questões colocadas por ele são as mesmas que Dostoiévski propunha em suas obras anteriores. O autor não levanta mais tais questões, pois nesse livro elas são respondidas. Em Versílov, Míchkin e Stavróguin estão sobrepostos, ou seja, Versílov não é nenhum desses dois personagens. Talvez ele seja a vítima do diabo, mas não é mais diabo do que deus.

À medida que Dostoiévski retorna ao próprio passado, o caráter ilusório da metafísica subterrânea é descrito de forma cada vez mais clara.

Em *O adolescente*, Dostoiévski aborda o problema do pai, mas não aborda o problema do *seu* pai. Por mais concreta que seja essa obra diante das precedentes, ela permanece abstrata diante de *Os irmãos Karamázov*. Versílov é um aristocrata, um intelectual, um ocidentalista; ele não deixa de representar o lado Bielínski da experiência dostoievskiana. Essa existência ainda permanece duplicada no nível primordial. A outra metade, o lado do pai, sem dúvida está presente em *O adolescente*, mas sob a forma idealizada do pai *adotivo*, Makar Dolgorúki, o *errante* místico. Encontramos aí uma inversão dos pais e diversos fenômenos de transposição "maniqueísta", os quais permitem evitar o fundo do problema e sugerem os terríveis obstáculos interiores que o escritor ainda deve enfrentar.

***

O aspecto paternal do problema subterrâneo, que ainda se mostra marginal em *O adolescente*, toma o centro de *Os irmãos Karamázov*. Esse último romance, a obra-prima de seu autor, repousa por inteiro sobre a lembrança de Mikhail Andréievitch Dostoiévski, o homem assassinado por seus servos. Aliás, em certos aspectos, o pai do escritor era bastante diferente do velho Karamázov; nunca, por exemplo, ele negligenciou a educação de seus filhos. Portanto, não se deve enxergar, nesse velho sinistro e repugnante, um *retrato* do pai. Tal retrato, aliás, nunca teria o mesmo valor da criação romanesca. Não é o pai *em si* que é revelado na obra, mas o pai *para o filho*.

A rivalidade entre o pai e o filho implica uma estreita semelhança. O filho deseja o que o pai deseja. O orgulho do pai opõe-se diretamente ao filho, fortalecendo dessa maneira o orgulho dele. O parricídio, crime do filho-escravo que se ergue contra um pai tirano, aparece portanto como a tragédia subterrânea por excelência. Como pai e filho são, em certo sentido, idênticos, o parricídio é ao mesmo tempo assassinato e suicídio; os dois crimes não têm diferença em sua origem. Todos os assassinatos e todos os suicídios dos heróis criados anteriormente se encontram nesse horror fundamental. O escritor está na fonte de todos os seus pesadelos.

No fundo do ódio pelo Outro, há o ódio de Si. Para além das oposições subterrâneas, existe a identidade que as funda, a identidade do pai e do filho. O pai é odiado como um Outro e, de forma ainda mais profunda, é objeto de vergonha enquanto Si. Já é possível sentir essa vergonha rondando Chátov, em *Os demônios*, e Arkádi, em *O adolescente*, mas seu objeto preciso acaba sempre por se esquivar. Será preciso esperar *Os irmãos Karamázov* para que esse objeto apareça realmente e para que a vergonha perca, ao mesmo tempo, sua nocividade. O papel ao mesmo tempo essencial e secreto que até aqui movia esse sentimento irá desaparecer. Nada mais inclinará a obra na direção da zombaria e do sarcasmo.

A vergonha da qual o pai é objeto se estende à tradição russa, ao próprio *ser* nacional. O primeiro Dostoiévski precipita-se no ocidentalismo para esquecer seu pai e sua herança paterna. A atitude ocidentalista se encontra associada ao parricídio; é exatamente por isso que o Dostoiévski posterior sempre verá nisso uma verdadeira traição. Ele acredita descobrir nos aristocratas e nos intelectuais reformistas um desejo de esquecer os costumes, a cultura e a própria língua da Rússia, um desejo de se livrar de si próprio — em suma, de se tornar Outro. Esse desejo místico procede evidentemente da idolatria subterrânea, e é em Dostoiévski mesmo que ele se mostra com a maior intensidade. O romancista novamente "projeta" seus próprios sentimentos sobre seu meio, transformando suas obsessões num sistema de interpretação universal. Aliás, isso não quer dizer que sua perspectiva seja má: talvez ele conheça melhor seus semelhantes do que eles próprios. De fato, ele não é o homem *que ousa levar ao extremo em sua vida aquilo que nós mesmos só ousamos levar até a metade?*

Dostoiévski sentiu-se rejeitado pelos ocidentalistas. Ele não conseguiu se tornar um deles. Não conseguiu se tornar inocente. É por isso que, após ter negado sua culpabilidade na revolta, ele se deixa encontrar e invadir por ela. Então, começará a defender a herança paterna com o mesmo ardor que empregava antes para atacá-la. Porém, se ao entrar no salão de Turguêniev ele sente despontar o mujique que traz em si, não consegue contemplar um verdadeiro mujique sem se transformar novamente no cidadão, no intelectual cosmopolita que jurava não ser.

Nas obras do período eslavófilo, a exaltação gritante de tudo que é russo recobre um desprezo secreto. A miséria, a avidez, a desordem e a impotência são percebidas como atributos do ser russo, ou seja, do próprio ser dostoievskiano.

Em *O jogador*, por exemplo, constatamos sem dificuldade que as deficiências às quais Dostoiévski atribui sua paixão pelo jogo e as perdas que sofre são as do povo russo como um todo. Certas passagens revelam um "complexo" bastante semelhante àquele que hoje vitima certos intelectuais dos "países subdesenvolvidos":

No fato de que, no catecismo das virtudes e méritos do civilizado homem ocidental, entrou historicamente, e quase na qualidade de primeira condição, a capacidade de adquirir capitais. E, quanto ao russo, este não somente é incapaz de adquiri-los, mas até os dilapida à toa, de modo vil. Todavia nós, russos, também precisamos de dinheiro [...] e, por conseguinte, ficamos muito satisfeitos com meios como a roleta, pelos quais temos um grande fraco, e graças aos quais se pode enriquecer de repente, em umas duas horas, sem trabalhar. Isso nos seduz ao extremo; e, como jogamos à toa, sem esforço, invariavelmente perdemos!

A oposição Europa-Rússia está vinculada à diferença do modelo-obstáculo e de seu discípulo. O Dostoiévski dessa época não percebe que, também nesse âmbito, a diferença é temporária, reversível, ilusória; ele tende, no fundo de si mesmo, a conferir-lhe a fixidez e a rigidez de uma *essência*. No fundo, esse Dostoiévski é tão revolucionário ou eslavófilo quanto o Dostoiévski de 1848 era revolucionário e ocidentalista. Não devemos confundir o escritor, e principalmente sua genialidade, com as oscilações do pêndulo subterrâneo. É claramente por isso que todas as interpretações fundadas sobre a ideologia permanecem superficiais:

elas continuam prisioneiras das oposições estéreis geradas pelo conflito entre o Outro e o Eu. O duplo extremismo ideológico de Dostoiévski é um exemplo dessa *amplitude* pela qual ele próprio define o indivíduo moderno.

Dostoiévski não consegue aderir a nada por muito tempo. É preciso entender que todas as suas adesões são negativas: ele é russo mas é contra o Ocidente; é proletário mas é contra os ricos; é culpado mas é contra os inocentes. Ele é estrangeiro em toda parte: estrangeiro à vida russa da qual está separado por sua vocação de intelectual e de artista, assim como pela lembrança de seu pai; estrangeiro à *intelligentsia* cosmopolita que forma com suas leis, e principalmente com seus preconceitos, uma outra sociedade, onde os Turguênieves não se sentem menos à vontade do que os mujiques em suas isbás. Dostoiévski não se sente à vontade em lugar algum. Ele será sempre um falso mujique e um falso intelectual. Nesse ponto, o *outchitel* é, dentre seus heróis, aquele com quem mais se assemelha. De fato, esse personagem é duplamente alienado: empregado intelectual de aristocratas desenraizados, ele vive nas margens de um meio que também vive às margens da vida nacional.

Por toda parte, Fiódor Mikhailovich se sente excluído: ele é o pária, aquele que nunca é convidado e que, se por alguma infelicidade o fosse, seria expulso sem remorsos. Aliás, não é implausível que Fiódor Mikhailovich faça o possível para dar aos seus anfitriões, principalmente aos mais respeitáveis, uma vontade imensa de jogá-lo para fora. No fundo de si próprio, todos os decretos de expulsão, todas as Sibérias reais e imaginárias, lhe parecem perfeitamente justificáveis, pois sua alma permanece submersa na vergonha e no remorso.

Vergonha de ser russo, vergonha de ser filho de seu pai, vergonha de ser Fiódor Mikhailovich Dostoiévski. É toda essa vergonha acumulada que, em *Os irmãos Karamázov*, é arejada, ventilada e se dissipa ao ar livre. Num homem apaixonado pela verdade, o perdão e a verdadeira absolvição são incompatíveis com a mentira. É por não ousar olhar o pai de frente que, até aqui, o filho estava tão estreitamente ligado a ele. Agora é preciso olhar para tudo, é preciso admitir a culpa do pai depois de ter confessado sua própria culpabilidade. É preciso reconhecer que a indignidade do filho como filho está vinculada à indignidade do pai como pai. É preciso que ele escreva *Os irmãos Karamázov*.

Dessacralizar o pai significa finalmente triunfar sobre a revolta abstrata, superar a falsa superação que a histeria eslavófila e o frenesi revolucionário constituem. Nos últimos anos, a atitude do romancista frente a Bielínski amenizara-se consideravelmente. Todos os críticos haviam notado esse fato. Eles também notaram uma mudança de atitude diante da Europa e dos movimentos reformistas. Concluiu-se, daí, que o último Dostoiévski esboça um retorno ao ocidentalismo e às ideias da juventude. Porém, isso talvez signifique prender-se aos detalhes secundários da questão. O famoso discurso sobre Pushkin repousa inteiramente sobre a ideia de uma síntese entre as correntes eslavófilas e ocidentalistas, isto é, sobre a superação de uma oposição que se revela secundária. Foi isso o que os ouvintes das duas facções sentiram com clareza quando caíram uns nos braços dos outros, aproximados momentaneamente pela eloquência do orador. Pushkin, nesse discurso, é apresentado como um artista verdadeiramente universal, capaz de reconciliar em si o gênio de todos os povos. Ele é mais espanhol que os espanhóis, mais inglês que os ingleses, mais alemão que os alemães. Ele se transforma em tudo para todos porque, no fundo, não é nada. Ele é o artista universal, ele é o próprio Dostoiévski que não sente mais vergonha, mas que finalmente reivindica e assume a fatalidade do desenraizamento.

Poderão objetar que essa universalidade se apresenta aqui como um fenômeno especificamente russo; assim, a superação a que nos referimos só reforçaria, definitivamente, seu pan-eslavismo. O fato não é passível de negação, e nem sonhamos em negá-lo. Existe, no último Dostoiévski, uma mistura de particularismo e de universalismo que os homens do século XX não conseguem olhar sem desconfiança. Porém, não é o valor absoluto da mensagem que nos interessa, e sim o lugar que lhe cabe na evolução global do romancista. Tudo indica que o autor renuncia cada vez mais aos modos de reflexão ideológicos. É lamentável que essa superação, ainda que incompleta, desemboque em fórmulas mais inquietantes, talvez, do que as do período estritamente eslavófilo. Não é menos lamentável que a morte de seu autor tenha tornado essas fórmulas definitivas. Contudo, o fato mesmo da renúncia à ideia eslavófila resiste, e é a única coisa que nos interessa.

Os aspectos políticos dessa última ruptura são, aliás, secundários, pois é precisamente a política que Dostoiévski se prepara para deixar para trás. Todas as duplicações da pseudorreflexão subterrânea estão prestes a se enturvar diante da unidade de uma meditação religiosa que finalmente atingiu sua maturidade.

O que significa o fim da revolta para Dostoiévski? Seria a adesão definitiva, e desta vez "sincera", aos valores do pai? Dostoiévski finalmente teria sido bem-sucedido onde antes fracassara? Acreditamos, ao contrário, que Dostoiévski renuncia aos valores do pai e a todos os outros valores que, em certo momento de sua vida, seu orgulho transformara em arma contra o Outro. Aqui, não pode existir retorno do filho pródigo no plano do pai terrestre. A revolta não é má por rejeitar este ou aquele valor, mas por ser tão incapaz de rejeitá-los quanto de conservá-los. O pensamento parricida move-se de antítese em antítese sem avançar um só passo. Buscando o Outro absoluto, ele recai irresistivelmente no Mesmo. A revolta é dupla, equívoca e diabólica, pois respeita aquilo que ataca e ataca aquilo que respeita. No entanto, ela é boa quando ataca os ídolos, ainda que extraia sua força de uma última e suprema idolatria. É bom não poder aderir a nada, nem mesmo à tradição russa e à *intelligentsia* cosmopolita. Se esta última é insuportável, não é por ser desenraizada, mas, em última análise, por ser infiel à sua vocação de desenraizamento, por encontrar uma aparência de estabilidade no seio das contradições que deveriam conduzi-la até onde elas conduziram o próprio Dostoiévski: ao dilaceramento e à ruptura.

No entanto, a revolta é má: ela é incapaz de levar o desenraizamento ao desapego, ou seja, à liberdade que vem do Cristo e que retorna a ele. É essa liberdade que Dostoiévski finalmente alcança com a ajuda do Cristo em *Os irmãos Ka-*

ramázov, e é ela também que ele celebra na famosa "Lenda do Grande Inquisidor".

***

O episódio tem lugar na Sevilha do final do século XV. Cristo aparece numa rua e a multidão se reúne ao seu redor, quando então o Grande Inquisidor passa, observa a aglomeração e ordena a prisão de Cristo. Chegada a noite, ele vai visitar o prisioneiro em sua masmorra e lhe expõe, num longo discurso, a loucura de sua "ideia".

> Você quis fundar seu reino sobre essa liberdade que os homens odeiam, e da qual sempre irão se esquivar em alguma idolatria, mesmo que a celebrem em palavras. Seria preciso tornar os homens menos livres, e você os libertou ainda mais, multiplicando assim os ídolos e os conflitos de ídolos. Você destinou a humanidade à violência, à miséria e à desordem.

O Inquisidor adivinha que uma nova Torre de Babel se erguerá, mais monstruosa que a antiga e também destinada à destruição. A grande busca prometeica, fruto da liberdade cristã, acabará no "canibalismo".

O Grande Inquisidor não ignora nada do que o subsolo, Stavróguin e Kiríllov ensinaram a Dostoiévski. Os racionalistas vulgares não identificam qualquer traço do Cristo na alma individual ou na história, mas o Inquisidor afirma que a divina encarnação fez tudo piorar. Os quinze séculos decorridos e os quatro séculos vindouros, cujo decurso ele profetiza, estão lá para apoiar seus dizeres.

O Inquisidor não confunde a mensagem do Cristo com o câncer psicológico a que ela conduz, diferentemente de Nietzsche e Freud. Assim, ele não o acusa de ter subestimado a natureza humana, mas de tê-la superestimado, de não ter compreendido que a impossível moral da caridade devia, necessariamente, desembocar no universo do masoquismo e da humilhação.

O Grande Inquisidor não busca aniquilar a idolatria com um golpe de força metafísico, como Kiríllov; ele quer curar o mal com o mal. Quer fixar os homens em ídolos imutáveis e, de maneira especial, numa concepção idólatra do Cristo. Num célebre artigo, D. H. Lawrence acusou Dostoiévski de "perversidade" por ter colocado na boca de um malvado inquisidor aquilo que ele, Lawrence, julga ser a verdade sobre os homens e o mundo.

O erro do Cristo, aos olhos do Inquisidor, é ainda menos desculpável pelo fato de que "não [...] faltaram avisos e orientações". Durante as "tentações" do deserto, o diabo, "o espírito da autodestruição e do nada", revelou ao redentor, e colocou à sua disposição, os três instrumentos passíveis de garantir a estabilidade, o bem-estar e a felicidade da humanidade. Esses três instrumentos são "o mistério, o milagre e a autoridade". Cristo os desprezou, mas o Inquisidor e seus companheiros os retomaram e trabalham sempre em nome do Cristo, mas num espírito contrário ao seu, para o advento de um reino terrestre mais concorde com as limitações da natureza humana.

Assim como Dostoiévski, Simone Weil via na Inquisição o arquétipo de todas as soluções totalitárias. O fim da Idade Média é um momento essencial para a história cristã: o herdeiro, chegando à idade adulta, reclama sua herança; seus tutores não erram ao desconfiar dele, mas erram por querer prolongar sua tutela.

A lenda retoma o problema do mal exatamente onde *Os demônios* o abandonou. O subsolo aparecia, nele, como o fracasso e a derrocada do cristianismo. De fato, onde estão a sabedoria do redentor e, sobretudo, sua potência redentora? Em vez de esconder a própria angústia, Dostoiévski a expressa e lhe confere uma extraordinária amplitude. Nunca é por meio da fuga que o escritor combate o niilismo.

O cristianismo decepcionou Dostoiévski. É fato que o próprio Cristo não correspondeu à sua espera. Em primeiro lugar, há a miséria, que não foi abolida, o sofrimento e, também, esse pão cotidiano que não foi dado a todos os homens. Ele não "mudou a vida". Essa é a primeira recriminação. A segunda é ainda mais grave. O cristianismo não traz qualquer certeza consigo. Por que Deus não envia uma prova de sua existência, um *sinal*, àqueles que gostariam de acreditar nele mas não conseguem? Enfim, e principalmente, há esse orgulho que nenhum esforço, nenhuma prostração, consegue reduzir, e que por vezes poderia enciumar até o próprio Cristo...

Quando define suas próprias queixas contra o cristianismo, Dostoiévski encontra o Evangelho, as três "tentações no deserto":

Então Jesus foi levado pelo Espírito ao deserto, para ser tentado pelo diabo. Por quarenta dias e quarenta noites esteve jejuando. Depois teve fome. Então, aproximando-se o tentador, disse-lhe: "Se és o Filho de Deus, manda que estas pedras se transformem em pães." Mas Jesus respondeu: "Está escrito: *Não só de pão vive o homem, mas de toda palavra que sai da boca de Deus.*"

Então o diabo o levou à Cidade Santa e o colocou sobre o pináculo do Templo e disse-lhe: "Se és o Filho de Deus, atira--te para baixo, porque está escrito: *Ele dará ordem a seus anjos a teu respeito, e eles te tomarão pelas mãos, para que não tropeces em nenhuma pedra.*"

Respondeu-lhe Jesus: "Também está escrito: *Não tentarás ao Senhor teu Deus.*"

Tornou o diabo a levá-lo, agora para um monte muito alto. E mostrou-lhe todos os reinos do mundo com o seu esplendor e disse-lhe: "Tudo isto te darei, se, prostrado, me adorares." Aí Jesus lhe disse: "Vai-te, Satanás, porque está escrito: *Ao Senhor teu Deus adorarás e a ele só prestarás culto.*"

São exatamente essas as maiores tentações de Dostoiévski: o messianismo social, a dúvida e o orgulho. O último, de maneira especial, merece ser considerado. Tudo o que o orgulhoso deseja resume-se, definitivamente, a se prostrar diante do *Outro*, Satã. Os únicos momentos de sua vida em que Fiódor Mikhailovich não sucumbia a uma ou outra dessas tentações são aqueles em que sucumbia às três de uma só vez. Portanto, é a ele, particularmente, que se dirige esta mensagem extraordinária: a lenda é a prova de que ele acabou por escutar seu apelo. A presença, no Evangelho, de um texto tão adaptado às suas necessidades proporciona--lhe um grande reconforto. Eis o sinal que buscava: é pre-cisamente isso o que ele nos diz, de maneira brilhante e velada, pela boca de seu Inquisidor:

E seria possível dizer algo de mais verdadeiro do que aquilo que ele te anunciou nas três questões, e que tu repeliste, e que nos livros é chamado de "tentações"? Entretanto, se algum dia obrou-se na Terra o verdadeiro milagre fulminante, terá sido naquele mesmo dia, no dia das três tentações. Foi precisamente no aparecimento dessas três questões que consistiu o milagre. Se fosse possível pensar, apenas a título de teste ou exemplo, que aquelas três questões levantadas pelo espírito terrível tivessem sido eliminadas das escrituras e precisassem ser restauradas, repensadas e reescritas para serem reintroduzidas nos livros, e para isto tivéssemos de reunir todos os sábios da Terra — governantes, sacerdotes, cientistas, filósofos, poetas — e lhes dar a seguinte tarefa: pensem, inventem três questões que, além de corresponderem à dimensão do acontecimento, exprimam, ainda por cima, em três palavras, em apenas três frases humanas, toda a futura história do mundo e da humanidade — achas tu que toda a sapiência da Terra, tomada em conjunto, seria capaz de elaborar ao menos algo que, por força e profundidade, se assemelhasse àquelas três questões que naquele momento te foram realmente propostas por aquele espírito poderoso e inteligente no deserto? Ora, só por essas questões, só pelo milagre de seu aparecimento podemos compreender que não estamos diante da inteligência eterna e absoluta. Porque nessas três questões está como que totalizada e vaticinada toda a futura história humana, e estão revelados os três modos em que confluirão todas as insolúveis contradições históricas da natureza humana em toda a Terra. Naquele tempo isso ainda não podia ser tão visível porque o futuro era desconhecido, mas hoje, quinze séculos depois, vemos que naquelas três questões tudo estava tão vaticinado e predito, e se justificou a tal ponto, que nada mais lhes podemos acrescentar ou diminuir.

No fundo, a lenda não passa da repetição e da amplificação da cena evangélica evocada pelo Grande Inquisidor. É isso o que deve ser entendido quando se pergunta, um tanto ingenuamente, sobre o silêncio que Aliocha mantém diante dos argumentos desse novo tentador. A lenda não deve ser "refutada", pois do ponto de vista cristão, é o diabo, é o Grande Inquisidor, é Ivan quem tem razão. O mundo está à mercê do mal. Em são Lucas, o diabo afirma que qualquer poder terrestre lhe foi entregue, "e eu o dou a quem quiser". O Cristo não "refuta" essa afirmação. Ele nunca fala em seu próprio nome, mas se resguarda através das citações da Escritura. Como Aliocha, ele recusa a discussão.

O Grande Inquisidor acredita fazer o panegírico de Satã, mas é do Evangelho que ele nos fala, do Evangelho que conservou seu frescor após quinze, após dezenove séculos de cristianismo. E não é somente no caso das tentações, mas a cada instante que a lenda ressoa as palavras evangélicas:

> Pensais que vim para estabelecer a paz sobre a terra? Não, eu vos digo, mas a divisão. Pois doravante, numa casa com cinco pessoas, estarão divididas três contra duas e duas contra três; ficarão divididos: pai contra filho e filho contra pai, mãe contra filha e filha contra mãe [...].

A ideia central da lenda — a do risco trazido aos homens pelo aumento de liberdade, ou da graça, conferida por Cristo, risco que o Grande Inquisidor se recusa a correr — também figura nas passagens do Evangelho que evocam irresistivelmente a ideia dostoievskiana do subsolo metafísico.

Quando o espírito impuro sai do homem, perambula em lugares áridos, procurando repouso, mas não o encontrando, diz: "Voltarei para minha casa, de onde saí." Chegando lá, encontra-a varrida e arrumada. Diante disso, vai e toma outros sete espíritos piores do que ele, os quais vêm habitar aí. E com isso a condição final daquele homem torna-se pior do que antes.

Por trás do negro pessimismo do Grande Inquisidor, esboça-se uma visão escatológica da história que corresponde à questão deixada em suspenso por *Os demônios*. Por ter previsto a rebelião do homem, o Cristo previu os sofrimentos e dilaceramentos que sua vinda causaria. A segurança orgulhosa do orador permite entrever um novo paradoxo, o da Providência divina que destrói, sem qualquer esforço, os cálculos da revolta. A recrudescência de Satã não impede que ele seja vencido. Afinal, tudo deve convergir para o bem, mesmo a idolatria.

Se o mundo evita Cristo, este saberá utilizar essa fuga em seu desígnio redentor. Ele realizará na divisão e na contradição aquilo que queria cumprir na união e na alegria. Buscando divinizar-se sem o Cristo, o homem coloca a si próprio na cruz. É a liberdade do Cristo, extraviado mas vivo, que gera o subsolo, e não uma parcela da natureza humana que está extenuada e triturada no conflito entre o Eu e o Outro. Satã, dividido contra si próprio, expulsa Satã. Os ídolos destroem os ídolos, o homem esgota, pouco a pouco, todas as ilusões, inclusive as noções inferiores de Deus varridas pelo ateísmo. Ele é tomado por um turbilhão cada vez mais rápido, e seu universo sempre mais mentiroso e frenético revela, de modo estrondoso, a ausência e a necessidade de Deus. A prodigiosa série de catástrofes históricas e a inverossímil cascata de impérios, de reinos, de sistemas sociais, filosóficos e políticos que chamamos de civilização ocidental, esse círculo sempre mais vasto e que recobre um abismo no qual a história afunda cada vez mais rapidamente, tudo isso cumpre o plano de redenção divino. Não aquele que o Cristo teria escolhido para o homem se ele não tivesse respeitado sua liberdade, mas o que o próprio homem escolheu rejeitando o Cristo.

A arte dostoievskiana é literalmente profética. Não no sentido de fazer previsões sobre o futuro, mas num sentido verdadeiramente bíblico; ela denuncia incansavelmente a recaída do povo de Deus na idolatria. Ela revela o exílio, o dilaceramento e os sofrimentos resultantes dessa idolatria. Num mundo em que o amor do Cristo e o amor do próximo são apenas um, a verdadeira pedra de toque é nossa relação com outrem. É o Outro que é preciso amar *como a si mesmo* se não quisermos idolatrá-lo e odiá-lo no fundo do subsolo. Não é mais o bezerro de ouro, é esse Outro que ameaça seduzir os homens num mundo destinado ao Espírito, para o melhor e para o pior.

Entre as duas formas de idolatria, a do Antigo Testamento e a do Novo, se encontram as mesmas diferenças e a mesma relação de analogia que existem entre a rigidez da lei e a liberdade universal cristã. Todas as palavras que descrevem a primeira idolatria descrevem, analogicamente, a segunda; é exatamente por isso que a literatura profética do Antigo Testamento permaneceu viva.

O cristianismo que as palavras do Inquisidor desenham "em negativo", o mesmo desenhado igualmente "em negativo" pelas palavras de Satã no relato das tentações, nada tem a ver com o emplastro metafísico que certa devoção burguesa faz brilhar a nossos olhos. O Cristo, o primeiro, quis fazer do homem um super-homem, mas por meios opostos aos do pensamento prometeico. Assim, todos os argumentos do Grande Inquisidor se voltam contra ele, desde que sejam escutados da maneira correta. É isso o que o puro Aliocha observa a seu irmão Ivan, autor e narrador da lenda. "Teu poema é um elogio a Jesus e não uma injúria..."

Cristo despojou-se voluntariamente de todo prestígio e de todo poder. Ele se recusa a exercer sobre o homem a menor pressão, e deseja fazer-se amar por si mesmo. É, mais uma vez, o Inquisidor que fala; qual é o cristão que desejaria "refutar" tais afirmações? O Inquisidor vê tudo, sabe tudo, compreende tudo. Ele escuta até o apelo mudo do amor, mas é incapaz de responder a ele. O que fazer, nesse caso, senão reafirmar a presença desse amor? É esse o sentido do beijo dado por Cristo, sem qualquer palavra, ao infeliz velho. Também Aliocha beija seu irmão na conclusão de seu relato, quando então este o acusa, rindo, de plágio.

***

A escolha diabólica do Inquisidor é apenas um reflexo da escolha diabólica de Ivan Karamázov. Os quatro irmãos são cúmplices no assassinato de seu pai, mas o mais culpado de todos é Ivan, pois é dele que vem a verdadeira inspiração para o gesto assassino. O bastardo Smierdiákov é seu duplo: ele o admira e o odeia apaixonadamente. Matar o pai em vez de Ivan é colocar em prática as afirmações audaciosas desse mestre da revolta, é adiantar-se a seus desejos mais secretos, é ultrapassá-lo no caminho que ele próprio designou. Porém, esse duplo ainda humano é logo substituído por um duplo diabólico que assume seu lugar ao lado de Ivan.

Como vimos, a alucinação do duplo sintetiza toda uma série de fenômenos subjetivos e objetivos peculiares à vida subterrânea. Essa alucinação, ao mesmo tempo verdadeira e falsa, só é percebida quando os fenômenos de duplicação atingem certo grau de intensidade e gravidade.

A alucinação do diabo pode ser explicada, no plano fenomênico, por um *novo agravamento* dos distúrbios psicopatológicos gerados pelo orgulho. No plano religioso, ela encarna a superação metafísica da psicologia subterrânea. Quanto mais a loucura se aproxima, também mais a verdade se torna próxima, e mesmo que não se recaia nela, é a ela, necessariamente, que seremos conduzidos.

Qual é a concepção tradicional do diabo? Esse personagem é o pai da mentira; portanto, ele é, ao mesmo tempo, verdadeiro e falso, ilusório e real, fantástico e cotidiano. Está fora de nós quando acreditamos que está em nós, está em nós quando acreditamos que está fora. Ainda que leve uma vida inútil e parasitária, ele é moral e decididamente "maniqueísta". Ele nos oferece a caricatura caramunhada daquilo que há de pior em nós. É, ao mesmo tempo, o sedutor e o adversário; não cessa de se contrapor aos desejos que sugere, e, se por acaso os satisfaz, é também para nos enganar.

É inútil ressaltar as relações entre esse diabo e o duplo dostoievskiano. A individualidade do diabo, como a do duplo, não é um ponto de partida, mas um resultado. Assim como o duplo é o lugar e a origem de todas as duplicações do diabo, o diabo é o lugar e a origem de todas as possessões e das outras manifestações demoníacas. A leitura objetiva do subsolo acaba chegando à demonologia. E isso não é surpreendente: de fato, estamos sempre nesse "reino de Satã" que não poderia se manter, pois "se encontra *dividido* contra si próprio".

Entre o duplo e o diabo não se estabelece uma relação de identidade, e sim de analogia. Passamos da primeira para a segunda da mesma maneira que passamos do retrato à caricatura; o desenhista se apoia sobre os traços característicos e suprime aqueles que não o são; o diabo, parodista por excelência, é ele próprio o fruto de uma paródia. O artista imita a si mesmo; ele simplifica, esquematiza e se reforça em sua própria essência, a fim de tornar sempre mais gritantes as significações que impregnam sua obra.

Portanto, não existe solução de continuidade ou *salto* metafísico entre o duplo e o diabo; passamos insensivelmente de um a outro, assim como passamos sem perceber das duplicações românticas ao duplo personificado. O procedimento é essencialmente *estético*. Em Dostoiévski, assim como na maioria dos grandes artistas, existe aquilo que poderia ser chamado de um "formalismo operacional", do qual não se deve deduzir, aliás, uma teoria formalista da arte. Talvez a distinção, sempre dialética, entre a forma e o fundo não seja legítima senão do ponto de vista do procedimento criador. É justo definir o artista pela busca da forma, pois é através dela que se realiza, nele, a penetração da realidade, o conhecimento do mundo e de si mesmo. A forma precede literalmente o sentido, e é exatamente por isso que ela é dada como forma "pura".

Assim, o diabo é evocado, em Dostoiévski, por uma irresistível tendência a descrever, estruturalmente, algumas obsessões fundamentais que constituem a matéria primeira da obra. A ideia do diabo não introduz nenhum elemento novo, mas organiza os antigos de modo mais coerente, mais significativo; ela se mostra como a única capaz de unificar todos os fenômenos observados. Não há irrupção gratuita do sobrenatural num universo natural. O diabo não nos é apresentado como a *causa* dos fenômenos; ele repete todas as ideias de Ivan, que nele reconhece uma "projeção" de seu cérebro doente, mas que acaba, como Lutero, por lançar-lhe um tinteiro à cabeça.

O diabo de Ivan é tão mais interessante quanto mais o realismo de seu criador é escrupuloso. Nunca, antes de *Os irmãos Karamázov*, o tema do diabo havia contaminado o do duplo. Mesmo na época "romântica", não encontramos, em Dostoiévski, aquelas aproximações puramente literárias e decorativas às quais os escritores alemães se entregam com tão boa vontade. O escritor, ao contrário, já pensara em dar um duplo satânico a Stavróguin, mas esse duplo já é aquele de Ivan. De fato, lembramos que é a partir de *Os de-*

mônios que a psicologia do subsolo aparece inteiramente a Dostoiévski como uma imagem invertida da estrutura cristã, em especial como seu *duplo*. Se Dostoiévski renunciou temporariamente à sua ideia, não foi porque no romancista ainda dominava um fanatismo que jorraria livremente em *Os irmãos Karamázov*, mas por temer a incompreensão do público. A exigência interior ainda não se encontrava suficientemente madura para superar esse obstáculo.

Em *Os irmãos Karamázov*, os tempos são outros. O diabo é totalmente objetivado, expulso, exorcizado. Assim, ele deve figurar na obra como diabo. O mal puro se manifesta e revela seu nada. Ele não causa mais medo: separado do ser que obceca, ele chega a aparecer como alvo de zombaria e ridicularização. Ele não passa de um mau pesadelo.

Essa impotência do diabo não é uma ideia solta no ar, mas uma verdade inscrita em todas as páginas da obra. Se o Inquisidor só pode enunciar o bem, é por ter ido mais longe no mal do que todos os seus predecessores. Quase não há diferença entre a *sua* realidade e a dos eleitos. De fato, é com conhecimento de causa que ele escolhe o mal. Quase tudo o que diz é justo, mas suas conclusões são radicalmente falsas. As últimas palavras que pronuncia são uma inversão pura e simples das palavras que terminam, com o Apocalipse, todo o Novo Testamento: ao *Marana Tha* dos primeiros cristãos — "Vem, Senhor!" —, o Inquisidor opõe um diabólico "Não volte, não volte nunca, nunca!".

Esse mal — que é ao mesmo tempo o mais forte e o mais fraco — é o mal tomado em sua raiz, ou seja, o mal revelado como *escolha* pura. O ponto extremo da lucidez diabólica é também o ponto extremo da cegueira. O Dostoiévski de

Os irmãos Karamázov é tão ambíguo quanto o Dostoiévski romântico, mas os termos da ambiguidade não são os mesmos. Em *Humilhados e ofendidos*, a retórica do altruísmo, da nobreza e do devotamento recobria o orgulho, o masoquismo e o ódio. Em *Os irmãos Karamázov*, é o orgulho que passa ao primeiro plano. Porém, os discursos furiosos desse orgulho deixam entrever um bem que, aliás, nada tem em comum com a retórica romântica.

Dostoiévski deixa o mal falar para levá-lo a se refutar e a se condenar. O Inquisidor revela seu desprezo pelos homens e o apetite de dominação que faz com que se prostre diante de Satã. No entanto, essa autorrefutação, essa autodestruição do mal, não deve ser completamente explícita, para não perder todo o seu valor estético ou espiritual, ou ainda, em outros termos, para não perder todo o seu valor de *tentação*. Essa arte cujo modelo é a lenda poderia, de fato, ser definida como a arte da tentação. Todos os personagens do romance, ou quase todos, são os tentadores de Aliocha: seu pai, seus irmãos e também Grúchenka, a sedutora, que dá dinheiro ao mau monge Rakítin para que lhe traga o rapaz. O próprio ancião Zossima se torna, após sua morte, objeto de uma nova tentação: a corrupção rápida de seu corpo choca a fé ingênua da comunidade monástica.

Porém, o tentador mais terrível é certamente Ivan, no momento em que apresenta o sofrimento das crianças inocentes como um motivo de revolta metafísica. Aliocha fica transtornado, mas o tentador, mais uma vez, é impotente; ele até colabora, sem o saber, para o triunfo do bem, pois, com suas afirmações, incita seu irmão a cuidar do pequeno Illiúcha e seus colegas. As razões que afastam o revoltado de Cristo levam até ele aqueles que estão abertos ao amor. Aliocha bem sabe que vem do próprio Cristo a dor que sente diante do sofrimento das crianças.

Entre as tentações do Cristo e as tentações de Aliocha, há uma analogia que reforça o paralelismo dos dois beijos e dos dois tentadores. A lenda se apresenta como uma série de círculos concêntricos em torno do arquétipo evangélico: o círculo da lenda, o círculo de Aliocha e, finalmente, o círculo do próprio leitor. A arte do romancista tentador consiste em revelar, por trás de todas as situações humanas, a escolha que elas comportam. O romancista não é o diabo, mas seu advogado, o *advocatus diaboli*: ele prega o falso para nos conduzir ao verdadeiro. A tarefa do leitor consiste em reconhecer, com Aliocha, que tudo o que acabou de ler "não é a condenação, mas o elogio do Cristo".

Os amigos eslavófilos e reacionários de Dostoiévski não reconheceram coisa alguma. Aparentemente, ninguém estava de fato preparado para uma arte tão simples e tão grande. Esperava-se do romancista cristão que produzisse fórmulas tranquilizadoras, distinções bem nítidas entre os bons e os maus, uma arte "religiosa" no sentido ideológico do termo. A arte do último Dostoiévski é terrivelmente ambígua sob a perspectiva das oposições estéreis que inundam o mundo porque ela é terrivelmente clara do ponto de vista espiritual. Konstantin Pobedonostsev, o procurador do Santo Sínodo, foi o primeiro a reivindicar essa "refutação", cuja ausência continua a entristecer ou a alegrar tantos críticos contemporâneos. Não é surpreendente que o próprio Dostoiévski ratifique de alguma forma tal leitura superficial de sua obra, prometendo a refutação solicitada. Não é o autor, mas o leitor, que define o significado objetivo da obra. Se o leitor não percebe que a mais forte negação afirma, como o criador saberia que essa afirmação está realmente presente em sua obra? Se o leitor não percebe que a revolta e a adoração acabaram por convergir, como o criador saberia que essa convergência efetivamente se realizou? Como ele poderia analisar a arte que está vivendo? Como adivinharia que não é ele, mas o leitor, que está errado? Ele sabe com que intenção escreveu, mas os resultados lhe escapam. Se lhe dizem que o efeito buscado não é visível, ele só pode concordar. É exatamente por isso que Dostoiévski promete, sem aliás jamais executá-la — e com a razão —, a refutação do irrefutável.

As páginas consagradas à morte do ancião Zossima são belas, mas não possuem a força genial das blasfêmias de Ivan. As críticas que tentam aproximar Dostoiévski do ateísmo insistem no caráter laborioso que sempre assume, no autor, a expressão positiva do bem. A observação é justa, mas as conclusões tiradas dela não o são. Os que reivindicam de Dostoiévski uma arte "positiva" veem nessa arte a única expressão adequada da fé cristã. Porém, estas são sempre pessoas com uma ideia muito pobre acerca da arte ou do cristianismo. Ao contrário, a arte da extrema negação talvez seja a única arte cristã adaptada ao nosso tempo, a única digna dele. Ela não constrói sermões, pois nossa época não os suporta. Deixa de lado a metafísica tradicional à qual ninguém, ou quase ninguém, consegue aceder; tampouco se apoia em mentiras tranquilizadoras, e sim sobre a consciência da idolatria universal.

Na arte contemporânea, a afirmação direta é ineficaz por lembrar necessariamente a insuportável tagarelice acerca dos *valores* cristãos. A lenda do Grande Inquisidor escapa do niilismo envergonhado e da insipidez enjoativa dos valores. Essa arte, que surgiu inteiramente da experiência miserável e esplêndida do escritor, vai buscar a afirmação para além das negações. Dostoiévski não pretende escapar do subsolo; pelo contrário, ele se enterra nele tão profundamente que é da outra extremidade que lhe chega a luz. *Não é como uma criança que acredito no Cristo e o confesso. É por meio do crisol da dúvida que meu Hosana aconteceu.*

***

Essa mesma arte que revela abertamente as divisões e as duplicações do orgulho idólatra não é mais duplicada. Dizer que ela revela o bem e o mal como escolha pura é dizer que nela não subsiste nenhum maniqueísmo. Sentimos a todo instante que Ivan poderia salvar-se e Aliocha, perder-se. A pureza sempre ameaçada deste último não tem nada a ver com a imóvel perfeição de um Míchkin. Não existem mais bons e maus *em si*. Só existe uma única realidade humana. É essa a forma suprema daquilo que chamamos de arte "por agrupamento". O mal e o bem encontram-se aí como vozes alternadas de um mesmo coro. Por mais selvagem que seja seu combate, ele não pode mais causar dano à harmonia do conjunto. Todas as grandes cenas do romance são fragmentos de uma verdadeira epopeia cristã.

Como vimos, as obras da vida subterrânea se desenvolvem frequentemente num tempo que apresenta névoas ou chuva e neve. Essa atmosfera equívoca e indistinta de meia-estação, esse tempo duplo, dá lugar, em numerosas cenas de *Os irmãos Karamázov*, e particularmente nos episódios da infância, ao vento, ao sol, ao frio glacial e à neve brilhante dos dias realmente invernais. A luz pura restitui aos objetos nitidez e identidade; o gelo restringe e contrai todas as coisas. Esse tempo tônico e alegre é o tempo da unidade finalmente conquistada e possuída.

É a riqueza e a diversidade da obra que tornam essa unidade especialmente notável. A importância disso será mais bem avaliada se lembrarmos que as diferentes ciências humanas às quais se vincula a matéria do romance são incapazes de conciliar suas descobertas. Os sociólogos, por exemplo, reconhecerão na idolatria subterrânea uma forma do fetichismo que impregna as estruturas sociais ultrapassadas pela evolução histórica. Eles desejarão explicar todos os dados romanescos através do fato de os Karamázov pertencerem a uma sociedade feudal em plena decomposição. Os psicanalistas, por sua vez, explicarão essa mesma idolatria através do conflito "edipiano". Sociólogos e psicanalistas fecham brutalmente o círculo de suas descrições. Eles conhecem apenas um setor estreito e arbitrariamente recortado na realidade, querendo sempre encontrar as causas no mesmo nível dos fenômenos observados.

Dostoiévski nos mostra que, na sociedade podre dos Karamázov, os servos não são tratados como crianças, mas as crianças são sempre tratadas como servos. Ele mostra como o indivíduo, traumatizado em sua primeira infância, impregna de irracionalidade as mais diversas situações, transformando cada uma delas numa repetição do traumatismo inicial. Por fim, ele mostra a perpétua imbricação do comportamento individual e das estruturas coletivas. O romancista é um excelente sociólogo e um excelente psicanalista. Nele, porém, esses dois talentos não são contraditórios. A dinâmica fenomenal nunca é interrompida por uma causa ou um sistema de causas. O Deus de Aliocha não é uma causa: ele é abertura ao mundo e ao Outro. E é porque o escritor nunca fecha o círculo da observação fenomenal que sua força de evocação é prodigiosa.

Por trás de todas as coisas, há sempre o orgulho humano ou Deus, isto é, as duas formas da liberdade. É o orgulho que mantém profundamente enterradas as lembranças incômodas; é o orgulho que nos separa de nós mesmos e do outro; as neuroses individuais e as estruturas sociais opressivas são essencialmente orgulho endurecido, petrificado. Tomar consciência do orgulho e de sua dialética é renunciar aos recortes da realidade, é superar a divisão dos conhecimentos particulares em direção à unidade de uma visão religiosa, a única universal.

No entanto, para se tornar senhor dessa dialética é preciso algo diferente da inteligência, é necessária uma vitória sobre o próprio orgulho. Nunca a inteligência orgulhosa irá entender a palavra do Cristo: [...] *quem não ajunta comigo, dispersa*. O orgulho sempre vai no sentido da dispersão e da divisão final, ou seja, da morte; no entanto, aceitar essa morte é renascer para a unidade. A obra que ajunta ao invés de dispersar, a obra realmente una, terá então ela própria a forma da morte e da ressurreição, isto é, a forma da vitória sobre o orgulho.

Expulso o duplo e reencontrada a unidade, são o anjo e o animal românticos que desfalecem para dar lugar ao homem em sua integridade. A razão direta e o realismo verdadeiro triunfam sobre as quimeras do subsolo. Aceitando ver-se de início como pecador, o escritor não se afastou do concreto, não se arruinou no lânguido deleite. Ele se abriu a uma experiência espiritual da qual sua obra é ao mesmo tempo a recompensa e a testemunha.

A experiência não difere, em sua essência, daquela de santo Agostinho ou de Dante. É por isso que a estrutura de *Os irmãos Karamázov* é próxima da estrutura das *Confissões* e da *Divina comédia*. É a estrutura da encarnação, a estrutura fundamental da arte do Ocidente, da experiência ocidental. Ela está presente todas as vezes em que o artista consegue dar à sua obra a *forma* da metamorfose espiritual que a revelou. Ela não se confunde com o relato dessa metamorfose, embora esta possa coincidir com aquele; ela não se realiza sempre na conversão religiosa que exigira seu pleno desenvolvimento... Se dermos uma última olhada na obra de Dostoiévski à luz de *Os irmãos Karamázov*, constataremos que essa forma, perfeita no último romance, não aparece com ele, mas foi produzida numa lenta maturação.

Ela surge, pela primeira vez, na conclusão de *Crime e castigo*. Em *O idiota*, que mostra traços do angelismo romântico, está novamente ausente. Afirma-se mais uma vez em *Os demônios*, com a morte de Stiepan Trofímovitch, a qual é uma cura espiritual. Em *O adolescente*, o herói, Arkádin, toma pouco a pouco consciência do inferno em que se encontra mergulhado e, assim, liberta-se. O subsolo não aparece mais como uma condição quase irrevogável, mas como uma passagem. O ódio que inspira afasta-se com ele, pois esse mesmo ódio é subterrâneo. Porém, nesse romance, a forma da encarnação não consegue ser plena como é, finalmente, em

Os irmãos Karamázov, onde não se limita mais a um único personagem, mas confunde-se com a própria obra.

Portanto, essa forma possui uma história e essa história coincide com as etapas de uma cura espiritual. Ela só pode nascer no dia em que o romancista começa a emergir do subsolo, e só pode atingir seu pleno desenvolvimento com a plena liberdade. Então, todo o período "romântico" se apresenta retrospectivamente como uma descida aos infernos, e o Dostoiévski de *Humilhados e ofendidos* evoca a questão que Aliocha coloca a respeito de seu irmão: "Ou Ivan se erguerá à luz da verdade, ou... sucumbirá no ódio [...]." Ou seja, não somente as obras particulares, à luz de *Os irmãos Karamázov*, mas o conjunto dessas obras e a existência mesma do romancista desposam a forma de uma morte e de uma ressurreição. Além disso, o último romance retoma e conclui tudo, pois sozinho encarna a plenitude dessa ressurreição. Por nos trazerem a experiência espiritual de Dostoiévski, as exortações espirituais do pai Zossima também nos trazem sua estética, sua visão da história e o significado profundo de sua vida.

> [...] aquilo que a senhora, em seu próprio íntimo, acha ruim, já se purifica pelo simples fato de o haver notado dentro de si mesma. [...] Contudo, predigo que no instante mesmo em que a senhora constatar horrorizada que, apesar de todos os seus esforços, não só não se aproximou da meta mas até como que se afastou dela — nesse mesmo instante, predigo-lhe, a senhora atingirá de repente a meta e perceberá claramente pairando sobre si a força miraculosa do Senhor, que sempre a amou e sempre a guiou misteriosamente.

2
Por um novo processo de *O estrangeiro*[*]

Sempre imaginei Meursault como um ser alheio aos sentimentos dos outros homens. Amor, ódio, ambição, inveja, avidez e cobiça: tudo isso lhe é desconhecido. Ele assiste ao funeral de sua mãe tão impassivelmente quanto, no dia seguinte, a um filme de Fernandel. Meursault acaba por matar um homem, mas como poderíamos ver nele um verdadeiro criminoso? Como um homem desses poderia ter qualquer motivo?

O personagem de Meursault encarna o individualismo niilista exposto em *O mito de Sísifo* e que, de forma mais geral, é designado pelo nome de "absurdo". Meursault é possuído pelo absurdo da mesma maneira que outros, num contexto espiritual totalmente diferente, são possuídos pela "graça". Porém, a palavra "absurdo" não é absolutamente indispensável. O próprio autor, em seu prefácio à edição americana de *O estrangeiro*, define seu herói como alguém

---

[*] Escrito em língua inglesa, o texto original do ensaio aqui apresentado foi publicado nos Estados Unidos. Nele, o autor reage contra o que foi chamado de "culto" a Camus, fenômeno que, no plano universitário, se traduzia por uma massa considerável de publicações cuja possível maioria celebrava a glória de *O estrangeiro*. Por vezes, princípios do *new criticism* eram sumariamente evocados no intuito de apreender esse livro como puro objeto estético, fora de qualquer contexto sociológico e mesmo literário.

que não joga o jogo.* Meursault *se recusa a mascarar seus sentimentos* e, logo, *a sociedade se sente ameaçada.* Portanto, o herói tem um significado positivo. Não é um *destroço,* um ser à deriva: *é um homem pobre e nu, apaixonado pelo sol.*

É fácil contrapor *O estrangeiro* a um romance como *Crime e castigo.* Enquanto Dostoiévski *aprova* a sentença que atinge seu herói, Camus *fica indignado.* Portanto, *O estrangeiro* parece ser uma obra inocente e generosa, elevando-se muito acima do pântano de nossa literatura corroída por complexos de culpa. Contudo, o problema não é tão simples quanto parece. Meursault não é o único personagem do romance. Se ele é inocente, então os culpados são os juízes que o condenam. Apresentar o processo como uma paródia de justiça equivale a acusar implicitamente os juízes. Muitos críticos formularam essa acusação de modo explícito, inclusive da mesma forma que Camus o fizera no prefácio da edição americana de *O estrangeiro.* Após ter apresentado a morte de seu herói como o odioso produto de uma coletividade indigna, o autor conclui dizendo: *Na nossa sociedade, todo homem que não chorar no enterro da mãe corre o risco de ser condenado à morte.* Essa observação surpreendente é uma realidade extraída de uma declaração anterior... Camus qualifica-a de "paradoxal", mas, de qualquer forma, repete-a com a intenção manifesta de não dar lugar a nenhum mal-entendido em torno de uma interpretação de *O estrangeiro* cuja validade, num certo sentido, seria incontestável.

A edição americana de *O estrangeiro* foi publicada em 1955 e *A queda,* em 1956. Um renomado advogado pari-

---

* Prefácio reimpresso em *Théâtre, récits, nouvelles* (I, 1920-21).

siense, Clamence, adquiriu grande reputação defendendo os criminosos que julgava, de uma forma ou de outra, vítimas dos "juízes". Clamence se sente extremamente satisfeito consigo, pois sempre tomou o partido dos "oprimidos" contra os "juízes" iníquos. Um dia, porém, ele descobre que é mais fácil ser virtuoso em palavras do que em atos. Esse será o início de uma reflexão que faz o "advogado generoso" renunciar à sua brilhante carreira e se refugiar em Amsterdã. Clamence percebe que, em suas mãos, a piedade era uma arma secreta para lutar contra os impiedosos, uma forma mais sutil de farisaísmo. O que ele buscava, na realidade, não era salvar seu cliente, mas provar sua superioridade moral desacreditando os juízes. Em outras palavras, Clamence era exatamente o tipo de advogado que o herói de *O apanhador no campo de centeio* queria a todo preço evitar tornar-se:

Até que é bacana quando um advogado está sempre salvando a vida dos sujeitos inocentes e coisas assim, mas um cara que é advogado não faz *nada* disso. [...] Mesmo se a gente *salvasse* as vidas dos sujeitos e tudo, como é que ia saber se estava fazendo o troço porque queria *mesmo* salvar a vida deles, ou porque queria era ser um advogado bom pra burro, pra todo mundo bater nas costas da gente e dar parabéns no tribunal quando acaba a porcaria do julgamento [...]? Como é que eu ia saber se não era na verdade um cretino? O problema é que *não* ia saber.*

---

* Salinger, J. D. *O apanhador no campo de centeio*. Rio de Janeiro: Editora do Autor, 1999.

O "advogado generoso" quer estar *acima* de todo mundo e tornar-se juiz dos próprios juízes. É um juiz disfarçado. Ao contrário dos juízes comuns que julgam diretamente e sem máscaras, ele o faz indiretamente e por baixo dos panos. Quando o antifarisaísmo é usado como arma para esmagar os fariseus, isso pode se tornar uma forma mais perniciosa de farisaísmo. Essa ideia parece fazer sentido, principalmente em nossa época. Porém, ela não é nova, e não chamaria muito nossa atenção se Camus, para lhe dar destaque, não voltasse aos temas e aos símbolos de suas primeiras obras, em especial aos de *O estrangeiro*.

Em *A queda*, assim como em *O estrangeiro*, temos um tribunal, um processo, o acusado e, é claro, os inevitáveis juízes. O único personagem novo é o próprio advogado generoso que defende seus "bons criminosos" como o romancista Camus defendia Meursault em *O estrangeiro*. Os "bons criminosos" — como Meursault — perdem seus processos, mas em ambos os casos esse fracasso é mais do que compensado por seu triunfo diante do grande tribunal da opinião pública. Lendo *O estrangeiro*, somos tomados de piedade por Meursault e de cólera por seus juízes. São exatamente esses os sentimentos que Clamence supostamente vive no exercício de sua profissão de advogado.

O Camus anterior a *A queda* não se parece muito com seu herói Clamence, mas eles têm um ponto em comum: o desprezo pelos "juízes". Ambos fundaram sua complexa vida intelectual e seu sucesso social sobre esse princípio sagrado. O apóstolo moderno da "revolta" literária questiona incessantemente as instituições e os valores sociais, mas esse questionamento, como o do advogado, faz agora parte das próprias instituições. Longe de fazê-lo correr o menor risco, suas atividades ganham notoriedade e sucesso.

Se Camus tivesse alguma dúvida quanto à validade de sua posição moral e desejasse formular essa dúvida num romance, não poderia encontrar tema mais adequado que o de *A queda*. Todas as suas obras precedentes repousam sobre a convicção, expressa ou não, de que uma hostilidade sistemática em relação a todos os "juízes" constitui o fundamento mais seguro de uma vida moral "autêntica". *A queda* zomba abertamente dessa doutrina, e portanto é normal concluir que contenha um elemento de autocrítica.* No entanto, é também normal rejeitar tal conclusão quando ela ameaça destruir todas as ideias estabelecidas sobre Camus, o homem e o escritor.

Vivemos numa época de "individualismo" burguês onde permanecer fiel às próprias opiniões é considerado uma virtude cardeal. Porém, um pensador não obedece às mesmas regras que um banqueiro ou um estadista. Embora Goethe tenha desaprovado seu *Werther*, isso não diminui em nada nossa admiração por ele. E não existe nada de infamante em se ter, como Rimbaud, renegado toda a sua obra, ou, como Kafka, evitado até o fim a publicação de seus manuscritos. No âmbito do espírito, o progresso toma muitas vezes a forma da autodestruição, podendo ser acompanhado de uma reação violenta contra o passado. Se para ser aclamado fosse necessário que um artista continuasse a admirar suas próprias obras durante toda a vida, Monsieur Prudhomme,

---

* A respeito de *A queda*, Jacques Madaule escreve: "Em certo sentido, é como uma réplica e uma resposta a *O estrangeiro*." In: "Camus et Dostoïevski", *La Table Ronde*, CXLVI, 1960, p. 132. Cf. também o artigo de Roger Quilliot, "Un monde ambigu", publicado em *Preuves*, n. 10, abril, 1960, pp. 28-38.

essa caricatura de burguês francês, sem dúvida superaria Pascal, Racine, Chateaubriand ou Claudel.

O processo criativo do escritor se tornou um dos grandes temas literários de nossa época, se não o principal. Como o doutor de *A peste*, o advogado de *A queda* é, pelo menos em certa medida, uma representação alegórica do criador. Será que essa afirmação deveria ser recusada, sob o pretexto de que ela procede de uma confusão ingênua entre o escritor e sua obra? O temor de cair na "armadilha" da biografia não deve servir como pretexto para eludir os verdadeiros problemas de fundo levantados pela criação literária. É exatamente esse temor que é ingênuo, pois ele pressupõe que, entre um escritor e sua obra, as relações são necessariamente do tipo "ou tudo, ou nada". Quando digo que Clamence *é* Albert Camus, não estou afirmando que entre eles há a mesma identidade que um documento original possui com relação à sua cópia autenticada, ou um viajante com relação à fotografia que figura em seu passaporte. Quando uma obra é verdadeiramente profunda, a significação existencial dos personagens e das situações nunca pode ser reduzida a simples dados biográficos; porém, qual a razão disso?

Mesmo que eu concorde que o passado de Camus está presente em *A queda*, ainda posso não tirar de tal fato todas as suas consequências. Acentuando as alusões políticas e sociais, posso ver na confissão de Clamence um ataque dirigido a tudo o que a palavra "engajamento" contém. A querela de Camus com Sartre, assim como a reserva que ele guardou durante os últimos anos a respeito de sua vida, poderiam apoiar tal interpretação. Se *A queda* é apenas uma reação contra um passado recente, não poderíamos ver aí o retorno a um passado mais longínquo e a reafirmação vigorosa — embora enigmática — dos pontos de vista defendidos em *O mito de Sísifo* e *O estrangeiro*? Essa interpretação restritiva é sedutora, mas, infelizmente, nada no texto a confirma, e ela se funda sobre o postulado implícito de que todo o itinerário de Camus pode e deve ser definido de acordo com a alternativa "engajamento/desengajamento" que era lei nos anos 1950. O único inconveniente é que essa alternativa exclui precisamente a eventualidade que se realiza em *A queda*, a de uma mudança de perspectiva tão radical que transcende, ao mesmo tempo, o "engajamento" de *A peste* e o "desengajamento" de *O estrangeiro*.

É difícil separar o "engajamento" dos outros valores visados pela sátira em *A queda* pois, para Clamence, ele não representa mais uma posição verdadeiramente autônoma. O Camus das primeiras obras corresponde tão bem ao rótulo de "advogado generoso" quanto o Camus "engajado" que se segue. A única diferença é que, no primeiro caso, os "clientes" são personagens de ficção, enquanto, no segundo, são verdadeiros seres humanos. Para o cínico Clamence, esse é no fundo apenas um detalhe. Aos olhos do "advogado generoso", os clientes não são nunca completamente reais, pois não representam nada em si próprios, nem completamente fictícios, pois servem para desacreditar os juízes. O "engajamento" é apenas uma variação sobre o tema da má-fé, uma das várias formas possíveis para a dedicação aos oprimidos que, secretamente, só buscaria objetivos egoístas. Por trás dos "clientes", são os personagens das primeiras obras que se perfilam, como Calígula, os dois assassinos de *Mal-entendido* e, principalmente, Meursault, assim como os seres reais, mas vagos, cuja causa o escritor supostamente assume quando "se engaja".

A passagem em que Clamence descreve sua preocupação com as velhas senhoras desamparadas e com outros deserdados é, sem dúvida, a única alusão direta ao engajamento contido em *A queda*. E notemos de passagem que essa conduta de escoteiro nos é apresentada como um simples prolongamento da conduta profissional do advogado. Clamence está tão absorvido por suas funções de homem da lei que continua a desempenhar seu papel de "advogado generoso" fora do tribunal. A encenação acaba por invadir os menores aspectos de sua vida cotidiana. A literatura e a vida se confundem, mas não porque a literatura copia a vida, e sim porque a vida copia a literatura. A harmonia se dá no plano de uma impostura geral.

A queda deve ser lida sob a boa perspectiva — ou seja, a perspectiva humorística. O autor, cansado da popularidade de que desfrutava junto aos "bem-pensantes" da elite intelectual, encontrou uma maneira sutil de zombar de seu papel de "profeta", sem escandalizar seus fiéis "puros". De fato, é preciso descontar certa parte de exagero, mas não devemos descartar esse romance sob o pretexto de que ele seria um mero capricho humorístico, nem nos contentar melifluamente em considerá-lo um bom exemplo de arte pura. A confissão de Clamence — no sentido amplo de confissão espiritual e literária — é a confissão de Camus. Para demonstrar tal ideia proponho, em primeiro lugar, a análise de *O estrangeiro*, ressaltando nele um defeito de estrutura que, até onde sei, nunca foi evidenciado. O significado dessa falha estrutural irá fornecer os elementos de apoio necessários para interpretarmos *A queda* como uma autocrítica.

***

Permanecer fiel às intenções evidentes do primeiro Camus é admitir que a condenação de Meursault não tem praticamente nada a ver com seu crime. Todos os detalhes do processo concorrem para provar que os juízes são hostis ao assassino, mas não devido a seu ato, e sim por causa de sua personalidade. Albert Maquet, o crítico, formulou perfeitamente essa verdade: "O assassinato do árabe não passa de um pretexto. Para além da personalidade do acusado, os juízes querem destruir a verdade que ele encarna."[*]

Se não tivesse ocorrido qualquer assassinato, sem dúvida os juízes teriam perdido um bom pretexto para se livrar de Meursault, mas não teriam dificuldade de encontrar outro, precisamente porque um pretexto não precisa ser bom. Se a sociedade estivesse tão impaciente para eliminar Meursault quanto Maquet sugere, a vida extraordinária do herói deveria lhe fornecer mais "pretextos" do que os necessários para encaminhar um inocente à forca.

Essa hipótese é fundamentada? Ao colocarmos essa questão, temos plena consciência de afastar as intenções formais do autor para dar voz ao simples bom-senso. Se, lendo o romance, temos a impressão de que Meursault vive perigosamente, essa impressão não resiste à análise. Ele trabalha regularmente, banha-se no Mediterrâneo e sai com as

---

[*] Maquet, Albert. *Albert Camus ou l'invincible été*. Nouvelles Éditions Debresse, 1956.

moças do escritório. Ele ama o cinema, mas a política não lhe interessa. Qual dessas atividades poderia levá-lo à prisão e, *a fortiori*, à guilhotina?

Meursault não tem responsabilidades, família, problemas pessoais ou qualquer simpatia por causas impopulares. Aparentemente, ele só bebe café com leite. De fato, leva a vida prudente e pacífica de qualquer pequeno burocrata, que no seu caso é também a de um pequeno burocrata francês. Ele é tão prudente que chega a considerar os conselhos dos médicos quanto ao tempo que deve ser respeitado entre a refeição e o banho. Seu modo de vida deveria colocá-lo ao abrigo da depressão nervosa, do cansaço mental, da crise cardíaca e, *a fortiori*, da guilhotina.

É verdade que Meursault não chora no enterro de sua mãe, e esse é exatamente o tipo de ação que seus vizinhos não deixarão de criticar. Mas, entre essas críticas e a forca, existe um abismo que nunca seria ultrapassado se Meursault não cometesse um crime. Mesmo o juiz mais feroz não teria nenhum poder contra ele se ele não tivesse matado um homem.

O assassinato talvez seja um pretexto, mas é o único de que os juízes dispõem, e todo o significado do romance gira em torno desse infeliz acontecimento. É essencial compreender como o assassinato ocorre. De que forma um homem pode cometer um crime e não ser responsável por isso? A resposta se impõe: deve se tratar de um *acidente*. Vários críticos adotaram essa solução: para Louis Hudon, por exemplo, Meursault é no máximo culpado de homicídio involuntário.* Como Meursault poderia premeditar um assas-

---

* Hudon, Louis. "The Stranger and the Critics", Yale French Studies, XXV, p. 61.

sinato quando ele é incapaz de fazer projetos de carreira em Paris? O homicídio involuntário, como todos sabem, não acarreta a pena capital. Essa interpretação parece apoiar as acusações que Camus levanta "contra os juízes".

No entanto, existe uma dificuldade. Se Meursault deve cometer um crime, podemos admitir que se trate de um homicídio involuntário. Mas por que é necessário que ele cometa um crime? É claro que um acidente sempre pode acontecer, mas é impossível tirar dele conclusões gerais, senão ele deixaria imediatamente de ser um *acidente*. Se o assassinato é acidental, a sentença que atinge Meursault também o é, e *O estrangeiro* não prova que "qualquer homem que não chora no enterro de sua mãe corre o risco de ser condenado à morte". Tudo o que o romance prova é que esse homem será condenado à morte mesmo que cometa um homicídio involuntário. Concordemos que essa é uma restrição importante. A teoria do acidente reduz o caso de Meursault às dimensões de um *fait divers* patético, mas de significação limitada.

Os discípulos do "absurdo" sempre poderão imitar a vida de Meursault e enterrar toda a família sem derramar uma lágrima sequer; porém, ninguém jamais irá morrer na forca, pela simples razão de que essa *imitatio absurdi* nunca chegará até o assassinato acidental do árabe. Sem dúvida, esse infeliz acidente nunca irá se reproduzir.

Adotar a teoria do acidente é necessariamente minimizar, ou até escamotear, o conflito trágico entre Meursault e a sociedade. É por isso que essa teoria não combina com aquilo que o leitor sente. Para que os significados desejados pelo autor estejam presentes, a relação entre Meursault e seu crime não pode ser reduzida a um simples motivo, como nos crimes comuns; é preciso que essa relação seja essencial, e não acidental. Desde o início do romance, sentimos que uma catástrofe está para acontecer e que Meursault nada pode fazer para se proteger. Não há dúvidas de que o herói é inocente, e é exatamente essa inocência que provoca sua perda.

Os críticos que analisaram mais refinadamente a atmosfera do assassinato, como Carl Viggiani, recusam todas as interpretações racionais, atribuindo o acontecimento a esse mesmo *Fatum* que preside o destino dos heróis épicos e trágicos nas literaturas arcaicas ou da Antiguidade. Eles ressaltam que todos os diversos incidentes e objetos relacionados a esse episódio podem ser interpretados como símbolos de uma implacável Nêmesis.

Atualmente, ainda invocamos o Destino quando nos recusamos a atribuir um acontecimento ao acaso, embora sejamos incapazes de explicá-lo. No entanto, não levamos a sério essa "explicação" quando se trata de fatos reais. O mundo no qual vivemos é essencialmente racional, e pede para ser interpretado racionalmente.

No contexto de suas pesquisas estéticas, um artista tem perfeitamente o direito de se afastar das regras da lógica. Ninguém contesta esse fato. No entanto, quando ele faz uso de tal direito, o mundo que cria não é mais somente fictício, tornando-se fantástico. Se Meursault for condenado num mundo fantástico, a indignação que a injustiça dos juízes produz também será fantástica. Não é permitido afirmar, como faz Camus, que "em nossa sociedade" todo homem que se comporta como Meursault corre o risco de ser condenado à morte. As conclusões que tiramos do romance só são válidas para esse romance, e não para o mundo real, pois as leis deste mundo não são respeitadas. A tragédia de Meursault não nos autoriza a desprezar os verdadeiros juízes que oficiam nos verdadeiros tribunais. Para que esse desprezo se justificasse, seria necessário um encadeamento rigoroso de causas e efeitos que conduzisse da morte de sua mãe à morte do herói. Se na virada decisiva desse encadeamento o Destino ou qualquer potência tão irresistível quanto misteriosa fizerem sua aparição, devemos tomar nota dessa súbita deformação no curso normal desse mundo e examinar muito de perto a mensagem antissocial do romance.

Se uma fatalidade sobrenatural está em ação em *O estrangeiro*, como justificar que apenas Meursault sinta seus efeitos? Por que não julgar todos os personagens de um mesmo romance segundo critérios uniformes? Se não considerarmos o assassino responsável por seus atos, por que considerar os juízes responsáveis pelos deles? Certamente é possível concluir que uma parte de *O estrangeiro* pertence ao gênero fantástico e o resto, ao gênero realista. Contudo, o romance assim fragmentado não oferece mais uma visão coerente. Por mais admirável que seja do ponto de vista estético, ele não pode continuar servindo de base para um diagnóstico referente à sociedade real.

A teoria do destino parece satisfatória se isolarmos o episódio do assassinato, mas dessa forma torna-se impossível integrar o assassinato ao resto da obra. A simpatia que sentimos por Meursault é inseparável de nosso ressentimento com relação aos juízes. Não é possível negligenciar esse ressentimento sem trair um dos aspectos de nossa experiência global. O autor pretende nos fazer sentir tal ressentimento e tem sucesso: os leitores realmente o sentem. Assim, é preciso dar conta disso, mesmo que não pareça ser racionalmente justificável.

Entre as ações de Meursault, a única capaz de lhe causar problemas é seu convívio com um ambiente suspeito. Sem isso, Meursault não teria se colocado na situação que permite o crime, não teria em mãos, no momento exato, a arma do assassinato etc. Isso é verdade, mas tanto para esse episódio quanto para aquele que o precede. Ou Meursault é responsável por seus atos e sabe o que está fazendo, e então caímos no caso do criminoso comum, ou Meursault não sabe o que está fazendo, e caímos no erro judiciário. Em nenhum dos casos sua execução nos autoriza a afirmar que estaremos em perigo de morte se não chorarmos no enterro de nossa mãe.

Nossos esforços para dar um sentido ao gesto criminoso de Meursault não levam a nada. A morte do árabe não pode ser nem acidental, nem sobrenatural. E, no entanto, na medida em que não é um ato voluntário, é preciso que ela entre numa dessas duas categorias. É tão difícil atribuir um estatuto ontológico ao assassinato quanto é fácil estabelecer seu papel no relato. Como vimos, teria sido impossível Meursault ser julgado e condenado se não tivesse matado o árabe. Porém, Camus não tinha essa opinião, pelo menos não antes de *A queda*. "Qualquer homem que não chore no enterro de sua mãe corre o risco de ser condenado à morte." Seria esse um julgamento *a posteriori*, inspirado pelas peripécias da obra, como sempre se supôs? Ou seria ele um princípio *a priori*, ao qual os fatos devem ser submetidos a qualquer preço? Tudo se esclarece se adotarmos a segunda hipótese. Camus precisa de seu "assassinato inocente" porque seu princípio *a priori* é manifestamente falso. No mundo moderno, o culto irritante da maternidade e, por assim dizer, a profundidade do "absurdo" não devem nos desviar do problema essencial. Se recolocarmos o brilhante paradoxo do autor no contexto da história que ele conta, se afastarmos a aura de intelectualismo que envolve o romance, ninguém mais levará sua mensagem a sério. Ninguém nos levará a acreditar que o mecanismo judiciário de um Estado moderno realmente toma como objeto de exterminação pequenos burocratas que se comprazem bebendo café com leite, vendo os filmes de Fernandel e flertando com a secretária do patrão.

Uma das razões pelas quais aceitamos sem protestar a mensagem transtornante de *O estrangeiro* é a modesta condição social do herói. Os pequenos empregados são realmente as vítimas mais flagrantes da sociedade moderna. Como todos de sua classe, Meursault encontra-se exposto a uma enorme variedade de flagelos sociais, da guerra à opressão econômica. Porém, se olharmos mais de perto, nada disso tem muita importância na tragédia de Camus. Os modos de opressão real não desempenham nenhum papel em *O estrangeiro*. Esse romance trata de uma revolta individual, e não social, embora o escritor jogue com a ambiguidade ou, pelo menos, evite dissipá-la. Somos solicitados a crer que Meursault é um ser excepcional, e de forma alguma o representante de uma classe social. O que os juízes supostamente execram em Meursault é o que faz a originalidade do personagem, o que o distingue dos outros. Infelizmente, essa pretensa originalidade não se manifesta em nenhum de seus atos. No final das contas, Meursault é um pequeno burocrata sem ambição que, enquanto tal, nada tem que o destine à perseguição. As únicas ameaças reais que podem pesar sobre ele são as que pesam sobre todos os pequenos burocratas e sobre a raça humana em geral.

A ideia sobre a qual o romance repousa é inverossímil. É por essa razão que uma demonstração direta é impossível. O escritor quer suscitar em seus leitores uma indignação que ele próprio sente, mas deve levar em conta exigências do realismo elementar. Para transformar Meursault num mártir é preciso fazê-lo cometer um ato realmente repreensível, mas para que o leitor lhe conserve sua simpatia é necessário preservar sua inocência. Assim, seu crime deve ser involuntário, mas não a ponto de fazer com que o homem que não chora no enterro de sua mãe escape à sentença. Todos os acontecimentos que levam ao episódio no qual Meursault atira no árabe, incluindo o próprio episódio — com seus tiros de revólver por vezes desejados, por vezes involuntários —, estão presentes para preencher tais exigências contraditórias. Meursault morrerá inocente, e assim sua morte superará o alcance de um simples erro judiciário.

Essa não é uma solução verdadeira. Ela só consegue dissimular, sem resolver, a contradição entre o primeiro e o segundo Meursault, entre o plácido solipsismo e a vítima da sociedade. É justamente essa contradição, inteiramente resumida na oposição dos termos "inocente" e "assassinato", que nos é proposta sob a forma de uma combinação verbal pouco habitual e interessante, um pouco como uma imagem surrealista. Os dois termos estão tão longe de poderem ser fundidos num único conceito quanto uma imagem surrealista de ser evocada como um objeto real.

A habilidade da técnica narrativa torna muito difícil discernir a falha lógica na estrutura do romance. Quando uma existência tão pouco movimentada como a de Meursault nos é descrita em seus mínimos detalhes, sem qualquer traço de humor, cria-se automaticamente uma atmosfera de expectativa e de tensão. No decorrer da leitura, nossa atenção se concentra em certos detalhes, insignificantes em si, mas que acabam por assumir um valor de presságio simplesmente porque o autor julgou interessante observá-los. Temos a sensação de que uma tragédia está para acontecer e de que esse sentimento, mesmo que não deva nada às ações do herói, parece delas emanar. Basta que nos seja mostrada uma mulher tricotando no início de um romance policial para que nos convençamos de que o tricô é uma ocupação cheia de perigos.

Durante o processo, todos os incidentes mencionados na primeira parte são lembrados e voltam-se contra Meursault. Assim, a atmosfera de angústia que envolve esses acidentes parece-nos justificada. Vemos claramente que se trata apenas de pequenos detalhes, mas fomos condicionados a ver neles conotações inquietantes para o herói. Portanto, é normal considerar a atitude dos juízes ao mesmo tempo injusta e inevitável.

Num romance policial, os indícios conduzem finalmente ao assassino. Em *O estrangeiro*, todos eles conduzem aos juízes. O próprio assassinato é tratado com o mesmo despojamento e o mesmo fatalismo com que são tratados os outros atos de Meursault. Deste modo, a distância entre essa ação cheia de consequências e a ação de se lavar ou de tomar um café com leite se ameniza: somos levados insensivelmente à incrível conclusão de que *o herói é condenado à morte não pelo crime de que é acusado e realmente culpado, mas devido à sua inocência, a qual esse crime não maculou e que deve permanecer invisível aos olhos de todos, como se fosse atributo de uma divindade.*

O estrangeiro não foi escrito pelo amor à arte pura nem para defender a causa dos oprimidos. Camus quis provar que o herói, fiel ao próprio coração, seria necessariamente perseguido pela sociedade. Em outras palavras, ele quis provar que "os juízes estão sempre errados". Se o drama de Meursault tivesse sido submetido a uma verdadeira análise crítica, a verdade que se oculta em *O estrangeiro* teria sido descoberta bem antes de ter se tornado explícita em *A queda*. De fato, uma leitura atenta leva ao questionamento da estrutura do romance e, assim, da "autenticidade" de *O estrangeiro*, para utilizar os próprios termos da confissão de Clamence. A alegoria do "advogado generoso" não assume todo o seu sentido senão em função da falha estrutural que acabamos de revelar, interpretada em *A queda* como o traço objetivo de uma má-fé, a do próprio autor.

A explicação de certas passagens obscuras ou aparentemente contraditórias dará apoio a essa leitura.

Eis um primeiro exemplo. Durante o relato de suas atividades profissionais, Clamence faz a seguinte observação: "[...] não me encontrava no palco do tribunal, mas em algum lugar nas galerias, como esses deuses que, de tempos em tempos, se fazem descer por meio de um maquinismo, para transfigurar a ação e dar-lhe o seu sentido." Os leitores que conhecem a terminologia da crítica francesa do pós-guerra irão lembrar que Sartre e seu grupo acusavam os romancistas de se considerarem "deuses" ao modificar arbitrariamente o destino de um personagem e, conscientemente ou não, o encaminhamento para um desfecho previamente decidido. Se, por trás da máscara do advogado, reconhecemos a presença do escritor, discerniremos nessa estranha observação de Clamence uma alusão — aliás, muito pertinente — aos "maus" romancistas. Será que essa observação guardaria seu sentido se não víssemos em *A queda* uma alegoria do passado literário do escritor?

Originalmente, a imagem do deus é de Sartre, mas o elemento grego nos leva aos críticos que recusam qualquer explicação racional do assassinato. Esses últimos só lidam com problemas de simbolismo, e seus escritos podem muito bem ter ajudado Camus a tomar consciência daquilo que ele, enfim, denuncia explicitamente, ou seja, a "má-fé" de sua própria criação. O assassinato do árabe, num romance que, aliás, é do tipo racional e realista, é um *deus ex machina*, ou melhor, um *crimen ex machina* que fornece ao autor um desfecho não feliz, mas trágico, quando o caráter que ele próprio atribuiu ao seu herói proíbe tal desfecho.

Outro exemplo: Clamence nos diz que ele escolhe seus clientes "com a única condição de serem bons assassinos, como outros são bons selvagens". Essa frase é absolutamente ininteligível fora de seu contexto literário. É uma alusão transparente a Meursault, que desempenha em seu universo romanesco um papel idêntico ao do "bom selvagem" na literatura do século XVIII. Também aqui, a imagem pode ter sido sugerida por Sartre, que em ensaio publicado em suas *Situações* definia *O estrangeiro* como um conto filosófico do século XX.

Como o "bom selvagem", Meursault supostamente serve de catalisador. Sua presença é suficiente para revelar de maneira clara a arbitrariedade dos valores que estruturam qualquer comunidade. A "bondade" desse ser abstrato é um absoluto ao qual nenhuma dose de "selvageria" pode ser nociva. A superioridade de Meursault é de natureza semelhante. Ainda que tenha confessado seu crime, ele é tão completamente inocente e os juízes são tão culpados quanto o seriam se nenhum crime tivesse sido cometido. A inocência e a culpabilidade são essências imutáveis. As vicissitudes da vida nada podem contra elas, da mesma forma que Aúra-Masda e Arimã não podem trocar seus respectivos papéis de princípio do Bem e princípio do Mal.

Em *A queda*, o autor, no interior mesmo do quadro romanesco, questiona os motivos que o levam a escrever romances. Meursault, na condição de "cliente" de Clamence, passou para o segundo plano e afundou no anonimato, mas continua sendo um *dramatis persona*. Assim, pode-se fazer alusão à verdadeira razão de ser de *O estrangeiro* colocando-a como responsabilidade desse herói decaído, apresentando-a como motivo oculto do ato criminoso. Bastará fazer com que Clamence diga que, "no final das contas, seus clientes não eram tão inocentes assim". Suas más ações espontâneas, por assim dizer, eram na realidade premeditadas. Se Camus respeitar as regras do jogo romanesco estabelecidas em seu primeiro romance, deve atribuir ao herói a "má-fé" que na verdade é a de seu criador, e é exatamente isso o que ele faz. Salta aos olhos o fato de os "bons criminosos" não terem matado pelas razões habituais, mas por *quererem* ser julgados e condenados. Clamence diz que os motivos deles eram, no final das contas, os mesmos que os seus: como muitos de nossos semelhantes nesse mundo anônimo, eles desejavam um pouco de publicidade.

Porém, Meursault é um personagem de ficção, e em última análise é o próprio autor que é responsável por seu crime. A interpretação que propomos seria mais convincente se Clamence, em vez de jogar a culpa sobre seus "clientes", acusasse francamente a si próprio. Clamence, no entanto, já é o advogado. Ele não pode ser também o instigador do crime sem que se caia no absurdo. Uma alegoria tão transparente assim retiraria de *A queda* seu caráter enigmático, e nossa exegese não teria mais razão de ser. Então, que o leitor nos perdoe por insistir tão enfaticamente em verdades por demais evidentes: Clamence se apresenta claramente como sendo ao mesmo tempo o defensor zeloso *e* o cúmplice de seus bons criminosos. Ele não hesita em assumir esses dois papéis incompatíveis. É preciso tirar as consequências que se impõem a partir dessa contradição ou, então, deixar de ver em *A queda* algo diferente de uma algaravia.

Clamence certamente é um estranho advogado. Do alto, ele manipula as cordinhas dos juízes como se fossem marionetes e descobre que seus clientes são culpados *após* o veredito, embora ele mesmo seja cúmplice do delito. Por outro lado, notemos que este conluio com os criminosos deveria destruir a ideia que fazíamos a respeito do "advogado generoso" — a de um grande burguês pomposo e totalmente imbuído de seu senso de justiça —, a menos que sintamos que esses criminosos são apenas efígies de papel. De fato, o relato da

A CRÍTICA NO SUBSOLO | 187

carreira de Clamence não passa de uma série de metáforas, todas remetendo à "criação inautêntica". Camus as utiliza de acordo com suas necessidades, rasgando na medida desejada o fino véu da ficção romanesca. O personagem de Clamence sugere que o autor de *O estrangeiro* não estava realmente consciente de suas próprias motivações até sofrer sua própria "queda". O que ele buscava, sob o invólucro da "generosidade", era na verdade satisfazer um egoísmo desenfreado. *O estrangeiro* não deve ser lido como um romance que defende uma tese. O escritor não buscou deliberadamente doutrinar seu público, mas teve tanto mais sucesso nisso quanto mais conseguiu enganar, de início, a si próprio. A dicotomia entre Meursault e seus juízes representa a dicotomia entre o Eu e o Outro num mundo de conflitos intersubjetivos.

O estrangeiro, enquanto expressão de valores e de significações subjetivas, constitui uma estrutura dupla que deve sua aparência de unidade à paixão do autor e dos leitores. Camus acreditava "sinceramente" em sua própria inocência — e, portanto, na de Meursault — por acreditar apaixonadamente na culpabilidade dos "juízes". A incoerência da trama não se deve a uma tentativa desajeitada de provar algo de que Camus estivesse apenas parcialmente convencido. Ao contrário, ele estava tão certo da iniquidade dos juízes que nada teria podido abalar sua convicção. Para ele, o inocente será sempre tratado como criminoso. No decorrer de sua demonstração, Camus é obrigado a transformar seu inocente num criminoso de fato, a fim de obter sua condenação; porém, a força de sua certeza é tal, que ele nem chega a perceber sua tautologia. Compreendemos agora por que o "advogado generoso" se apresenta ao mesmo tempo como o defensor sincero de seus clientes e como o cúmplice de seus crimes.

Sob o domínio do poder de ilusão que dá forma a *O estrangeiro*, Camus não conseguia discernir a falha estrutural de seu romance. Todas as ilusões estão intimamente unidas. Elas reinam e desabam juntas assim que é revelada a paixão que as anima. A confissão de Clamence não nos leva a uma nova "interpretação" de *O estrangeiro*, mas a um ato de transcendência. Todos os temas do primeiro romance são aí metamorfoseados.

A renúncia à visão de mundo expressa em *O estrangeiro* resulta não de uma descoberta empírica, mas de uma espécie de conversão. E, sem ser possível qualquer dúvida, tal conversão nos é mostrada de modo irônico em *A queda*, precisamente sob a forma de uma "queda" que abala a personalidade de Clamence. O que desencadeia tal metamorfose espiritual é o episódio do afogamento; porém, no final das contas, ela nada deve aos episódios exteriores. É por isso que, para se reconsiderar *O estrangeiro* à luz de *A queda*, não devem ser levados em conta apenas os dados extrínsecos proporcionados pelo aparato crítico ou pelas "explicações textuais". Tudo isso só dará frutos se abraçarmos previamente a autocrítica do escritor. O leitor deve passar por uma prova, sem dúvida menos intensa, mas semelhante à do escritor. O verdadeiro crítico não permanece orgulhosa e friamente objetivo. Ele realmente *comunga* com o autor, sofrendo também com ele. Também nós devemos descer de nosso pedestal. Enquanto admiradores de *O estrangeiro*, devemos correr o risco de uma *queda* exegética.

Seria injustificável a recusa de analisar a confissão de Clamence sob o pretexto de que a reputação de Camus nada ganharia com isso. É o contrário que é verdadeiro. O fato de *A queda* transcender o ponto de vista de *O estrangeiro* não quer dizer que este deva ser rebaixado em nossa estima diante de outros romances contemporâneos. Isso significa, em contrapartida, que *A queda* ocupará uma posição mais elevada.

Aqueles que abordam *A queda* com reservas estão fadados a não enxergar a verdadeira grandeza de Camus, e desde já podemos qualificar esse romance como uma obra-prima ignorada. Camus foi elevado às nuvens por alguns, e censurado por outros, devido ao seu papel de "diretor de consciência" da burguesia. Porém, ninguém leva em conta *A queda*, ou então ela só é objeto de rápidas alusões. A maioria negligencia o fato de que Camus foi o primeiro a reagir contra o culto de que foi objeto. De vez em quando, uma voz se levanta para defender uma verdade que ninguém, ao que parece, faz muita questão de escutar. Philippe Sénart, por exemplo, sustenta que Camus se recusava a ser o papa infalível de seu próprio neo-humanismo:

> Ele só queria ser o *papa dos loucos*, e escreveu *A queda* para ridicularizar a si mesmo, se autoacusando de maneira zombadora. Clamence, advogado decaído que tinha "vivido bem de sua virtude" e que se considerava com certa graça "um pouco super-homem", era, na pocilga em que se disfarçava de juiz para melhor rir de si mesmo, o bobo da corte da humanidade. Alguns diziam o macaco de Deus, como Satã. Clamence, o Homem-que-ri, era o Anti-Camus.[*]

---

[*] Sénart, Phillipe. "Camus et le juste milieu", *La Table ronde*, n. 174-175, julho-agosto de 1962.

Num dos discursos pronunciados na época em que recebeu o Prêmio Nobel, Camus abre ainda uma nova perspectiva aos críticos de sua obra:

O tema do poeta maldito nascido numa sociedade mercante (Chatterton é a mais bela ilustração disso) cristalizou-se num preconceito que acaba por afirmar que só é possível ser um grande artista contra a sociedade de seu tempo, qualquer que ela seja. Legítimo em sua origem quando afirmava que um artista verdadeiro não poderia se harmonizar com o mundo do dinheiro, o princípio tornou-se falso quando dele se deduziu que um artista só pode se afirmar estando contra qualquer coisa em geral. (II, 1084)

Durante todo o *Discurso da Suécia*, Camus se dissocia de seu próprio passado, ao menos o quanto lhe era possível naquelas circunstâncias. Na passagem citada, ele vincula o tipo de literatura que praticou durante tanto tempo não a uma impressionante tradição filosófica, como em *O homem revoltado*, mas ao romantismo francês. Como um arquétipo da "revolta", ele cita *Chatterton*, a obra de Alfred de Vigny que os leitores atuais julgam, sem dúvida, a menos satisfatória. Ele dá a entender que os conflitos trágicos expostos em suas primeiras obras são, na realidade, apenas uma forma *degradada* do drama romântico *à la* Vigny.

Alguns anos antes, Camus sem dúvida teria afastado de cara essa aproximação, a despeito de — ou melhor, devido a — sua extrema pertinência. *O estrangeiro* de fato está muito mais próximo de *Chatterton* do que do conto filosófico; o conto filosófico tem um conteúdo positivo e um objetivo preciso, enquanto *Chatterton*, assim como *O estrangeiro*, é o protesto abstrato de um indivíduo insatisfeito. Uma obra que ataca tudo em geral não atinge nada em particular e não incomoda ninguém. Como o homem do subsolo de Dostoiévski, Meursault exclama: "Estou sozinho e os outros todos estão juntos." Esse romance é o último avatar rumo à democratização do mito romântico, tornando amplamente público um símbolo da alienação do eu num mundo em que cada um se sente "estrangeiro".

Chatterton, como Meursault, é um solitário, alguém que se recusa a "jogar o jogo". Ambos vivem num universo próprio, que se opõe ao mundo inautêntico dos outros. Ambos sofrem e morrem porque a sociedade os impede de viver sua vida como solitários, com uma nobreza infinitamente maior do que a dos seus semelhantes.

No entanto, há uma diferença. Quando oferecem a Chatterton o mesmo tipo de emprego subalterno que Meursault ocupa, ele o recusa com desdém. Essa condição servil parece incompatível com sua missão. Seu destino pode ser facilmente explicado pelo orgulho romântico.

Ao lado de Chatterton, o herói de Camus parece bastante humilde. Ele não sente ter qualquer missão a ser cumprida, e aparentemente não possui nenhuma ambição. Ele parece disposto a fazer o que quer que seja para garantir sua medíocre subsistência.

Na realidade, essa aparente modéstia esconde uma forma exacerbada de orgulho romântico. Entre Chatterton e o Outro, ainda há relações e trocas. Em Meursault, não se trata mais disso. Chatterton traz seu "gênio", e em troca a comunidade deve lhe dar comida e abrigo. Se a sociedade não respeitar suas obrigações, o poeta não pode desempenhar seu papel de mago. A multidão sofreria então com um grande vazio espiritual, e o poeta, com seu estômago vazio. Essa carestia geral certamente não atinge a grandeza da tragédia grega ou clássica. Toda tragédia digna desse nome exige que o herói esteja no mundo. Aliás, é um tanto irônico que uma doutrina tão etérea quanto a do romantismo de 1830 tenha originado apenas tragédias "alimentares", ao estilo de *Chatterton*. Porém, embora magro, esse elemento trágico ainda está presente, enquanto, em Camus, se encontra completamente desaparecido. A existência poética com que Chatterton sonhava faz agora parte do jogo vergonhoso que o indivíduo deve recusar se deseja preservar sua "autenticidade". *O estrangeiro* não tem como acabar numa tragédia como *Chatterton*. Ele só pode percorrer o círculo fechado de uma personalidade totalmente autossuficiente, uma interminável sucessão de cafés com leite, de filmes de Fernandel e de intermédios eróticos — uma espécie de Eterno Retorno em miniatura.

O orgulho romântico separa Chatterton de seus congêneres, mas é um orgulho ainda maior que isola Meursault, a ponto de não restar mais qualquer possibilidade do trágico. Para se convencer de que é bem assim, basta comparar Meursault a outro romântico disfarçado, o Monsieur Teste, herói solipsista da juventude de Valéry. O Monsieur Teste é extraordinariamente brilhante e original, mas é o único a conhecer seu gênio. Ele se contenta, como Meursault, com um emprego subalterno; pouco lhe importa parecer ser qualquer um e permanecer desconhecido. Teste nunca será um "grande homem", pois se recusa a fazer a menor concessão aos gostos do público. Meursault é um Teste que prefere café com leite às altas matemáticas: em suma, um "super-Teste", que não se esforça nem mesmo para ser inteligente.

A ideia de que Teste possa ser visto como um mártir da sociedade pareceria ridícula a Valéry. Tudo o que um solipsista tem direito a esperar da sociedade é a indiferença, e sem dúvida a obterá caso se comporte como Meursault ou Teste. Valéry sabia pertinentemente que, quanto mais o individualismo se torna extremo, mais as possibilidades oferecidas ao escritor diminuem, e ele renunciou a qualquer literatura dramática por considerá-la "impura".

O estrangeiro começa como *Monsieur Teste* e termina como *Chatterton*. Ao contrário de Valéry, Camus não vê ou não evita as consequências de seu solipsismo literário. Ele recorre ao procedimento do "assassinato inocente" para recuperar o arquétipo do "poeta maldito" ou, sob uma forma mais geral, do "homem excepcional perseguido pela sociedade". O *crimen ex machina* permite ao romancista eludir as consequências de sua própria filosofia.

Os leitores modernos sentem que há qualquer coisa de forçado em *Chatterton*, mas Vigny não precisa ainda transformar seu herói em assassino para que ele se torne um mártir da sociedade. *O estrangeiro* deveria parecer ainda mais forçado, e se isso não ocorre é devido ao papel inquietante e desconhecido que desempenha aí a violência, assim como em todas as versões recentes do mito romântico do indivíduo.

Chatterton, por sua vez, prefere ser perseguido a ser esquecido, mas isso parece difícil de ser provado, pois ainda é verossímil que a sociedade impeça um poeta de realizar seu destino de poeta. No que diz respeito a Meursault, é fácil provar uma tendência mórbida para o martírio, pois é inverossímil que a sociedade impeça um pequeno burocrata de realizar seu destino de pequeno burocrata. Com uma das mãos, Camus retira seu herói da sociedade para, com a outra, mergulhá-lo novamente nela. Ele quer torná-lo um solipsista e, depois, a vedete de um processo, símbolo por excelência das relações humanas degradadas que se encontram em curso na sociedade moderna.

Por que Camus aspira à solidão e ao mesmo tempo à vida em sociedade? Por que ele é, ao mesmo tempo, atraído e rejeitado pelos *outros*? Na realidade, essa contradição é inerente a toda personalidade romântica. O romântico não quer de fato estar só; ele quer *que o vejam* escolher a solidão. Em *Crime e castigo*, Dostoiévski mostra que os sonhos solitários e o "processo" são os dois aspectos inseparáveis, os dois "momentos" de uma oscilação da consciência romântica e moderna. Porém, essa consciência orgulhosa se recusa a admitir abertamente a fascinação que os outros exercem sobre ela. Na época em que Vigny vivia, um retorno discreto à sociedade era sempre possível, pois nem todas as pontes estavam destruídas entre o individualista e os outros homens. Havia a "missão do poeta", por exemplo, ou o amor romântico. Camus corta esses últimos laços, pois a necessidade de negar o outro jamais fora maior. No entanto, a necessidade inconfessada desse outro é, por isso mesmo, maior do que nunca. E as condições criadas pela primeira dessas necessidades não mais permitem satisfazer a segunda.

O assassinato é, na realidade, uma tentativa secreta de restabelecer o contato com os outros. A ambivalência cuja marca ele traz é característica de toda arte com tendência solipsista, mas sem dúvida ela nunca fora expressa de modo tão claro na própria estrutura de uma obra. Essa contradição também pode ser observada em *Monsieur Teste*; Valéry não pode eliminá-la completamente. O Monsieur Teste vive e morre na solidão, mas não a ponto de o leitor chegar a ignorar suas qualidades ocultas de super-homem. O *Deus absconditus* do egotismo se manifesta por meio dos grandes sacerdotes ou intermediários. O narrador ambíguo desempenha aqui o papel do "assassino inocente" de *O estrangeiro*. Ele é um intermediário artificial entre o solipsista e o comum dos mortais. Ele se assemelha suficientemente a Teste para compreendê--lo e suficientemente a nós para se dignar a nos dirigir a palavra. Tal ser, por definição, não deveria existir, e a obra nunca deveria ter vindo à luz. Valéry sabia tão bem disso que, após *Monsieur Teste*, guardou silêncio durante vinte anos.

Camus também deveria ter guardado silêncio, e ele estava semiconsciente desse fato. Afinal, em *O mito de Sísifo*, julgou necessário justificar a atividade literária, torná-la um passatempo digno de um cavaleiro do absurdo — com a condição, é claro, de que ela não fosse orientada para *os outros!* Nessa justificativa *a posteriori*, é preciso ver antes de tudo uma prova de que o problema não pode deixar de ser levantado. É em *O estrangeiro*, e não em *O mito de Sísifo*, que encontraremos o verdadeiro solipsismo. Meursault não lê e não escreve. Não o imaginamos submetendo um manuscrito a um editor ou corrigindo suas provas. Atividades desse tipo não têm lugar numa existência "autêntica".

O jovem Valéry e o jovem Camus eram muito ligados à literatura. Ambos sabiam que ela era um meio de escapar da mediocridade de sua condição. E, no entanto, ambos se fechavam em sistemas que os proibiam de praticar sua arte. Nos dois autores, estamos lidando com um individualismo tão exacerbado que alcança as raias da paralisia.

Na vida, todos conhecemos pessoas orgulhosas demais para admitir que estão sofrendo de certo estado de coisas. Elas chegam a fazer o máximo possível para prolongar ou agravar essa situação, desejando provar a si próprias que ela é *livremente consentida*.

Sem qualquer sombra de dúvida, o personagem de Meursault reflete tal atitude. Objetivamente, a vida desse herói é triste e sórdida. Meursault é realmente um destroço. Ele não tem nenhuma vida intelectual, não tem amor ou amizade, não se interessa por ninguém e não guarda fé em nada. Sua vida se reduz às sensações físicas e aos prazeres fáceis da cultura de massa. Os leitores não informados — os jovens estudantes americanos, por exemplo — sentem bem esse desamparo fundamental. Eles apreendem o significado *objetivo* do romance, porque a intenção *subjetiva* do autor lhes escapa.

O leitor "esclarecido", ao contrário, afasta o significado objetivo que julga ingênuo por apreender imediatamente a intenção subjetiva. Além disso, ele tem a impressão de que a obra não possui mais segredos, até o momento em que lê e compreende *A queda*. Apenas Clamence sabe que existem dois níveis de significado, o subjetivo e o objetivo, e é este último que ele considera o mais importante quando declara que seus "bons criminosos" eram, *no fundo* deles mesmos, infelizes.

O julgamento do mais lúcido confirma o do mais ingênuo. A verdade pertence ao leitor que tem *todos* os elementos em mãos ou àquele que não possui *nenhum*. Entre esses dois extremos, o erro triunfa.

Naturalmente, os estudantes aprendem depressa que não devemos nos apiedar com o destino de Meursault, sob o risco de sermos considerados ingênuos. Porém, eles continuam a se perguntar vagamente como a crítica pode com tanta facilidade transformar num paraíso o universo em que Meursault vive. Esse universo apagado e secretamente vergonhoso é aquele ao qual Camus, com razão ou não, sentia-se condenado na época de *O estrangeiro*.

O desespero contido que reina no romance tem causas psicológicas, sociais e até mesmo metafísicas. Os tempos eram difíceis, havia poucas oportunidades, a saúde do jovem Camus o preocupava. Ele ainda não era uma celebridade e nada lhe garantia que um dia o seria. Como tantos outros antes e depois dele, decidiu reivindicar, tornar suas essa solidão e essa mediocridade que lhe pareciam sem saída. Esse era um ato de orgulho e de desespero intelectuais, como o *amor fati* de Nietzsche. *Monsieur Teste*, de Valéry, jorrou de uma experiência similar num mundo análogo. Um jovem que se sente condenado ao anonimato é levado a responder com indiferença à indiferença da sociedade. Se tiver talento, talvez ele próprio elabore uma forma nova e extrema do solipsismo romântico; talvez ele crie um Teste ou um Meursault.

Algumas passagens do *Tratado do desespero* consagradas ao que Kierkegaard chama de "desafio" ou de "o desespero em que se quer desesperadamente ser si mesmo" são aqui mais adequadas do que uma interpretação psiquiátrica:

Mas não seria outra espécie de desespero a recusa de esperar como possível que uma miséria temporal, que uma cruz daqui de baixo, pudesse nos ser retirada? É isso que recusa o desesperado que, em sua esperança, quer ser ele mesmo. Mas se ele está convencido de que esse espinho na carne (quer ele realmente exista, quer sua paixão o convença disto) é profundo demais para ser eliminado por abstração, então ele desejará fazê-lo eternamente seu. Ele lhe fornece um motivo de escândalo, ou melhor, proporciona-lhe a oportunidade de transformar toda a sua existência em motivo de escândalo. [...] Pois contar com uma chance de socorro, principalmente através desse absurdo de que, para Deus, tudo é possível, não! Não! Isso ele não quer. Por nada no mundo buscaria isso em outrem, preferindo, mesmo com todos os tormentos do inferno, ser ele mesmo do que pedir socorro [...] tarde demais! Outrora, ele teria alegremente dado tudo para ficar livre, mas fizeram-no esperar, e agora é tarde demais, ele prefere ter raiva de tudo, ser a vítima injusta dos homens e da vida, permanecer aquele que vela justamente para preservar em mãos seu tormento, a fim de que este não lhe seja retirado — senão, como provar seu direito e convencer a si próprio?*

O absurdo de que fala Kierkegaard não é, obviamente, o absurdo de Camus. Ele é mesmo sua antítese, pois Kierkegaard renuncia definitivamente ao niilismo, abandono que o próprio Camus afasta e condena em *O mito de Sísifo*, qualificando-o de otimismo fácil. O jovem Camus se julgava capaz de dispor de Kierkegaard em algumas frases, mas, paradoxalmente, muitas observações de Kierkegaard são apli-

---

* Kierkegaard, Sören. *Traité du désespoir*. Paris: Gallimard, 1949, pp. 152-154.

cáveis a Camus e vão bem mais longe do que aquelas que Camus aplica a Kierkegaard: "[...] tanto autocontrole, essa firmeza de rocha, toda essa ataraxia etc. resvalam a fábula. [...] O eu [...] quer [...] reclam(ar) a honra do poema, de uma trama tão magistral, em suma, de bem ter sabido se compreender. Mas [...] no instante mesmo em que acredita ter terminado o edifício, tudo pode, arbitrariamente, evaporar--se em nada."

A forma mais elevada do desespero, segundo Kierkegaard, só pode ser encontrada nos grandes poetas, e sentimos claramente o que une o Vigny de *Chatterton*, o Valéry de *Monsieur Teste* e o Camus de *O estrangeiro* quando o filósofo acrescenta: "Ela poderia ser chamada de estoica, sem pensar apenas na seita." O gênio de Kierkegaard atravessa a floresta das diferenças mínimas que permitem a um escritor afirmar sua própria originalidade, mas ocultam o sentido profundo de suas posições literárias. Kierkegaard, por um único ato de intuição, apreende o conjunto dos fundamentos espirituais e revela seus momentos sucessivos, comuns, na maioria das vezes, a certo número de escritores. A seguinte passagem, por exemplo, permite esclarecer as semelhanças entre Teste e Meursault:

> As formas mais baixas do desespero, sem interioridade real, ou sem jamais dizer nada ao seu respeito, devem ser expostas, limitando-se a descrever ou indicar com uma palavra os sinais exteriores do indivíduo. Mas quanto mais o desespero se espiritualiza, quanto mais a interioridade se isola como um mundo incluso no hermetismo, mais se tornam indiferentes essas exterioridades nas quais o desespero se oculta.

Mas, exatamente à medida que se espiritualiza, ele cada vez mais necessita, por um tato demoníaco, esquivar-se sob o hermetismo e continuar se revestindo sob aparências quaisquer, tão insignificantes e neutras quanto possível. [...] Essa própria dissimulação tem alguma espiritualidade, e é, em suma, um meio entre outros de se garantir por trás da realidade um *cercado*, um mundo exclusivo para si, um mundo em que o eu desesperado, incansavelmente como Tântalo, ocupa-se em ser ele próprio.[*]

Essa última alusão poderia ser aplicada tanto a Sísifo quanto a Tântalo. *O mito de Sísifo*, de Camus, como *Monsieur Teste*, é uma formulação acrítica do desespero kierkegaardiano, enquanto *O estrangeiro* é a expressão estética ou ingênua — e portanto a mais reveladora — desse mesmo desespero.

Ainda aqui, não devemos cair na armadilha da biografia, a qual não leva a nada e nos desvia dos problemas fundamentais. É preciso distinguir o criador de suas criaturas, mas suas relações são complexas. Meursault é o retrato, e mesmo a caricatura, de um homem que Camus nunca foi, mas que ele tinha prometido se tornar ao sair da adolescência, pois temia nunca conseguir ser nada diferente.

A cena com o patrão é reveladora. O chefe oferece a Meursault uma viagem a Paris, fazendo brilhar a seus olhos a possibilidade de lá haver um emprego interessante. Meursault não se sente tentado. Visivelmente, o episódio tem apenas o objetivo de ressaltar, no herói, sua total falta de ambição. A demonstração se sustenta muito bem. Na escala

---

[*] *Ibid.*, pp. 155-156.

mais baixa, a de Meursault, Paris não devia oferecer possibilidades de promoção muito diferentes daquelas da Argélia. E não existe nada no triste inverno parisiense que pudesse atrair um amante do mar e do sol. A qual sedução secreta trata-se de mostrar que não se é sensível?

É em Saint-Germain-des-Prés que Meursault-Camus, com uma indiferença calculada, se recusa a viver. O verdadeiro Camus, por sua vez, trocará a Argélia ensolarada pelas brumas nórdicas. Ele escreverá e publicará certo número de livros. Inclinar-se-á às exigências de uma carreira literária. Conclui-se claramente que o criador, ao contrário de seu protagonista, não deixa de ter ambição, que o *sucesso*, literário ou não, lhe era menos indiferente do que parecia ser para seu herói. Essas verdades são tão inofensivas quanto evidentes, porém têm quase um ar blasfemo no clima de egotismo puritano e invertido, indispensável ao surgimento de obras como *Monsieur Teste* ou *O estrangeiro*, mas consequentemente nocivo a qualquer leitura realmente crítica dessas mesmas obras. Exatamente como Camus, e talvez ainda mais, Valéry se prestou durante muitos anos ao que ele próprio chamava de "baixezas" necessárias à "fabricação de um grande homem".

A necessidade de escapar da solidão era mais forte que a pressão destrutiva do orgulho introvertido. Porém, era preciso satisfazer essa necessidade de modo desviado. Camus não podia se contradizer muito abertamente. O estilo de seu romance revela como ele conseguiu enganar a si próprio. O autor evita sistematicamente os efeitos retóricos. Não utiliza nenhum dos procedimentos que permitem valorizar um achado. Temos a impressão de que ele não nos olha e de que permanece quase silencioso. A famosa recusa do pretérito simples e do presente, os dois tempos da narrativa tradicional, em proveito do passado composto, pertencente à linguagem falada, equivale a um abandono de todas as técnicas convencionais do relato. O autor não quer ser um contador trabalhando para um público. Sua "escrita branca" produz um monótono efeito acinzentado, o qual suscitou inúmeros imitadores. A menos que realmente nos calemos, para obedecer à injunção das estéticas solipsistas que no final das contas são sempre *estéticas do silêncio*, devemos nos contentar com o máximo de silêncio possível, num compromisso mais ou menos bem-sucedido — e *O estrangeiro* propõe uma das fórmulas que maior sucesso alcançou.

Esse estilo apresenta uma espantosa semelhança com o das ações que conduzem Meursault ao assassinato. Temos a impressão de que, um belo dia, alguém ofereceu uma caneta e um papel a Camus, que maquinalmente começou a escrever. A Meursault, o que ofereceram foi um revólver, e ele começou a atirar. O livro, assim como o assassinato, parece ser o resultado de circunstâncias fortuitas, embora não haja nada de acidental. É possível supor que ele escreveu a si próprio, o autor permanecendo num estado secundário um pouco semelhante ao de Meursault quando se dirige ao assassinato. De ambos os lados, tem-se a mesma aparência de desleixo e de indiferença que faz com que haja certamente um crime, mas não um criminoso, assim como um livro, mas não um escritor.

Camus e seu herói juraram só manter com os outros um contato superficial. Aparentemente, ambos respeitam tal juramento. Meursault se recusa a ir para Paris; Camus critica os escritores e pensadores que ingenuamente acreditam ser possível se comunicar. Porém, Meursault não chega a evitar o assassinato do árabe, e Camus não chega ao ponto de recusar a redação de O estrangeiro. Um assassinato e um livro ultrapassam o quadro dos contatos superficiais, mas no que diz respeito ao assassinato, o caráter destruidor do ato e o desapego com que ele é executado permitem negar que tenha realmente havido contato. Da mesma forma, o caráter antissocial do romance, além da matéria furtiva com que é escrito, permite negar que o solipsista tente verdadeiramente se comunicar com um outro.

Camus trai o solipsismo ao escrever O estrangeiro, assim como Meursault o trai quando mata o árabe. Em todos os aspectos, o romance carrega a marca de um ato criador único, e que é para aquilo que o engendra — o livro — o que a conduta de Meursault é para o seu assassinato. O "assassinato inocente" é, na verdade, o símbolo e o núcleo central desse ato criador. Clamence tem consciência disso quando afirma que ele próprio, como advogado, obedecia aos mesmos motivos secretos de seus clientes. Também ele queria um pouco de publicidade, mas não queria pagar um preço alto como o dos verdadeiros criminosos pela satisfação desse desejo impuro. Tendo compartilhado seus crimes, deveria também compartilhar os castigos, mas ele era, ao contrário, aclamado como um ícone de virtude:

> O crime está incessantemente em cena, mas o criminoso só figura fugazmente, para logo ser substituído. Enfim, paga-se muito caro por estes breves triunfos. Pelo contrário, defender os nossos infelizes aspirantes à fama resultava em ser verda-

deiramente reconhecido, ao mesmo tempo e nos mesmos lugares, mas por meios mais econômicos. Isso animava-me também a envidar apreciáveis esforços para que eles sofressem a menor pena possível: a que sofriam, sofriam-na um pouco em meu lugar.

O estrangeiro é uma verdadeira obra de arte. As características do estilo se refletem na trama e *vice-versa*. Porém, não deve se falar de uma *unidade* acerca do romance, pois ele se funda numa dualidade e numa ambiguidade radicais. Como poderia haver uma unidade quando o ato criador se volta de fato contra si próprio? Cada página do romance reflete a contradição e a dualidade inerentes ao assassinato. Toda recusa de comunicar é, na realidade, uma tentativa de comunicação. Todo gesto de indiferença ou de hostilidade é um apelo disfarçado. A perspectiva que *A queda* abre à crítica esclarece até os elementos estruturais, aos quais os formalistas atribuem mais importância sem chegar a esclarecê-los pois eles os isolam dos dados concretos de seu engendramento.

Seria possível remeter o assassinato do árabe, a estrutura do romance, seu estilo e sua "inspiração" a um processo único? Sim, se aproximarmos esse processo de certas condutas infantis. Imaginemos uma criança a quem se recusa alguma coisa que desejava muito. Ela irá se esconder longe de seus pais e nenhuma promessa conseguirá fazê-la sair de seu abrigo. Como Meursault e o jovem Camus, a criança consegue se convencer de que seu único desejo é o de que a deixem em paz.

Se deixarmos a criança em sua solidão, ela logo se tornará insuportável, mas o orgulho a impede de voltar de cabeça baixa ao círculo da família. O que fazer então para restabelecer o contato com o mundo exterior? É preciso que a criança faça algo que chame a atenção dos adultos, mas que não seja visto como uma rendição humilhante, uma ação naturalmente *repreensível*.

Uma provocação aberta seria ainda transparente demais. A ação repreensível deve ser cometida às escondidas e de modo desviado. A criança deve ostentar em relação à besteira que está prestes a cometer o mesmo desapego de Meursault com relação ao seu crime ou de Camus com relação à literatura.

Observem Meursault: ele começa a andar com a bandidagem negligentemente, como se convivesse com qualquer um. Isso não tem importância pois, para ele, os *outros* não existem verdadeiramente. Pouco a pouco, Meursault se vê misturado às histórias suspeitas de seus companheiros, mas sem perceber isso de maneira clara. Por que se preocupar com isso, se todas as ações são equivalentes? A criança age exatamente da mesma maneira: por exemplo, pega uma caixa de fósforos e começa a brincar distraidamente com ela. Claro que não pensa em fazer nada de mal, mas subitamente um fósforo se acende e, se próximas, também as cortinas. Trata-se de um acidente, do destino? Trata-se da "má-fé", e a criança, como Meursault, não se sente responsável. Para ela, os objetos são apenas fragmentos de matéria perdidos num universo caótico. O "absurdo", tal como *O mito de Sísifo* tornou conhecido ao grande público, já se encarnou nessa criança.

O estrangeiro foi escrito numa óptica falseada, sob a qual ainda é geralmente lido. Há uma recusa em reconhecer o lado secretamente provocador do crime, e as represálias da sociedade são apresentadas como uma agressão injustificada. Isso equivale a inverter as relações entre o indivíduo e a sociedade. Meursault nos é apresentado como um solitário totalmente indiferente à sociedade, ao mesmo tempo em que a sociedade se ocupa, de modo excessivamente próximo, de sua existência cotidiana. Esse quadro é manifestamente falso: todos sabemos que a indiferença está do lado da sociedade e que as preocupações angustiadas são o fardo do infeliz herói solitário. O verdadeiro quadro é apresentado pelas grandes obras romanescas de todos os tempos: Cervantes, Balzac, Dickens, Dostoiévski e, talvez, também o Camus de *A queda*.

A verdade que *O estrangeiro* se recusa a reconhecer é tão evidente que ela acaba se expressando de modo quase totalmente claro no fim do romance, na apaixonada exposição de ressentimento à qual Meursault se entrega. Muitos leitores acham, com razão, que essa conclusão soa mais justa do que o resto do romance. Sem dúvida, o ressentimento está presente na obra toda, mas o orgulho lhe impõe o silêncio até a condenação à morte, que fornece a Meursault um pretexto para gritar seu desespero sem dar o braço a torcer de modo explícito demais. Também a criança quer ser punida para poder dar livre curso à sua tristeza sem confessar sua verdadeira causa, nem mesmo a si própria. Na última frase, Meursault praticamente admite que a única execução que de fato o ameaça é a indiferença dos outros: "Para que tudo se consumasse, para que me sentisse menos só, faltava-me desejar que houvesse muitos espectadores no dia da minha execução e que me recebessem com gritos de ódio."

A falha estrutural em *O estrangeiro* assume toda a sua significação quando aproximamos o romance de um tipo de conduta muito difundida no mundo moderno, mesmo entre os adultos. Essa existência vazia, essa tristeza oculta, esse mundo do avesso, esse crime secretamente provocador, tudo isso é característico dos crimes atribuídos à delinquência juvenil. Analisar o assassinato, deixando-se guiar por *A queda*, é reconhecer que ele faz parte daquilo que a psicologia americana chama de *attention getting devices*. O aspecto social do romance se liga facilmente à concepção ultrarromântica do Eu que domina o primeiro Camus. Numerosos observadores assinalaram, na delinquência juvenil, a presença de um elemento de romantismo moderno e democratizado. Durante estes últimos anos, vários romances e filmes que tratam abertamente desse fenômeno social tomaram emprestadas certas particularidades de *O estrangeiro*, obra que aparentemente nada tem a ver com tal tema. O herói do filme *Acossado*, por exemplo, mata um policial mais ou menos sem querer, tornando-se assim um "bom criminoso" à maneira de Meursault. A delinquência juvenil não figura em *O estrangeiro* na condição de *tema*, pois o romance é o equivalente literário do ato, seu *analogon* perfeito.

O estrangeiro certamente não oferece um retrato fiel da sociedade que lhe serve de moldura. Isso deveria nos levar a concluir, como fazem os formalistas, que ele constitui um "mundo à parte", completamente separado dessa sociedade? O romance *inverte* as leis de nossa sociedade, mas essa inversão não significa que haja ausência de relações. Trata-se aqui de uma relação complexa que contém, ao mesmo tempo, elementos positivos e negativos, e que é impossível de ser formulada mecanicamente por meio da velha terminologia realista ou positivista. É uma relação que deve ser claramente descrita se quisermos apreender a própria estrutura estética. A única maneira de evidenciar essa estrutura é evocando a seu respeito o fenômeno social intitulado "delinquência juvenil". *O estrangeiro* não pode ser separado da realidade social que inverte, pois essa inversão é, de fato, uma conduta social entre outras — conduta, aliás, bem conhecida e definida. A autonomia da estrutura pode parecer absoluta aos olhos do escritor no momento da criação, mas ela é apenas relativa.

O estrangeiro reflete com perfeição inigualável a visão de mundo do jovem delinquente precisamente porque o livro não tem consciência de estar refletindo o que quer que seja, exceto, naturalmente, a inocência de seu herói e a iniquidade de seus juízes.

Camus escreveu *O estrangeiro* contra "os juízes" ou, em outros termos, os burgueses, que eram os únicos capazes de lê-lo. Em vez de rejeitar o livro como o autor desejava e ao mesmo tempo temia, esses leitores da burguesia o cobriram de elogios. Todos os indícios sugerem que os "juízes" não se reconheceram em seu próprio retrato. Também eles se ergueram contra a iniquidade dos juízes e clamaram ruidosamente por clemência. Também eles se identificaram com a vítima inocente e saudaram em Meursault um bravo cavaleiro da "autenticidade" e do "culto solar". O público, em suma, revelou-se composto não de juízes, como o autor havia pensado, mas de "advogados generosos" como ele mesmo, pessoas que lhe eram semelhantes.

Já que todos os admiradores das primeiras obras de Camus partilham em diversos graus da culpabilidade do "advogado generoso", também eles têm seu lugar em *A queda*. De fato, eles aí figuram na pessoa do ouvinte silencioso. Esse homem nada tem a dizer porque Clamence responde às *suas* questões e às *suas* objeções antes mesmo que elas tenham sido formuladas em *nosso* espírito. No fim do romance, esse homem revela sua identidade: ele também é um "advogado generoso".

Assim, Clamence se dirige pessoalmente a cada um de nós. É em nossa direção que ele se inclina por cima da pequena mesa do café, é nosso olhar que ele fixa. Seu monólogo está pontuado de exclamações, de interjeições e de apóstrofes. A cada três linhas encontramos um "nossa!", um "ora, ora...", um "não acredito!", um "só podia ser...", um "você não acha que...", um "meu caro compatriota" etc. O estilo de *A queda* é a antítese perfeita da "escrita branca", impessoal e desprovida de retórica. A atitude falsamente despojada de Meursault desapareceu. Passamos da "indignação contida" do advogado generoso, muito bem definida por Clamence, especialista na matéria, à exibição pública de uma má-fé confessada e, portanto, insuperável. O simbolismo deliberadamente fácil e disparatado de *A queda* é uma paródia do simbolismo "sério" das primeiras obras.

Ao mesmo tempo em que questiona a autenticidade de *O estrangeiro* e de outras obras do mesmo tipo, Camus questiona a própria questão. *A queda*, assim como *O estrangeiro*, é destinada a todos os leitores em potencial, pois ela se opõe aos advogados num mundo em que só existem advogados.

A técnica de agressão mental ganhou em sutileza, mas seu objetivo permanece o mesmo.

Por que Clamence chama a nossa atenção para o fato de que sua nova atitude ainda revela má-fé? Ele mina suas próprias posições para impedir os outros de fazê-lo. Depois de ter zombado do "advogado generoso", ele descreve ironicamente a si próprio como um "juiz-penitente". Com extrema habilidade, ele puxa o tapete dos pés dos leitores que considera capazes de retirar um reconforto moral das mais sombrias parábolas; ele executa uma nova pirueta na esperança de preservar uma boa distância à frente de todos nesse jogo de autojustificação, o qual se transformou num torneio de autocrítica.

Se um juiz se renunciar a julgar, se tornará um juiz disfarçado, ou seja, um advogado. Se o advogado renunciar ao disfarce, ei-lo transformado num juiz-penitente. Se o juiz-penitente... Esta é uma descida em espiral a um horrível inferno, mas essa "queda" vertiginosa talvez não seja tão fatal quanto parece. O juiz-penitente está longe de levar seu papel tão a sério quanto o advogado generoso.

A necessidade de se justificar obceca toda a literatura moderna do "processo". No entanto, há vários níveis de consciência. Aquilo que é chamado de o "mito" do processo pode ser abordado sob ângulos radicalmente diferentes. Em *O estrangeiro*, a única questão é saber se os personagens são inocentes ou culpados. O criminoso é inocente e os juízes são culpados. Na literatura tradicional, o criminoso geralmente é culpado e os juízes, inocentes. A diferença não é tão importante quanto parece. Em ambos os casos, o Bem e o Mal são conceitos cristalizados, imutáveis: o veredito dos juízes é contestado, mas não os valores sobre os quais ele se funda.

A queda vai mais longe. Clamence se esforça para demonstrar que está do lado do Bem e os outros, do lado do Mal, mas as escalas de valor às quais ele se refere desabam uma a uma. O verdadeiro problema não é mais saber "quem é inocente e quem é culpado", e sim "por que devemos continuar a julgar e a ser julgados". Eis uma questão mais interessante, a mesma que preocupava Dostoiévski. Com *A queda*, Camus eleva a literatura do processo ao nível de seu genial predecessor.

O Camus das primeiras obras não sabia até que ponto o julgamento é um mal insidioso e difícil de ser evitado. Ele acreditava estar fora do julgamento porque condenava aqueles que condenam. Utilizando a terminologia de Gabriel Marcel, poderíamos dizer que Camus considerava o Mal algo exterior a ele, como um "problema" que envolvia apenas os juízes, à medida que Clamence sabe muito bem que também ele está envolvido. O Mal é o "mistério" de uma paixão que, condenando os outros, condena a si mesma sem sabê-lo. É esta a paixão de Édipo, outro herói da literatura de processo, e que profere as maldições que o levam à própria perda. A reciprocidade entre o Eu e o Tu se afirma através de todos os esforços que faço para negá-la. "O julgamento que fazemos dos outros", diz Clamence, "acaba por nos atingir em plena face, deixando algumas marcas".

Ainda que o ignore, o estrangeiro não está fora da sociedade, mas dentro dela. É essa ignorância que limita o alcance de *O estrangeiro*, tanto do ponto de vista estético quanto do ponto de vista do pensamento. O homem que sente a necessidade de escrever um romance-processo não pertence ao Mediterrâneo, mas às brumas de Amsterdã.

O mundo no qual vivemos é um mundo de julgamento perpétuo. Sem dúvida, isso é um vestígio de nossa tradição judaico-cristã. Não somos nem pagãos robustos nem judeus, pois não temos Lei. No entanto, não somos cristãos verdadeiros, pois continuamos a julgar. Quem somos nós? Um cristão não pode deixar de pensar que a resposta está logo ali, ao alcance da mão: "Por isso és inescusável, ó homem, quem quer que sejas, que te arvoras em juiz. Porque, julgando a outrem, condenas a ti mesmo, pois praticas as mesmas coisas, tu que julgas." Camus teria percebido que todos os temas de *A queda* estão contidos nas Epístolas de são Paulo? Em caso positivo, teria ele tirado dessa analogia e das respostas de são Paulo as conclusões que um cristão tiraria? Ninguém pode responder a essas questões.

Meursault era culpado por ter julgado, mas ele não o soube jamais. Apenas Clamence percebeu isso. Podemos ver nesses dois heróis aspectos de um mesmo personagem, cujo destino descreve uma linha semelhante à dos grandes personagens de Dostoiévski. Como Raskólnikov, como Dmitri Karamázov, Meursault-Clamence acredita, de início, ser vítima de um erro judiciário, mas finalmente se dá conta de que a sentença é justa mesmo que os juízes tomados individualmente sejam injustos, pois o Eu só pode oferecer uma paródia grotesca de Justiça.

Para descobrir o alcance universal de *A queda*, é preciso, em primeiro lugar, apreender seu significado mais individual, íntimo. Aliás, esses dois aspectos são inseparáveis: a estrutura da obra forma um todo, assim como seu signi-

A CRÍTICA NO SUBSOLO | 213

ficado. Exteriormente, esse significado parece puramente negativo. Porém, uma frase do *Discurso da Suécia* resume seus aspectos positivos. Camus opõe suas duas atitudes sucessivas e confirma nitidamente o significado pessoal que acaba de ser reconhecido, aqui, na confissão de Clamence:

A arte [...] obriga [...] o artista a não se isolar; ela o submete à mais humilde e universal verdade. E aquele que, muitas vezes, escolheu seu destino de artista por se sentir diferente, aprende bem depressa que não alimentará sua arte, e sua diferença, senão confessando sua semelhança com todos. (II, 1071-2)

3

DE *A DIVINA COMÉDIA* À SOCIOLOGIA DO ROMANCE

PAOLO E FRANCESCA, os amantes adúlteros de *A divina comédia*, conheceram um sucesso muito particular no início do século XIX. Os dois jovens desafiam as leis divinas e humanas e, ao que parece, fazem a paixão triunfar mesmo no plano da eternidade. A seus olhos, que importância pode ter o inferno se eles estão ali *juntos*? No espírito de inúmeros leitores românticos e modernos, o cenário infernal não passa de uma homenagem um tanto vazia às convenções morais e teológicas da época.

Longe de abalar o individualismo, supõe-se que a paixão romântica o leve à máxima concretização. Os amantes entregam-se um ao outro num ato perfeitamente espontâneo e que só envolve a ambos, embora os envolva totalmente. Portanto, haveria aí uma espécie de *cogito* amoroso a fundar os parceiros em sua existência de amantes, a seu ver a única autêntica, e que geraria um ser novo, ao mesmo tempo uno e duplo, absolutamente autônomo com relação a Deus e aos homens.

É essa a imagem da paixão que emerge dos comentários de Dante, bem como de mil outros textos literários da época. Essa leitura romântica é evidentemente contrária ao espírito de *A divina comédia*. O inferno, para Dante, é uma realidade. Nele, não seria possível nenhuma união verdadeira entre esses *duplos* desencarnados que Paolo e Francesca constituem um para o outro. Certamente, a realização amorosa possui um sentido prometeico, mas seu fracasso é completo, e é esse fracasso que o leitor romântico não percebe. Para revelar o contrassenso em sua plenitude, basta que se leia a gênese dessa paixão tal como é descrita pela própria Francesca, a pedido de Dante.

Um dia, Paolo e Francesca liam juntos, na mais completa inocência, o romance de Lancelote. Na hora da cena de amor entre o cavaleiro e a rainha Guinevere, mulher de Arthur, eles se sentem constrangidos e enrubescem. Em seguida ocorre o primeiro beijo dos lendários amantes. Paolo e Francesca também se voltam um para o outro e também se beijam. O amor avança em suas almas à medida que eles próprios avançam na leitura do livro. A palavra escrita exerce uma verdadeira fascinação. Ela impulsiona os dois adolescentes a agirem num sentido determinado; é um espelho no qual eles se contemplam para se descobrirem semelhantes a seus brilhantes modelos.

Assim, Paolo e Francesca nunca realizam, mesmo no plano humano, o solipsismo a dois que define a paixão absoluta. O *Outro*, o livro, o modelo, está presente desde o princípio; é ele que se encontra na origem do projeto solipsista. O leitor romântico e individualista não percebe o papel da imitação livresca precisamente porque ele também tem fé na paixão absoluta. Chamem a atenção desse leitor para o livro e ele irá responder que se trata de um detalhe sem importância. A leitura, nessa perspectiva, apenas revela um desejo preexistente. Contudo, Dante dá a esse "detalhe" um relevo que torna ainda mais espantoso o silêncio feito em torno dele pelos comentadores modernos. Todas as interpretações que minimizam o papel do livro são varridas pela conclusão do relato de Francesca:

Galeotto fu 'l libro e chi lo scrisse.

Galeotto, ou Galehaut, é o cavaleiro pérfido, o inimigo de Arthur, que semeia no coração de Lancelote e Guinevere os gérmens da paixão. É o próprio romance, afirma Francesca, que desempenha em nossa vida o papel de intermediário diabólico, de mediador. A jovem amaldiçoa o livro e seu autor. Não se trata de chamar nossa atenção para um escritor em particular. Dante não faz história literária; ele ressalta que, escrita ou oral, é sempre a palavra de *alguém* que sugere o desejo. O romance ocupa, no destino de Francesca, o lugar do Verbo no quarto Evangelho. O Verbo do Homem torna-se Verbo diabólico se usurpa em nossas almas o lugar do Verbo divino.

Paolo e Francesca são enganados por Lancelote e pela rainha. Estes mesmos são enganados por Galehaut. Por sua vez, os leitores românticos são enganados por Paolo e Francesca.

A sugestão maléfica é um processo que se renova indefinidamente na ignorância de suas vítimas. Uma mesma censura interior apaga qualquer percepção do mediador, suprime qualquer informação contrária à "visão de mundo" romântica e solipsista. George Sand e Alfred de Musset, partindo para a Itália, tomam-se por Paolo e Francesca, mas nunca duvidam de sua espontaneidade. O romantismo faz de *A divina comédia* um novo romance de cavalaria. Uma extrema cegueira faz com que o papel de mediador seja desempenhado por uma obra que denuncia expressamente a mediação.

A Francesca que fala no poema não está mais enganada, mas é à morte que ela deve sua lucidez. Imitadora de imitadores, ela sabe que a semelhança entre ela e seu modelo é real, pois sempre obtemos aquilo que desejamos muito; porém, essa semelhança não se situa no triunfo do absolutismo pessoal, como imaginaram em princípio os amantes e como imaginam ainda os leitores, e sim no fracasso, o qual já é consumado no momento em que será trocado, à sombra de *Lancelote*, o primeiro beijo.

Dom Quixote busca na imitação de um modelo cavaleiresco a mesma semidivindade de Paolo e Francesca. Assim também, ele faz alastrar o mal de que é vítima. Ele possui seus imitadores, e o romance no qual é herói tem quem o plagie. Isso permite a Cervantes profetizar ironicamente, em sua segunda parte, a crítica delirante que deveria grassar uma vez mais a partir do romantismo — a de Unamuno, por exemplo, que irá insultar ele, o romancista, pela "incompreensão" que demonstra diante de seu sublime e genial herói. O individualismo não ignora que existe uma paixão secundária e derivada, mas a seu ver esta nunca é a verdadeira paixão, ou seja, a sua ou a de seus modelos. O gênio de Dante, como o de Cervantes, está ligado ao abandono do preconceito individualista. Portanto, é a própria essência desse gênio que é ignorada pelo romantismo e por suas sequelas contemporâneas.

Cervantes e Dante abrem, sobre a essência da literatura, um domínio de reflexão que inclui o *play within the play* shakesperiano e a *mise en abîme* de Gide. Esses escritores também sugerem, em ligação com as obras romanescas modernas, uma interpretação da consciência infeliz bastante diferente da de Hegel.

O herói do desejo derivado busca conquistar o *ser* do modelo por meio da imitação mais fiel possível. Se o herói vivesse no mesmo universo do modelo, em vez de estar separado para sempre dele por toda a distância do mito ou da história, como nos exemplos acima, ele necessariamente acabaria desejando o *mesmo* objeto que ele. À medida que o mediador se aproxima, a veneração que ele inspira dá lugar à rivalidade cheia de ódio. A paixão não é mais eterna. Um Paolo que convivesse diariamente com Lancelote sem dúvida preferiria Guinevere a Francesca, a não ser que conseguisse ligar espiritualmente esta última ao seu rival, fazendo com que este a desejasse para que ele próprio pudesse desejá-la melhor, para desejá-la *nele* — ou melhor, contra ele —, para arrancá-la, em suma, de um desejo transfigurador. É essa segunda possibilidade que é ilustrada, em *Dom Quixote*, pelo relato do "curioso impertinente" e, em Dostoiévski, pela novela *O eterno marido*. Nos romancistas da mediação *interna*, é a inveja e o ciúme mórbidos que triunfam. Stendhal fala de "vaidade"; Flaubert e seus críticos, de "bovarismo"; Proust revela os mecanismos do esnobismo e do amor-ciúme.

Aqui, o modelo é sempre um obstáculo. Num grau de "degradação" maior, qualquer obstáculo vai servir de modelo. Portanto, masoquismo e sadismo são formas degradadas do desejo mediado. Basta que o valor erótico se desloque do objeto ao mediador-rival para termos o tipo de homossexualidade ilustrado por Marcel Proust. As divisões e os dilaceramentos produzidos pela mediação encontram seu paroxismo na alucinação do *duplo*, presente em numerosos escritores românticos e modernos, mas compreendida apenas por Dostoiévski em função dessa mediação.

É preciso compreender as grandes obras romanescas como um único conjunto significante. A história individual e coletiva do desejo derivado se dirige sempre para o nada e para a morte. Uma descrição fiel revela uma estrutura dinâmica na forma de uma espiral descendente.

Como o romancista pode perceber as estruturas do desejo? A visão da totalidade é a visão simultânea do todo e das partes, do detalhe e do conjunto. Ela exige ao mesmo tempo o recuo e a ausência do recuo. O verdadeiro romancista não é nem o deus olímpico e preguiçoso descrito por Sartre em *Que é a literatura?*, nem o homem "engajado" que o mesmo Sartre gostaria de colocar no lugar desse falso deus. É preciso que o romancista seja ao mesmo tempo "engajado" e "desengajado". Ele é o homem que de início fora "tomado" pela estrutura do desejo e que saiu dela. O Flaubert de *A primeira educação sentimental*, o Proust de *Jean Santeuil* e o Dostoiévski anterior a *Memórias do subsolo* nos apresentam todas as duplicações geradas pela mediação como determinações objetivas do mundo romanesco. Sua visão permanece impregnada de maniqueísmo. Portanto, todos foram "românticos" antes de se tornarem romancistas.

A esse domínio inicial da ilusão sobre o escritor corresponde, na obra decisiva, a ilusão do herói, finalmente revelada como tal. Esse herói só se liberta no final da obra, numa conversão que é uma renúncia ao desejo mediado, ou seja, uma morte do Eu romântico e uma ressurreição na verdade romanesca. É por isso que a morte e a doença estão sempre fisicamente presentes na conclusão e sempre têm o caráter de uma feliz libertação. A conversão final do herói é uma transposição da experiência fundamental do romancista, da renúncia a seus próprios ídolos, ou seja, de sua metamorfose espiritual. Marcel Proust revela plenamente, em *O tempo reencontrado*, um significado sempre presente, mas velado, nos escritores anteriores.

A conclusão, que é morte para o mundo, é um nascimento para a criação romanesca. Esse fato pode ser verificado de modo muito concreto no capítulo intitulado "Conclusão" de *Contra Sainte-Beuve*, assim como em outros textos retirados dos arquivos proustianos. Os primeiros esboços de *O tempo reencontrado* encontram-se aí e referem-se a uma constatação de fracasso generalizado, a um desespero existencial e literário que precede um pouco o início da construção de *Em busca do tempo perdido*.

É preciso aplicar às conclusões o mesmo método usado nos universos romanescos, considerando-as uma única totalidade significante. O que se descobre, desta vez, não é um desenvolvimento histórico contínuo, mas uma forma dinâmica quase sempre idêntica, embora mais ou menos realizada, à perfeição, nos romancistas particulares. A revelação final ilumina, retrospectivamente, o caminho percorrido. A própria obra é retrospectiva; ela é, ao mesmo tempo, o relato e a recompensa da metamorfose espiritual. À luz desta última, a existência no mundo, a descida em espiral, aparece como uma *descida aos Infernos*, ou seja, como uma etapa necessária na via da revelação final. O movimento descendente acaba por se transformar em ascendente sem nunca haver retrocesso. É essa, evidentemente, a estrutura de *A divina comédia*. E, sem dúvida, é preciso remontar ainda mais alto para definir o arquétipo da forma romanesca, chegando até a primeira obra cuja gênese foi verdadeiramente inscrita na forma: as *Confissões*, de santo Agostinho.

Essas observações não se originam de uma teologia, mas de uma fenomenologia da obra romanesca. Não buscamos cristianizar superficialmente os romancistas, e estamos quase totalmente de acordo com Lucien Goldmann quando ele escreve:

> A conversão final de *Dom Quixote* ou de *Julien Sorel* não é [...] o acesso para a autenticidade, para a transcendência vertical, mas simplesmente a tomada de consciência da inutilidade e do caráter degradado não somente da busca anterior, mas também de qualquer esperança, de qualquer busca possível.[*]

Aliás, esta frase é ainda mais verdadeira para Flaubert do que para Stendhal ou Cervantes. Esses romancistas definem uma conversão "mínima" comparada à conversão "máxima" de Dostoiévski, o que não significa que o arquétipo dantesco e agostaniano deixem de estar inscritos na forma da obra. A utilização do simbolismo cristão, num Stendhal ou num Proust, parece-nos mesmo mais interessante pelo fato de não haver significação religiosa e por se encontrar excluída qualquer imitação exterior de uma forma reconhecida como cristã e buscada como tal.

---

[*] "Marx, Lukàcs, Girard et la sociologie du roman", *Médiations* 2, 1961, p. 145.

O problema que se coloca aqui não é o do sentido último da realidade, mas o da visão das "visões de mundo". Existe, nas *Confissões*, a visão de uma visão pagã e de uma visão cristã. É na passagem de uma à outra que as duas ficam visíveis. A *vita nuova* de Dante implica algo um tanto análogo, e também a passagem do romantismo ao romance que certamente pode ser definida como "uma tomada de consciência", mas que não pode constituir algo simples e fácil, algo evidente, como sugere Lucien Goldmann na citação anterior. Neste ponto, a interpretação nos parece incompatível com a noção de "visão de mundo", assim como com a estabilidade e a resistência à mudança características das estruturas sociais e espirituais.

Dir-se-ia que o arquétipo dantesco reaparece em obras de conteúdo filosófico bastante diverso. Sem querer minimizar essas divergências, podemos indicar que existem também analogias estreitas. E elas não se limitam aos romancistas. Essas analogias podem ser encontradas, por exemplo, num György Lukács, cuja teoria das "visões de mundo" repousa necessariamente numa visão dessas visões, ou seja, numa experiência um pouco semelhante à dos romancistas. Há algo bastante "dantesco" na perspectiva de Lukács. Quando ele qualifica de "demoníaca" a busca degradada dos heróis dos romances, não estaria nos oferecendo o equivalente metafórico desse inferno em que Dante mergulhou seus próprios heróis? Em *La signification présente du réalisme critique**, as seguintes expressões aparecem recorrentemente para caracterizar a literatura de vanguarda ocidental: "infer-

---

* "La vision de monde sous-jacente à l'avant-garde littéraire". Paris: 1960, pp. 25-85.

nal, diabólica, fantasmática, monstruosa, caramunhada, potências subterrâneas, princípio demoníaco." Com certeza podemos recriminar Lukács por um excesso de severidade diante da literatura contemporânea, mas, por mais legítima que seja, essa recriminação, ou a ironia um pouco fácil evocada por essa linguagem teológica, não devem nos fazer perder de vista a intuição profunda que essa linguagem expressa. Também Freud emprega o termo "demoníaco" para designar o caráter morbidamente repetitivo da neurose.

O pensamento religioso autêntico, as grandes obras romanescas, a psicanálise e o marxismo têm em comum o fato de que todos se contrapõem a uma "idolatria" ou a um "fetichismo". Repete-se, a todo momento, que o marxismo é uma "religião", mas o judaísmo e o cristianismo primitivo, igualmente ferozes contra os ídolos, apareceram para o universo pagão como um primeiro ateísmo. A acusação de fetichismo volta-se hoje contra uma cristandade que muitas vezes a mereceu e que ainda a merece, mas é preciso não esquecer que foi essa cristandade quem nos transmitiu o horror ao fetichismo sob todas as suas formas.

O caráter insubstituível da linguagem religiosa nos obriga a perguntar se o pensamento que primeiramente animou essa linguagem se tornou incapaz de abarcar o concreto, como por vezes imaginamos. Nenhuma forma desse pensamento parece mais envelhecido e vazio de sentido do que a *alegoria* patrística e medieval. Os progressos da reflexão moderna talvez nos obriguem a revisar esse julgamento. Nada parece mais distante desse pensamento alegórico do que a relação estabelecida por Lucien Goldmann entre o universo romanesco do desejo e a economia de mercado:

Na vida econômica, que constitui a parte mais importante da vida social moderna, qualquer relação autêntica com o aspecto qualitativo dos objetos e dos seres tende a desaparecer tanto das relações dos homens e das coisas quanto das relações inter-humanas, sendo substituída por uma relação mediada e degradada: a relação com os valores de troca puramente quantitativa.

Todos os ídolos particulares se resumem e se ultrapassam no ídolo supremo do mundo capitalista: o dinheiro. Existe uma "homologia rigorosa" entre todos os domínios do ser. Nossa vida sentimental e até nossa vida espiritual possuem a mesma estrutura de nossa vida econômica. A ideia parece escandalosa para certa religiosidade que só afirma a autonomia dos "valores espirituais" para melhor dissimular a mediação e a degradação universais. Porém, os Padres da Igreja teriam acolhido a intuição marxista, eles que faziam do dinheiro o símbolo inferior do Espírito Santo e da vida espiritual.[*] Se o dinheiro se torna o centro da vida humana, ele também se transforma no coração de um sistema analógico que reproduz, invertendo-a, a estrutura da redenção cristã, ou seja, que nos mergulha novamente no inferno de Dante e no "demoníaco" de Lukács e Freud. Talvez o pensamento alegórico seja algo diferente de um jogo literário. Reconhecer os vínculos que unem a meditação patrística aos setores mais avançados da reflexão contemporânea significa colocar, talvez num nível um pouco mais profundo do que no passado, o problema da unidade do pensamento ocidental.

---

[*] Girard retoma essa reflexão sobre o dinheiro no capítulo III de *Clausewitz acabado* (São Paulo: É Realizações, 2011).

4
Monstros e semideuses na obra de Hugo

O herói de *L'Homme qui rit*, Gwynplaine, é um monstro artificial, uma vítima desses fabricantes de palhaços e anões aos quais Hugo dá o nome espanhol de *comprachicos*, ou compradores de crianças. Embora tenham mutilado o rosto de Gwynplaine, nele imprimindo um eterno ricto, os *comprachicos* não conseguiram mutilar sua alma, que permanece generosa e bela. Gwynplaine, o bufão, é a antítese viva de Lord David e da duquesa Josiane, ambos belos como deuses, elegantes e riquíssimos, mas entediados, cruéis e imorais. A Gwynplaine, fisicamente feio e moralmente belo, opõem-se Lord David e Josiane, fisicamente belos e moralmente feios.

A associação entre o belo e o bem e entre o mal e o feio é tão natural que falamos de beleza e de feiura morais sem ter consciência de estarmos recorrendo a uma imagem. Em *L'Homme qui rit*, essa relação analógica está invertida: a beleza é sistematicamente associada ao mal e a feiura, ao bem. E é fácil constatar que esse fenômeno de inversão não se limita ao tema da beleza e da feiura. Entre as grandes imagens elementares e a antítese fundamental, a do bem e a do mal, a relação estabelecida por Hugo sempre contradiz a relação convencional, a relação inscrita na linguagem ou na natureza das coisas. Essa contradição, diretamente ligada à mensagem que o romancista quer transmitir, se encontra refletida nos nomes próprios. O homem que recolhe Gwynplaine se chama Ursus, e seu animal, um lobo, se chama Homo. O animal, no último Hugo, é quase sempre mais humano, ou no mínimo menos bestial, que o homem. A antítese luz-escuridão também se encontra invertida. A única pessoa que *vê* o verdadeiro Gwynplaine é Dea, uma cega que ele salvara: "Com seus olhos cheios de trevas ela contemplava no zênite de seu abismo essa bondade, luz profunda."

O Hugo de *L'Homme qui rit* tem 67 anos; há mais de cinquenta, incansavelmente, ele cria monstros. O primeiro, o anão Habribah, de *Bug-Jargal*, é um bufão, como Gwynplaine; o segundo, Han da Islândia, uma mistura de vampiro, demônio e animal feroz. Em ambos os casos, a feiura física está associada à feiura moral, e essa dupla feiura ajuda, pelo contraste, a ressaltar a dupla beleza do herói principal. Assim, a ordenação das antíteses permanece tradicional e tranquilizadora. No entanto, duas ou três passagens já fazem o monstro desempenhar um papel que prefigura ao de Gwynplaine. Em *Han d'Islande*, o traidor do romance, de alma negra — se é que tem alguma — e ministro do rei da Noruega, tenta associar Han a seus tenebrosos desígnios. Em sua presença, se entrega a algumas confidências. Han, chocado com a hipocrisia de seu interlocutor, olha-o "bem na cara" e exclama: "Se nossas duas almas fugissem de nossos corpos agora, penso que Satã hesitaria antes de decidir qual das duas é a do monstro." Mais tarde, diante de seus juízes, ele se vangloria de seus crimes: "Cometi mais crimes e iniciei mais incêndios", afirma, "do que as sentenças injustas que vós todos pronunciastes durante vossas vidas".

O primeiro Hugo ainda não reabilita o monstro, mas coloca, diante da monstruosidade bem visível e francamente honesta do selvagem, a monstruosidade oculta dos juízes, bispos e ministros. Esse paralelo contém os germens de uma oposição que se torna mais precisa e evidente em *O corcunda de Notre-Dame*. Quasímodo ainda é um pouco mau, pelo menos em seu princípio, mas é incapaz de qualquer hipocrisia. Ele é a antítese do padre Frollo, dissimulado e sinistro, apesar de sua postura majestosa e do prestígio atrelado às suas funções.

A monstruosidade física de Quasímodo pertence ainda à natureza, mas sua monstruosidade moral é produto da sociedade.

A maldade talvez não fosse inata nele. Desde seus primeiros passos entre os homens, sentira-se, e depois se vira, zombado, degradado, rejeitado... Ao crescer, só encontrou ódio ao seu redor. A maldade geral, ele a tomara, ele a havia conquistado. Ele recolhera a arma com que fora ferido.

Quasímodo já é a vítima de *comprachicos* morais. Na primeira vez em que vemos esse ser disforme na praça da catedral, uma multidão de velhas beatas o rodeia, com todas as garras de fora. O romancista tateia na direção do personagem de Gwynplaine, ou seja, na direção de uma monstruosidade que não compromete em nada a natureza profunda ou a liberdade do monstro, uma monstruosidade inteiramente *para* e *pelo outro*, uma monstruosidade que é a inocência absoluta.

Quasímodo é o bode expiatório de uma sociedade supersticiosa e cruel. Gwynplaine, por sua vez, perdeu até essa feiura natural do bode que polariza as zombarias e as injustiças. Ele é realmente o cordeiro sacrificado, e a missão redentora da qual se encarrega irá engrandecê-lo ainda mais aos olhos do leitor. Certo dia, Gwynplaine descobre que é filho de um grande senhor. Chamado a tomar posse na Câmara dos Lordes, desempenha o papel de defensor dos oprimidos. Lança-se num grande discurso democrático, mas seu rosto, mais ainda do que suas ideias, provoca as vaias da nobre assistência. Entregue uma primeira vez aos *comprachicos* sob as ordens da monarquia, Gwynplaine sucumbe novamente, agora sob os golpes dos carrascos aristocráticos. "Prodigiosa negação da justiça", exclama então seu criador. "O mal que lhe fizeram servia de pretexto e de motivo para o mal que restava a ser feito."

Não somente Gwynplaine é sempre inocente, mas os homens ao seu redor são sempre os culpados. Hugo acaba por se convencer, nas últimas páginas de sua obra, que seu herói não tem qualquer participação nos males que o massacram. Ele esquece, visivelmente, o que Gwynplaine fazia num capítulo precedente. O homem que ri entrou sorrateiramente no quarto da infernal Josiane; ele contemplou aquela beleza nua e adormecida em sua cama, semelhante, nos diz o poeta, a uma aranha monstruosa no centro de sua teia. Nesse momento, Gwynplaine não estava sonhando com a democracia: ele obedecia a uma vertigem erótica bastante obscura, logo substituída pela ambição, outro sentimento impuro.

A primeira ruína de Gwynplaine é causada pelos *comprachicos*, mas a segunda é fruto do desejo. A primeira não envolve a responsabilidade do herói, mas a segunda irá envolvê-lo de modo ainda mais completo pelo fato de a vida pacífica junto a Ursus, o homem, a Homo, o lobo, e principalmente ao amor de Dea, a cega, ter de alguma maneira anulado essa horrível mutilação. A súbita revelação do nobre berço de Gwynplaine e suas consequências não seriam suficientes para destruir a humilde felicidade dos amantes caso Gwynplaine não abandonasse sua alma gêmea, um pouco etérea demais, pela enfeitiçante e inebriante Josiane.

No fim do romance, Hugo não faz qualquer distinção entre as afrontas recebidas por Gwynplaine e a mutilação outrora imposta pelos *comprachicos*. Josiane e Lord David se mostram, a seus olhos, como *comprachicos* aristocráticos. A duquesa sofre uma atração doentia pela fantástica feiura de Gwynplaine. Quanto a Lord David, ele se apaixona pelo boxe, recrutando e treinando futuros campeões, ou seja, pessoas que desfiguram seus semelhantes ou se deixam desfigurar por eles. O golpe que Lord David inflige a Gwynplaine constitui uma nova mutilação e uma nova humilhação, mais dolorosa do que a primeira.

Todas as relações humanas em *L'Homme qui rit* são simbolizadas pela mutilação, e o processo de reabilitação do monstro é um processo de identificação. O fracasso na Câmara dos Lordes é a dor amarga do justiceiro de *Les Châtiments*, do profeta Hugo que é tomado por um simples homem das letras, feito para divertir o público. Josiane, a mulher fatal, que habilmente desperta um desejo que se recusa a ser satisfeito, encarna o erotismo do Hugo que está envelhecendo. É o próprio Hugo que se queixa de seus semelhantes e proclama sua inocência através de Gwynplaine. E talvez ele nos revele mais do que pretendia. Josiane e

Lord David representam tudo o que não se deixa seduzir e dominar por Hugo, o obstáculo intransponível que sem dúvida é objeto de indignação, mas ainda mais de desejo, e pela única razão de ser intransponível. O imenso orgulho de Hugo sempre precisou de *provas*, e é essa necessidade que transforma o obstáculo no único alvo realmente desejável, no rochedo cortante sobre o qual Gwynplaine, certamente vítima, mas vítima que consente, vem incansavelmente se ferir.

A identificação com Gwynplaine define o momento "masoquista" da consciência de Hugo, que é o momento de enternecimento humanitário e revolucionário. Ele se encontra em primeiro plano em *L'Homme qui rit* e na poesia metafísica. Porém, esse momento masoquista é precedido de um momento "sádico", que faz de Gwynplaine um objeto exterior e que o define como monstro. Esse momento é o da exaltação orgulhosa e da identificação com Lord David, cujo gosto insolente pelos monstros se assemelha assustadoramente àquele que se expressa e se manifesta na obra de Hugo:

> Lord David, embora belo, pertencia ao clube dos feios. Esse clube dedicava-se à deformidade. Nele, se assumia o compromisso de duelar não por uma bela mulher, mas por um homem feio. A sala do clube era ornamentada com horríveis retratos: Tersites, Triboulet, Duns Hudibras, Scarron. Sobre a lareira estava Esopo entre dois zarolhos, Cocles e Camões. Cocles era zarolho do olho esquerdo e Camões, do olho direito. Cada um fora esculpido em seu lado zarolho, e esses dois perfis sem olhos encaravam um ao outro.

Por que Hugo se toma por Gwynplaine, o monstro? Porque inicialmente tomou-se por Lord David, o deus. É sempre o olhar de um deus que cria os monstros. Tudo o que não é a perfeição do deus, tudo o que não se deixa assimilar pelo deus, aparece como disforme. Porém, o Júpiter-Hugo logo descobre a inutilidade de seu raio, a ineficácia prática de suas excomunhões; o monstro não se deixa expulsar para as trevas exteriores. Se o poeta aceitasse os limites de seu poder, tornar-se-ia um homem como os outros, mas ele recusa esses limites. Seu orgulho não admite a partilha, e ele abandona a outrem esse reino da forma, da luz e da harmonia, onde descobre que não é o único a reinar. Então, se precipita no domínio do informe, da escuridão e da desordem. Refugia-se entre os monstros e confunde-se com eles. Afinal, o orgulho se recusa a abdicar, o fracasso se torna mutilação, monstruosidade e queda nas trevas. O deus fracassado acaba, ele próprio, fulminado sob os raios com os quais acreditava fulminar os outros. Ele se descobre monstro, mas busca então divinizá-lo, pois não cessa de querer ser deus.

A reabilitação dos monstros, cujas etapas esboçamos, coincide com o obscurecimento gradual do poeta durante os anos 1840 e o início dos anos 1850. E esse duplo processo é inseparável da evolução em direção à poesia dita metafísica. Essa poesia também se define pela identificação com o monstro e a queda nas trevas, ou seja, pela inversão das imagens elementares que constatamos em *L'Homme qui rit*. Para reconhecer em Dea a cega vidente, aquela que vê a beleza secreta do monstro, uma alegoria da poesia metafísica, basta lembrar estes dois versos de *Les Contemplations*:

L'aveugle voit dans l'ombre un monde de clartés,
Quand l'œil du corps s'eteint, l'œil de l'esprit s'allume.*

Portanto, não é surpreendente que as melhores páginas de *La Fin de Satan* sejam as primeiras, as que descrevem a queda do Maldito no abismo. Mergulho vertiginoso na voragem, astros que se apagam, metamorfose do esplendor em horror e do anjo de luz em anjo de trevas: o que seria tudo isso senão o próprio dinamismo da poesia hugoliana — tal como se afirma em numerosos poemas e como é revelada pela evolução global do poeta —, da metamorfose do Hugo romântico em Hugo metafísico?

Essa queda de Satã é poética, mas, pelo menos intencionalmente, ela não é teológica, pois Hugo não pode conceber a culpabilidade de Satã. Identificar-se com o monstro é, em última análise, identificar-se com Satã, o pária por excelência, o príncipe do disforme e do informe. Paul Zumthor** mostrou claramente que não existe redenção de Satã em Hugo, mas uma pura e simples reabilitação. Hugo não admite isso a si próprio, mas sempre tende a divinizar Satã, assim como tende a divinizar Gwynplaine. Em seu discurso aos lordes, Gwynplaine afirma que seu riso acusaria Deus se fosse o riso de Satã. Aliás, Hugo nos diz que Gwynplaine é um revoltado, e também que é "Lúcifer, o terrível estraga-prazeres". Ele não é Satã, esclarece, mas Lúcifer. Ora, sabemos que Satã não é nada além de Lúcifer

---

* "O cego vê na sombra um mundo de claridade,/ Quando o olho do corpo se apaga, acende-se o olho do espírito."
** Cf. *Victor Hugo, poète de Satan*. Laffont: 1946, cap. III.

revoltado. Assim, em última instância, é Deus quem figura aqui como acusado.

A formação elementar de imagens da poesia ocidental provém dos trovadores, tendo sido tomada da mística cristã. Então, ao menos implicitamente, ela sempre se voltou para Deus, e não é possível invertê-la, como faz Hugo, sem dirigi-la a Satã. Mas por que o poeta sente a necessidade de inverter essa formação de imagens? Trata-se de uma descoberta puramente literária, de um simples procedimento técnico que renova a poesia? Não acredito nisso. *L'Homme qui rit* revela o fundamento existencial do satanismo de Hugo. Gwynplaine, perseguido pelos *comprachicos* como Orestes pelas Eumênides, aparece como a vítima de uma maldição imerecida. A disformidade acaba por se assemelhar a um pecado original cujas consequências se agravam incessantemente e pela qual o disforme é o único a não ter responsabilidade. O desabrochar da formação das imagens monstruosas liga-se a um apetite de dominação que, não desejando abdicar diante do obstáculo e interromper na altura humana sua marcha para a onipotência, prefere se precipitar, pelo menos verbalmente, nos reinos inferiores. Na origem da obsessão pelo feio, descobre-se então uma combinação de orgulho, de fracasso e de desejo, análoga à combinação de orgulho, de fracasso e de desejo que define a queda de Satã na teologia tradicional.

Hugo é incapaz de conceber a falha de Satã porque ele próprio a comete. É sua própria revolta que ele justifica, assim como é sua própria inocência que afirma quando justifica a revolta de Gwynplaine. Nunca os críticos de Hugo, nem seus psicanalistas, revelaram plenamente essa analogia

A CRÍTICA NO SUBSOLO | 235

entre a queda de Satã e a queda do autor; no entanto, é ela que funda a "autenticidade" da poesia metafísica e que constitui seu elemento mais surpreendente. Hugo não está centrado em Satã por ter invertido a formação de imagens tradicional; ele inverte a formação tradicional de imagens por estar centrado em Satã.

Seria possível falar dessa inclinação para Satã sem recair nos posicionamentos teológicos ou metafísicos, sem condenar a poesia de Hugo em nome de alguma ortodoxia ou sem exaltá-la em nome de alguma antiortodoxia? Acredito, ao contrário, que é para evitar esse duplo obstáculo que devemos revelar plenamente as fundações existenciais do satanismo hugoliano.

Como se define a falha oculta de Gwynplaine, ou seja, a falha de Hugo, tal como se encontra na origem do satanismo poético e da formação de imagens monstruosas? Essa falha deve ser buscada no desejo que Gwynplaine experimentou pela bela Josiane, na fascinação exercida pelo aristocrático Lord David. Se Gwynplaine-Hugo denuncia com tanta violência Josiane e Lord David, não é por ter escapado da influência deles, mas por permanecer submetido a ela. E o que Josiane e Lord David representam, senão a tradição, a autoridade e o poder estabelecido? Hugo permanece mais próximo do que imagina do conformismo ético e estético que nunca deixa de estigmatizar. Nele, o elemento propriamente satânico não deve ser definido pela ruptura com as tradições que perderam toda a sua fecundidade, mas pelo caráter incompleto dessa ruptura. O poeta respeita o que ele ataca e ataca o que respeita; o satanismo está ligado à revolta, isto é, à ambiguidade e à duplicidade que a caracteriza.

Consideremos, por exemplo, o caso do gótico. Hugo se apaixona por essa arte não por apreciá-la como nós a apreciamos, mas por vê-la como uma máquina de guerra contra a concepção neoclássica do belo. O gótico, em suma, faz parte do *feio* que deve, segundo o prefácio de *Cromwell*, entrar nos ingredientes da obra de arte. O gótico é o feio-belo que se opõe ao belo-feio neoclássico, assim como Gwynplaine se opõe a Lord David. O gótico é Quasímodo, capitel gigantesco descido de seu pilar e ainda próximo dessas grotescas figuras de porcelana das quais Luís XIV queria se livrar. Para Hugo, o verdadeiro gótico é o flamejante, e seu coração é a gárgula. Os primeiros monstros hugolianos saem das *gothic novels* inglesas, cuja estética já é revelada pelo próprio nome. Não é Deus, mas o diabo, quem habita a catedral de Hugo. Deus só fará sua entrada no gótico depois que tiverem sido exorcizados os últimos sortilégios da forma neoclássica.

O tratamento do animal na poesia tardia de Hugo não é menos significativo. O sapo é outro Gwynplaine, outro Satã, outro "eleito-maldito":

Peut-être le maudit se sentait-il béni...
Pas de monstre chétif, louche, impur, chassieux
Qui n'ait l'immensité des astres dans les yeux.[*]

Miserável o sapo certamente é, mas por que ele envesgaria, e quem é que já viu remela nos olhos de um batráquio? O "monstro impuro" que Hugo descreve não é um sapo de verdade, e sim uma gárgula. O poeta começa condenando

---

[*] "Talvez o maldito se sentisse abençoado.../ Não há monstro miserável, vesgo, impuro, remelento/ Que não tenha a imensidão dos astros nos olhos."

o inocente animalzinho do alto de um puritanismo formal exacerbado; em seguida, se identifica com a sua vítima e reabilita-a ilimitadamente. No decorrer do poema, um velho padre, uma jovem mulher e quatro estudantes primários martirizam o sapo, ou seja, eles o enfeiam um pouco mais. Os carrascos pertencem todos a grupos humanos que, por uma razão ou outra, deveriam se aproximar ao máximo da condição angélica, sempre no interior dessa mesma visão hierárquica e convencional que faz do animal um ser repugnante, sinistro e um tanto demoníaco. Ao animal angélico opõem-se os anjos bestiais, como em *L'Homme qui rit*. Os animais reabilitados por Hugo são sempre aqueles que a sabedoria das nações, a fábula e a estética acadêmica condenam ao ostracismo. Hugo não teria necessidade de contestar com tanta violência essa visão se ela não o impressionasse tanto. O poeta, de maneira significativa, se designa como um dos estudantes primários que torturam o sapo. Ainda aqui, ele é ao mesmo tempo a vítima e o carrasco.

O poema do sapo não poderia terminar sem uma intervenção do asno, o eleito-maldito supremo do mundo animal, que se desvia de seu caminho para não massacrar o insetívoro agonizante. Nesse instante sublime, o entusiasmo de Hugo não conhece mais limites:

Cet âne abject, souillé, meurtri sous le bâton
*Est plus saint que Socrate et plus grand que Platon.**

---

* "Esse asno abjeto, sujo, ferido pelo bastão/ É mais santo que Sócrates e maior que Platão."

Incapaz de encarnar o animal, Hugo é ainda mais incapaz de encarnar o homem, salvo, talvez, em obras como *Os miseráveis*, onde se enfraquece o dualismo dos monstros e dos semideuses. Porém, não é no enfraquecimento, e sim na exasperação desse dualismo, que se situa o verdadeiro gênio de Hugo. Então, só subsistem o preto e o branco, o abismo e o cume, a escuridão profunda e o ofuscamento. Os próprios monstros não sobrevivem nessa atmosfera rarefeita. No nível das únicas imagens elementares, o fracasso relativo do "Sapo" se transforma em vitória absoluta. A matéria do carvão, purificada do que resta nela de vida, metamorfoseia-se em diamante.

A inversão das imagens, aqui como em outros lugares, permanece obcecada pelos valores que contesta. A escuridão não é exaltada como tal, mas na condição de luz; o elogio da cegueira é feito em termos de visão, e a paixão pela feiura sempre constitui uma homenagem secreta à beleza clássica. As trevas que se espessam no fundo do abismo são uma claridade outra, e emanam de outro sol, do sol negro de Nerval que brilha sobre toda a poesia do século XIX e que surge, em "Ce que dit la bouche d'ombre", ao final de um mergulho no abismo. Seus três últimos versos resumem todo o nosso pensamento:

> Et l'on voit tout au fond quand l'œil ose y descendre,
> Au-delà de la vie et du souffle et du bruit
> Un affreux soleil noir d'où rayonne la nuit.*

---

* E vemos bem no fundo, quando o olho até lá ousa descer, / Para além da vida, do sopro e do ruído, / Um sol negro que irradia a noite, horrível.

5

SISTEMA DO DELÍRIO[*]

DELEUZE E GUATTARI fazem com que o Édipo passe para o lado do recalcante, do qual seria o representante deslocado: "Os desejos edipianos [...] são o engodo ou a imagem desfigurada com que o recalcamento arma uma cilada ao desejo." A família torna-se então um simples "agente delegado ao recalque", delegado pela sociedade, é claro, que vê nesse recalque um meio de garantir sua "repressão". As famílias "jogam" o jogo do Édipo segundo regras que a psicanálise lhes ensina, mas que em última análise são provenientes de todas as mediações sociais nas quais se aprisiona o desejo.

Assim, o Édipo é rebaixado ao plano de "resistência". E é ao desejo "verdadeiro" que ele resiste, força multivalente, multívoca, estrangeira, tanto às exigências da representação como ao aprisionamento nas estruturas, desejo definido em termos de fluxos que recortam outros fluxos, delimitando assim "objetos parciais" — nomeados, aliás, de modo impróprio, pois não são retirados de "pessoas totais". O "verdadeiro" desejo é inconsciente. Aquilo que percebemos como tal, no nível das "pessoas totais", é o resultado de operações complexas, facilitações e codificações que modi-

---

[*] Sobre *O anti-Édipo: capitalismo e esquizofrenia*, de Gilles Deleuze e Félix Guattari.

ficam seu regime e erguem crescentemente o desejo contra si próprio, inscrevendo-o em primeiro lugar no corpo da terra — as sociedades primitivas —, depois no corpo do *déspota* e, finalmente, no capital da sociedade moderna. Essa última inscrição desemboca numa imensa decodificação, a que a sociedade busca perpetuamente se opor por meio de "recodificações arcaicas", como o Édipo psicanalítico. É para "domesticar" um desejo com cada vez menos codificações que os psicanalistas irão incansavelmente reduzi-lo ao "sempiterno triângulo", triturando todos os nossos sonhos e desejos no "moedor edipiano".

Se, mesmo no capitalismo, o verdadeiro desejo é inconsciente, ainda esmagado sob as codificações repressivas, como os dois autores sabem que ele existe? São principalmente as formas delirantes da esquizofrenia que os informam, pois elas fazem explodir a repressão para liberar esse verdadeiro desejo. Nesse delírio, todas as atitudes afetivas, todas as posições estruturais, todas as identificações concebíveis e inconcebíveis parecem sobrepostas, sem exclusão nem totalização de qualquer tipo, numa abertura e disponibilidade perfeitas a formas sempre novas. O delírio pode então servir de máquina de guerra contra o formalismo analítico. Não se trata de *excluir* o Édipo, pelo menos num certo momento da crítica, mas, ao contrário, de incluí-lo da mesma maneira que tudo e qualquer coisa, de certa forma retirando-lhe qualquer alcance por inclusão excessiva. O esquizofrênico é complacente; está disposto, se lhe der na telha, a delirar o Édipo como delira qualquer outra coisa, mas sem se demorar nele duravelmente, sem nunca se fixar nos apelos parentais, como a psicanálise exige: "[*Sinto que*] de-

venho Deus, devenho mulher, eu era Joana D'Arc e Heliogábalo, e o Grande Mongol, um chinês, um pele-vermelha,
um templário, que fui meu pai e fui o meu filho. E todos os
criminosos [...]."

Afogar o Édipo sob a multiplicidade do delírio: muito
simples. De nada serve, para recusar tal lógica, qualificá-la
como demente, pois é assim mesmo que ela própria se qualifica. Com certeza é impossível colocar sempre Heliogábalo
e Assurbanipal no mesmo plano de papai e mamãe. Deleuze e
Guattari não negam que os não delirantes sejam incapazes
disso; parece-lhes que papai está sempre ali, próximo, ao passo que Assurbanipal nunca está. Sempre graças ao delírio,
Deleuze e Guattari jogam com essa constatação e favorecem
Assurbanipal, em detrimento do bom-senso e da psicanálise,
ambos sem dúvida espantadíssimos e inquietos por se en-
contrarem constantemente do mesmo lado das trincheiras.

Como vimos, o desejo não tem nada a ver com as pessoas. Do lado do inconsciente, só há peças nas "máqui-
nas desejantes". É esse o nível que pode ser chamado de
infraindividual, aqui definido como "molecular". No outro
extremo, há o ultracoletivo, o "histórico-mundial", igualmente definido como "molar". Entre os dois, nada ou
quase nada. Deleuze e Guattari empregam um talento
considerável e uma retórica ensurdecedora a serviço de
uma causa que lhes parece meritória: a destruição de qualquer entre-dois, a escamoteação de qualquer problemática
concreta do desejo.

Poderão objetar dizendo que não se trata de uma escamoteação, mas de uma fidelidade rigorosa ao princípio da
obra, à sua reivindicação delirante. E isso certamente está

correto. O esquizofrênico chega de repente, sem análises complexas ou científicas, ao mesmo resultado de *O anti--Édipo*, à perda desse espaço no interior do qual nos comunicamos e do qual nós, os não delirantes, acreditamos partilhar com nossos próximos. Passamos, sem transição, de um "extremo" a outro, do nada a Deus, do infinitamente pequeno ao infinitamente grande.

A meu ver, é preciso deplorar não o ataque à psicanálise, mas os princípios que a justificam e que tornam impossível qualquer confronto verdadeiro com o Freud essencial, qualquer crítica aprofundada do mito psicanalítico fundamental, o complexo de Édipo. A verdadeira batalha não pode ser situada senão no terreno que foi abandonado sem que Deleuze e Guattari desferissem um tiro sequer, trocando--o pela dupla problemática "molar" e "molecular". Aliás, é fácil compreender a razão desse abandono e dessa preferência, pelo menos num primeiro nível. O terreno de Freud foi escolhido pelo próprio Freud, que o ocupou poderosamente. É bastante arriscado, e diria até mesmo temerário, disputar com ele sua posse. Deleuze e Guattari não querem colocar o dedo numa engrenagem que eles supõem fatal. O Édipo é a armadilha ubuesca da qual é melhor manter distância; sua capacidade de tragamento é extraordinária. De início achamos que Deleuze e Guattari não respeitam o gênio de Freud, mas logo nos vemos enganados.

O anti-Édipo renuncia a qualquer ataque frontal em favor de uma tática de guerrilha, necessariamente modelada pelo vaivém esquizofrênico. Há todo um esforço para atingir Édipo pelos flancos, de correr mais rápido do que ele, de deixá-lo para trás. Há mil maneiras de proceder. Já vimos o "afogamento" no banho ácido da esquizofrenia, mas também há a tática da "terra devastada". Promove-se o vazio diante de Édipo, ele é privado de qualquer recurso, busca-se matá-lo de fome. Caso o sempiterno complexo resista a todos esses maus tratos, ainda é possível tentar quebrá-lo em pedacinhos:

> [Os personagens do triângulo] só existem aos pedaços, [...] explodem sempre em fragmentos que ladeiam esses agentes [da coletividade]. [...] O pai, a mãe e o eu estão em combate e em contato direto com os elementos da situação histórica e política, [...] que a cada instante quebram as triangulações [...].

Deleuze e Guattari estão sempre alertas. Seus ataques são muitas vezes ferozes, suas zombarias, humilhantes, mas os projéteis são heteróclitos e chegam de modo disperso. *O anti-Édipo* demonstra, por exemplo, o mais completo desprezo pelo mito e pela tragédia, e não oferece qualquer leitura de conjunto. No entanto, não hesita em se voltar para eles sempre que uma aliança parece possível.

Estou totalmente de acordo com Deleuze e Guattari quando eles se recusam a ver na infância precoce o lugar essencial de uma patologia da sociedade, de um debate sobre o "mal-estar na civilização". Mas como de início é desse mal-estar que se trata, por que não deixar as crianças às voltas com seus brinquedinhos? Estamos todos tão condicionados pela psicanálise que conservamos seus enquadres formais mesmo quando deixamos de acreditar nela.

As excursões nos fluxos não passam de um tiro n'água. O canto do desejo só pode ser uma abertura lírica. Uma vez desferido o último acorde, é preciso voltar aos problemas que nos obcecam, aos "recalques", às "repressões" e aos conflitos. Ou destaca-se o recalque primário que precede, em *O anti-Édipo*, qualquer formação "molar" — e de novo voltaremos a suspeitar dessa maravilha de inocência, de ignorância e de espontaneidade que definia então o inconsciente e toda a sua "produção molecular" —, ou destacam-se as formações molares, e nos encontraremos em meio a pessoas totais e seus mal-entendidos. Em ambos os casos, recairemos, mais cedo ou mais tarde, na problemática que desejaríamos descartar.

Viva o inconsciente deleuziano! Contudo, esse inconsciente não nos informa se o "bom" desejo das criancinhas tem o mau hábito de se transformar em paixão repressiva nos adultos, se estamos destinados a nos edipianizar e a nos castrar uns aos outros até o fim dos tempos. É essa transformação que devemos considerar. É seu mistério que deve ser penetrado. Deleuze e Guattari enxergam isso com perfeição. A lógica do sujeito os remete, pouco a pouco, às regiões maléficas das quais queriam se desviar. Ambos colocam o dedo na engrenagem: a armadilha ubuesca vai se fechar sobre eles.

No início do livro, parece que o Édipo é apenas um falso problema, não existindo qualquer nó a ser desatado. Porém, esse nó é uma realidade, pelo menos no presente contexto cultural. Deleuze e Guattari não podem recair na cena do Édipo, a qual prometeram nunca visitar, sem encontrar esse mesmo nó intacto, sempre em seu lugar na mesma cena onde não deixou de reinar nem por um segundo.

Portanto, assistimos a uma reabilitação dissimulada do Édipo. As concessões se multiplicam à medida que os verdadeiros problemas se tornam mais precisos. O leitor se lembra das negações triunfantes do início, esperando então vê-las plenamente confirmadas e demonstradas. Imaginem sua decepção: *Não negamos que haja uma sexualidade edipiana, nem uma heterossexualidade e uma homossexualidade edipianas, uma castração edipiana — e objetos completos, imagens globais, eus específicos*. O que sobra ainda para negar? O essencial, afirmam Deleuze e Guattari: essas não são produções do inconsciente.

O Édipo não é nada na ordem da produção desejante, sempre massacrada por forças recalcadoras e repressivas. Ao contrário, está sempre presente na tarefa de domesticar o inconsciente. Como essa tarefa teve sucesso total, basta dizer simplesmente que Édipo está por toda parte. Pouco importa se a produção desejante não é justificável *em teoria* pelas mais altas formações que a integram, pois ela sempre o é *de fato*. Ficamos felizes em saber que o inconsciente selvagem não come desse pão, mas ele se parece um pouco com o deus superior de certas religiões, tão superior e distante que não precisamos levá-lo em conta. Deleuze e Guattari perseguem com ferocidade toda forma de *piedade*, mas sua produção inconsciente se parece bastante com uma forma de piedade nova e particularmente etérea, a despeito das aparências. No final das contas, será que eles não se limitaram a colocar por baixo do edifício freudiano, abalado mas ainda intacto, uma nova camada inconsciente, abaixo ou acima, como preferirem, e cujas repercussões sobre nossas pequenas questões seriam quase tão concretas quanto a descoberta de uma nova camada de gás na atmosfera de Vênus?

Em certos momentos, Deleuze e Guattari vão ainda mais longe na reconversão edipiana. Depois de ter se alinhado vigorosamente com os antifreudianos no debate etnológico sobre a universalidade do Édipo, eles acabam mais ou menos se desdizendo, aparentemente em razão de uma evolução inexorável. Talvez o Édipo exista, sim, em todas as sociedades, "mas exatamente como o capitalismo as assombra, *isto é,* como o pesadelo ou o angustiado pressentimento do que seria a decodificação dos fluxos [...]". Como a decodificação dos fluxos suscitada pelo capitalismo é inseparável da verdade absoluta da história — salvo por algumas precauções oratórias, tornadas necessárias pelas circunstâncias intelectuais —, certamente não podemos tratar com leviandade esse "pesadelo" ou esse "pressentimento".

Chegamos a nos perguntar se Deleuze e Guattari não fazem aqui o papel do sujeito obrigado a assistir passivamente ao estupro de sua esposa, saindo dali bastante satisfeito com o pretexto de que se permitiu, uma vez ou duas, transgredir o círculo de giz que o bandido traçou a seu redor, ordenando-lhe que nunca saísse de lá. Da mesma forma, cabe perguntar se *O anti-Édipo* consegue conservar até o fim esse magro prêmio de consolação. Há os juramentos solenes de proteger a "produção desejante" de qualquer contaminação edipiana, mas há também outras passagens que parecem mergulhar novamente o Édipo numa espécie de inconsciente, ou pelo menos subtraí-lo à consciência:

> Os usos edipianos de síntese, a edipianização, a triangulação, a castração, tudo isto remete a forças um pouco mais podero-

sas, *um pouco mais subterrâneas que a psicanálise, que a família e que a ideologia, mesmo reunidas.* (Grifos meus.)

Formulações como essa inspiram devaneios. Aliás, vê-se perfeitamente o que as tornou necessárias. Elas nos liberam para afirmar que o Édipo não passa de uma quimera conjugada pela psicanálise. Porém, basta levar a coisa um pouco mais adiante para vermos ressurgir os fenômenos de "triangulação" que interpretamos habitualmente à luz do Édipo, que não saberíamos interpretar a partir de nenhuma outra chave e que não conseguimos nem mesmo imaginar que pudessem ser interpretados de maneira diversa. Embora a psicanálise seja uma boa candidata, não é possível dizer que ela tenha inventado ou suscitado todos esses triângulos. Desde a época dos trovadores, por exemplo, só se fala disso na literatura ocidental. Assim, escutamos o clique seco e definitivo da armadilha edipiana que se fecha sobre suas vítimas: [...] *não foi a psicanálise que inventou essas operações às quais ela apenas fornece os novos recursos e processos do seu gênio.*

★★★

Contudo, poderão dizer que existe o delírio, a boa-nova do delírio que Deleuze e Guattari se encarregam de anunciar. Se o delírio é realmente a nova Arcádia, a verdadeira Utopia, que importância pode ter a engrenagem edipiana e todo esse velho teatro grego que, como ressaltam os dois autores, nem mesmo é de vanguarda?

É fato que nem Freud, nem seus sucessores, conseguiram circunscrever o delírio, dar conta dele. Pode-se deduzir que o delírio é inesgotável e infinito. Já que ele escapa à psicanálise, podemos sem dúvida escapar com ele, cavalgá-lo rumo a horizontes inexplorados. Uma vez mais, convém notar o prestígio da psicanálise, o poder que ela preserva, mesmo quando acreditamos ter sido repudiada. Onde Freud fracassou, ninguém conseguirá vencer.

Quem sabe se o fracasso é definitivo do lado do delírio? Quem sabe se ele já não foi em parte vencido por certas obras literárias que a psicanálise e outras pretensões científicas de nossa época nos proíbem, literalmente, de decifrar? Com relação à ciência, todas as nossas disciplinas culturais são indefinidas demais acerca de seu próprio *status* para tratar as obras literárias de igual para igual, para aceitar escutá-las.

As grandes obras a serem consideradas vão do teatro grego e de Platão a Dostoiévski e Proust, passando por Cervantes e Shakespeare. Estou convencido de que podemos extrair dessas obras uma teoria conjunta sobre o desejo e de que basta desenvolver suas consequências para desembocarmos numa sistematização do delírio, através de um processo essencialmente lógico cuja verdade pode ser verificada pelo encadeamento das obras.*

No início, é preciso colocar o princípio de um desejo mimético, de uma *mímesis* desejante, situada para aquém de qualquer representação e de qualquer escolha de objeto. Para sustentar esse princípio, podemos nos referir à observação direta das obras acima mencionadas e de muitas outras, mas também podemos nos contentar simplesmente em ver

---

* Girard, René. *Mentira romântica e verdade romanesca.* São Paulo: É Realizações, 2009.

nele um postulado capaz de gerar não uma teoria linear do desejo, mas um desenvolvimento lógico que é ao mesmo tempo um processo histórico de notável poder explicativo nos domínios mais diversos e, por vezes, mais inesperados.

O que o desejo "imita", o que ele toma emprestado de um "modelo" — para aquém dos gestos, das atitudes, das maneiras, de tudo aquilo a que se reduz sempre a *mímesis*, que nunca é apreendida senão no plano da representação —, é o próprio desejo, num imediatismo quase osmótico, necessariamente traído e perdido em cada dualidade das problemáticas modernas do desejo, inclusive a do consciente e a do inconsciente.

Esse desejo do desejo do outro nada tem a ver com o desejo hegeliano do "reconhecimento". E em seu favor existem testemunhos culturais de uma riqueza extraordinária, mas que são mais raros e mais fragmentários à medida que nos aproximamos da época atual, quando triunfa, ao lado do dogma da originalidade, a realidade universal da *moda*. Os grandes escritores em questão formularam a quase teoria do desejo mimético, ausente em Platão e no mundo antigo e novamente apagada na época moderna. São quase sempre os mesmos — e a coincidência é significativa — que a teoria estética moderna reduzirá à perspectiva da imitação realista, ocultando, mais uma vez, a *mímesis* propriamente desejante e não representativa. É possível mostrar que, em primeiro lugar, o tratamento "estético", "realista", seguido pelo "formalista", estruturalista, constitui o recurso de um desconhecimento, o instrumento de um verdadeiro recalque.

Esses mesmos escritores estão, na verdade, "fora de moda", pelo menos no que diz respeito à sua preocupação essencial. O único que desempenha algum papel em *O anti-Édipo* é Marcel Proust. Deleuze acredita ser possível atrair Proust para a órbita de seu desejo "molecular", apoiando-se principalmente numa cena única, a do beijo dado a Albertina. O modo com que ele a trata me parece justificar um protesto:

> Por fim, na exagerada proximidade, tudo se desfaz como uma visão no deserto, o rosto de Albertina se dispersa em objetos parciais moleculares, enquanto que os do rosto do narrador se reúnem ao corpo sem órgãos, olhos fechados, nariz apertado, boca túmida.

Não haveria nada a ser repreendido nesta descrição se ela não fosse apresentada, ao menos implicitamente, como uma apoteose do desejo. Na verdade, trata-se precisamente do contrário. É a queda do desejo que Proust quer descrever, sua extinção, sua morte e sua falência. Deleuze já evocava essa mesma cena numa época em que estava menos envolvido com o objeto parcial, reproduzindo numa nota uma frase que contradiz formalmente a leitura de *O anti-Édipo*: "Soube, por esses detestáveis signos, que estava beijando as faces de Albertina."[*]

Afirmar a natureza mimética do desejo é recusar-lhe qualquer objeto privilegiado, quer se trate de um objeto único e bem determinado, como a mãe no complexo de Édipo, ou, ao contrário, de uma classe de objetos, por mais estreita ou ampla que seja considerada. É preciso também renunciar a todos os enraizamentos psíquicos ou biológicos,

---

[*] *Proust e os signos*. Rio de Janeiro: Forense Universitária, 2003.

e isso inclui, claro, o pansexualismo da psicanálise. É preciso renunciar ao enraizamento na necessidade. Isso não equivale a minimizar a sexualidade ou as necessidades, muito pelo contrário: tudo isso está quase sempre presente nessa história, e pode sempre desempenhar, entre outros papéis, o de esconderijo da *mímesis*. Às vezes, o desejo mimético está tão inextricavelmente ligado a outra coisa que nenhuma análise, sem dúvida, conseguiria isolá-lo. Mas ainda assim é preciso colocar, no outro extremo da necessidade, dos apetites etc., um polo do próprio desejo, ao mesmo tempo evidente e misterioso, que não é *libido*, mas *mímesis*.

A *mímesis* desejante precede o surgimento de seu objeto e sobrevive, como veremos abaixo, ao desaparecimento de qualquer objeto. Em último caso, é ela quem engendra seu objeto, mas apesar disso sempre aparece, para quem a observa de fora, como uma configuração triangular, cujas três pontas são ocupadas respectivamente pelos dois rivais e seu objeto comum. O objeto sempre passa para o primeiro plano, e, aos olhos dos próprios desejantes, a *mímesis* dissimula-se por trás dele. Ela constitui uma fonte inesgotável de rivalidade, cuja origem e responsabilidade nunca pode ser realmente fixada. A *mímesis* não pode ser difundida sem se tornar recíproca, cada qual acumulando, a todo instante, os papéis de modelo e de discípulo. É sempre sobre uma primeira *mímesis* que a *mímesis* ocorrerá; os desejos se atraem, se imitam e se aglutinam, suscitando relações cujo antagonismo sempre buscará ser definido em termos de diferença, tanto de um lado quanto de outro, quando na verdade a relação é indiferenciada. De fato, a todo instante, a *mímesis* emerge de novas reciprocidades, numa duplicação constante dos mesmos artifícios, das mesmas estratégias, dos mesmos efeitos de espelho.

A definição aqui proposta nos permite escapar de todos os desejos marcados, de todas as divisões que envenenam a problemática do desejo, da teoria platônica da *mímesis* à concepção dupla de Nietzsche.

O conflito dos desejos resulta automaticamente de seu caráter mimético. É esse mecanismo que necessariamente determina as características daquilo que Nietzsche chama de *ressentimento*. O "re-" do ressentimento é a ressaca do desejo que se choca contra o obstáculo do desejo-modelo. Forçosamente contrariado pelo modelo, o desejo-discípulo reflui para a sua fonte, a fim de envená-la. O ressentimento só é realmente inteligível a partir da *mímesis* desejante.

Diferentemente de Freud, que continua emaranhado em seus pais e mães, Nietzsche é o primeiro a destacar o desejo de qualquer objeto. A despeito — e por causa — desse progresso extraordinário que lhe permite desembocar numa problemática do conflito mimético e de suas consequências psíquicas, Nietzsche não deixa de marcar os desejos humanos com signos às vezes positivos, às vezes negativos. A partilha nietzschiana conheceu mesmo um sucesso extraordinário; ela serve de modelo, por vezes em combinação com a psicanálise, tal qual em *O anti-Édipo*, para a maioria das antimorais contemporâneas.

Diante do ressentimento, Nietzsche coloca um desejo original e espontâneo, um desejo *causa sui* que nomeia como vontade de potência. Se o desejo não possui um objeto que lhe seja próprio, qual poderia ser o objeto da vontade de potência? A menos que resolva se dedicar a exercícios de halterofilismo místico, ela deverá necessariamente ser exercida sobre objetos valorizados pelos desejos dos outros. É na rivalidade com o outro que a potência se revela, numa concorrência desta vez voluntariamente assumida. Ou a vontade de potência não é nada, ou ela escolhe objetos em função do desejo rival, para arrancá-los dele. Ou seja, a vontade de potência e o ressentimento possuem uma única e mesma definição. Ambos se reduzem à *mímesis* desejante. Uma noção como a de vontade de potência só pode surgir a partir do momento em que o desejo, não podendo mais dissimulá-la a si próprio, reivindica abertamente sua natureza mimética para perpetuar sua ilusão de domínio. Em suma, é com entusiasmo que o desejo se lança aos desastres que o esperam.

Não há desejos que se afirmam com mais força do que outros? Sem dúvida, mas a diferença é sempre secundária, temporária, relativa aos resultados. Até que um desejo emerja triunfante das rivalidades, ele pode acreditar que nada deve aos outros, que é realmente original e espontâneo. Contudo, ele não pode ser derrotado sem se revelar a si próprio como ressentimento, de maneira ainda mais humilhante por antes ter acreditado ir mais alto como vontade de potência. Só existe vontade de potência vitoriosa.

Além disso, a própria vitória não passa de um mito. Quanto mais o desejo é ardente, mais ele se destina à derrota. A questão não tem nada a ver com sua qualidade própria, com sua capacidade objetiva de triunfar frente aos desejos rivais. O desejo mais "potente" é aquele que irá encontrar seu senhor com mais rapidez na rivalidade que se recusa. A vontade de potência é um gigante wagneriano, um colosso com pés de argila que desmorona lastimavelmente diante do adversário que se esquiva, aquele que Proust irá chamar de "ser em fuga". É claro que existem retiradas táticas, as quais o desejo reconhece facilmente e que o reconfortam; porém, também há a indiferença sincera e absoluta dos outros seres, que não são nem mesmo invulneráveis, mas simplesmente fascinados por *outra coisa*. A vontade de potência sempre irá colocar no centro do mundo tudo o que não a reconhece como o centro do mundo, dedicando-lhe um culto secreto. Em suma, ela nunca deixará de se transformar em ressentimento. É esse o tema por excelência da dramaturgia moderna: Nero abatido por Juno, a fria beleza baudelairiana, a impotência do gênio obcecado pela estupidez; Flaubert, Nietzsche. O movimento em direção à loucura, em Nietzsche, se confunde com uma metamorfose perpétua da vontade de potência em ressentimento e *vice-versa*, metamorfose que informa a oscilação esquizofrênica dos "extremos", a terrível oscilação entre exaltação e depressão. A vontade de potência é uma *mímesis* exasperada pelo obstáculo do desejo-modelo. Ela não reconhece sua própria essência a não ser para se confirmar sob uma aparência ao mesmo tempo espontânea e deliberada.

Em seu livro sobre Nietzsche, Deleuze traduziu vontade de potência e ressentimento por forças ativas e forças reativas. Essas duas expressões quase simétricas sugerem ao leitor a boa direção crítica, e seria preciso cavar os restos de dissimetria para constatar que eles se desagregam sob o olhar, que toda a diferença evapora e que a simetria deve prevalecer absolutamente. Ao contrário, Deleuze faz grandes esforços para provar que nada disso ocorre. A loucura de Nietzsche é inseparável da vontade sempre mais delirante de sustentar uma diferença mítica que sucumbe, de maneira progressivamente inexorável, sob a reciprocidade inimiga.

Em *O anti-Édipo*, a vontade de potência se torna o desejo inconsciente, a "produção delirante". Todos os desejos reais, todas as atividades de caráter relacional e social — inclusive, presumo, a que consiste em escrever *O anti-Édipo* —, provêm de forças reativas, do ressentimento. A tarefa de Deleuze pode ser definida como um novo esforço para diferenciar a vontade de potência do ressentimento, para afastar as forças ativas de qualquer contaminação pelas forças reativas, enterrando as primeiras muito abaixo das últimas, abandonando ao ressentimento todas as atividades que Nietzsche, por ser ainda concreto demais, não suficientemente *moderno*, era incapaz de descartar. O procedimento é muito eficaz, mas funciona do mesmo modo que o procedimento do avarento, que enterra tão bem seu tesouro que não consegue mais encontrá-lo. Na prática, a onipotência da produção desejante não se distingue absolutamente de uma castração radical. Afirma-se que o desejo é prodigiosamente revolucionário, mas é em vão que tentamos encontrar exemplos de potência no livro. Eu vejo apenas a criancinha brincando sozinha com seus carrinhos.

É necessário retomar esse desejo mimético, cuja evolução perniciosa é anunciada pelo caso de Nietzsche. Em termos gerais, podemos descrever da seguinte forma essa evolução: o desejo acaba constatando a metamorfose sempre repetida do modelo em obstáculo. Em vez de tirar daí as conclusões que se impõem, em vez de reconhecer o caráter mecânico da rivalidade que lhe é imposta, ele escolhe a segunda solução, a que vai lhe permitir sobreviver ao conhecimento de si próprio que está adquirindo. Ele decide ver nesse obstáculo, que surge de modo repetido sob seus passos, a prova de que o desejável está realmente ali. O desejo escolhe o caminho barrado, a via interditada, como se ela pudesse conduzi-lo àquilo que busca. Então, por trás de cada obstáculo, ergue-se essa totalidade fechada, esse jardim enclausurado, essa alta fortaleza que as metáforas do desejo descrevem com tanta frequência. Por um atalho sempre lógico — levando em conta as premissas às quais ele se agarra —, mas de uma lógica desastrosa, o desejo mimético, sempre instruído regressivamente por suas experiências sucessivas, acaba por visar diretamente as consequências que seu funcionamento, de início, só traria de maneira indireta. Tudo o que chamamos de "masoquismo" e de "sadismo", longe de constituir uma aberração individual, inscreve-se na linhagem direta da *mímesis* desejante, figura no horizonte como um destino obrigatório, e isso toda vez que ela se obstina no impasse onde imediatamente se fecha.

A *mímesis* encontra a violência e a violência duplica a *mímesis*. Filha da *mímesis*, a violência exerce uma fascinação mimética inigualável. Toda violência é modelada numa primeira violência, que por sua vez lhe serve de modelo. Entre a *mímesis* e a violência, existem relações que ainda permanecem dissimuladas. Com a violência recíproca, entramos numa fase crítica, que evidentemente desemboca no delírio e na loucura, assim como na destruição e na morte.

O melhor guia no seio dessa fase talvez seja Dostoiévski. Em *O duplo*, ele divide nitidamente em dois grupos as séries de individuações delirantes que parecem desafiar qualquer classificação. O segundo não passa do avesso negativo do primeiro, o escravo após o senhor, o nada depois da divindade. Há dois momentos, um de exaltação, o outro de depressão, e eles se alternam incessantemente.

Só é possível delirar a dois, e a relação se assemelha a uma gangorra, que nunca chega nem a se equilibrar, nem a se desequilibrar de maneira permanente. Quando um dos parceiros está por cima, o outro está por baixo, e assim reciprocamente. Por quê?

O desejo se liga à violência mimética, ou seja, a uma troca de represálias que pode muito bem ser invisível — *subterrânea*, como diria Dostoiévski — e até imaginária em suas modalidades, mas que não é menos real em seu princípio. Aquele que desferiu o último golpe leva consigo a diferença sagrada. Ele conservará o prêmio mítico do conflito por tanto tempo que poderá crer no caráter definitivo do seu triunfo, o qual seu adversário não suprimirá — em suma, por tanto tempo que ele não será objeto de uma nova represália. Os *duplos* dostoievskianos vivem num universo que já se assemelha ao nosso, um universo de burocratas e intelectuais, intensa e arbitrariamente competitivo, quase totalmente desprovido de elementos decisórios, de sinais objetivos do triunfo ou do fracasso, como a violência física ou as regras da competição esportiva.

Entre os fenômenos típicos do delírio, figura a percepção de *duplos* ou *sósias*. Freud, a psiquiatria em geral, quase todos os escritores e também *O anti-Édipo* só enxergam no *duplo* uma figura delirante entre outras. Dostoiévski vê aí algo bem diferente. Ao menos implicitamente, Dostoiévski estrutura e explica o delírio em função dos *duplos*. É o próprio delírio que faz questão de transformar os *duplos* numa fantasmagoria sem importância. Os dois parceiros vivem de modo excessivamente passional a exaltação — ou seja, a possessão divina — e a depressão — isto, a despossessão — para perceberem o esquema geral, para se darem conta de que ocupam, um a cada vez, as mesmas posições, num mesmo sistema de relações. A ilusão da não reciprocidade encontra-se no auge, mas trata-se de uma não reciprocidade giratória, a qual se resume, no final das contas, à reciprocidade: à medida que o movimento se acelera, os momentos tendem a se sobrepor e a reciprocidade transparece. A experiência do *duplo* possui um caráter alucinatório reforçado, encarnando, portanto, a verdade fundamental da relação; é a reciprocidade que se afirma no seio da fantasmagoria delirante.

Encontramos a oscilação daquilo que está em jogo na esquizofrenia na relação entre Nerval e seu *duplo*, em que uma superioridade sexual é sacralizada. Ela também pode ser encontrada em Hölderlin, e nesse caso, no final das contas — talvez porque as relações sexuais *não sejam deficientes* —, o que está em jogo é de natureza exclusivamente literária e intelectual, especialmente na relação do *duplo* com Schiller. O fato não deveria interessar pouco aos que escrevem sobre Hölderlin, eles próprios gente das letras ou intelectuais. No entanto, coisa estranha — ou talvez não tão estranha assim —, esse fato é sempre ocultado, tanto pelas histórias edipianas, mesmo ligadas à carência, quanto pelos fetichismos literários.

Essa mesma oscilação — megalomania e inferioridade delirante — pode ser encontrada na relação entre o presidente Schreber e seu *duplo* asilar, o médico Flechsig, sobre quem se realiza de modo visível a transferência dos *duplos* anteriores. A teoria das conexões "nervosas" entre Deus e os homens fornece uma justificativa "teórica" à circulação do que está em jogo entre os *duplos*: o próprio Deus, bom quando está com Schreber, mau e persecutório quando se deixa apossar por Flechsig. Freud reconheceu em Flechsig o rival, mas, como sempre, nada fez com o *duplo*. Ninguém se interessa pelo *duplo*.

Longe de revelar a violência mimética, matriz dos *duplos*, *O anti-Édipo* nega até os sofrimentos que ela causa. A tese do livro pressupõe uma coexistência pacífica entre os extremos do delírio. Para afirmar essa possibilidade, é preciso recorrer a fórmulas pudicas e hábeis, como essas diferenças de *intensidade*, que seriam as únicas a separar os diversos elementos do delírio e que fornecem aos dois autores exatamente o que é necessário em termos de diferença para não recaírem de um lado na indiferença e, de outro, na exclusão violenta. Como vimos, quando se trata de Édipo, Deleuze e Guattari correm prazerosamente para os extremos. Quando se trata do delírio, ao contrário, eles de repente desejam se enraizar nesse entremeio que justamente aqui não existe mais, a fim de se convencer de que o delírio é habitável ou pelo menos consumível, de que ele constitui um espetáculo não somente gratuito, mas completamente permanente, o que lhe permite substituir com vantagem qualquer outra realidade.

A verdade é que os momentos alternados se excluem reciprocamente, produzindo a angústia característica do delírio. O processo não pode ser definido somente como "subjetivo", como "objetivo", como autoexclusão ou como exclusão real, vinda de um outro real. Simplificando, pode-se dizer, a respeito dos grandes esquizofrênicos, e em particular os do pensamento moderno, que sua "sensibilidade refinada" e suas ambições extremas nos obrigam a assumir, à exaustão e sob formas diversas, os tipos de exclusão ou de ostracismo cujos primeiros elementos a existência competitiva fornece em abundância.

Através da *mímesis*, principalmente no estágio negativo do obstáculo e da violência, busca-se sempre realizar um projeto de diferenciação. Quanto mais o desejo aspira à diferença, mais identidade ele gera. O desejo mimético é sempre, e cada vez mais, *self-defeating*. Quanto mais ele caminha, mais suas consequências se agravam, e esse agravamento, em último caso, é inseparável do delírio e da loucura. É por isso que encontramos no delírio exatamente as mesmas coisas que nos estágios anteriores, mas sob uma forma excessiva, caricatural. Há mais diferença, pelo menos aparentemente. Além disso, há mais identidade, pois o *duplo* não deixa de aparecer. E, por fim, há mais mimetismo — e desta vez mais visível —, pois mesmo os observadores menos inclinados a concordarem conosco falarão aqui de um *histrionismo* esquizofrênico. O delírio é somente o cumprimento obrigatório de um desejo que mergulha no impasse do obstáculo-modelo. O impasse em questão é a forma mais geral dos *double binds* nos quais Gregory Bateson vê a fonte da psicose. Todos os desejos, em último caso, preparam uns para os outros a armadilha da dupla injunção contraditória: me imite, não me imite. Quando os efeitos do *double bind* universal se tornam extremos demais para permanecerem ocultos, falamos de psicose. E é naturalmente a observação desses efeitos extremos que revela pela primeira vez o *double bind* como relação de desejo.

Longe de se render à reciprocidade que o assalta, o desejo foge desesperadamente dela, numa busca sempre mais enlouquecida pela diferença. Ele recai, em suma, sempre em mais mimetismo, o qual desemboca sempre em mais reciprocidade. Não é possível fugir da reciprocidade, inclusive no delírio, sem que ela retorne para nós na forma irônica dos *duplos*.

Contrariamente a Deleuze e Guattari, penso então que o delírio *quer dizer* alguma coisa. No entanto, o querer delirar se opõe ao querer dizer do delírio. O delírio quer dizer a identidade dos *duplos*, a nulidade de todas as diferenças. Ele quer dizer a mentira que ele próprio é, e, se persistirmos em não escutá-la, ele gritará cada vez mais alto. A expressividade do delírio não se distingue do elemento caricatural que acabamos de ressaltar. Não somente o desejo mimético não é nem inesgotável nem inexplicável, mas ele se torna cada vez mais fácil de ser explicado à medida que se exaspera. Ele sistematiza a si próprio e sublinha sua própria contradição. Quanto mais nos desviamos dessa revelação, mais as linhas de força se endurecem, mais elas se simplificam, tal como as letras de uma mensagem viva da qual todos se desviam e que faz o impossível para ser decifrada.

Caso realmente exista cumplicidade com o delírio em *O anti-Édipo*, espera-se que aí possam ser encontradas, ao mesmo tempo obsedantes e ignoradas, relações de *duplos*. De fato, há muitos *duplos* no livro, e o mais espetacular é evidentemente o próprio Freud, o principal antagonista.

Presente por toda parte, Freud encontra-se, de modo oficial e legítimo, nos aspectos de sua obra que são explicitamente reivindicados, por parecerem suscetíveis de utilização contra o Édipo ou por serem considerados, ao menos, dele destacáveis. Assim, Deleuze e Guattari apelam para um Freud que, a seus olhos, é o bom, contra outro que seria o mau, aquele do Édipo. Eles tentam dividir o grande homem contra si mesmo. Porém, a expulsão de Freud por Freud nunca acontece. A obra permanece impregnada de Freud, mesmo e sobretudo nos pontos em que ele é violentamente repudiado. O Freud expulso pela porta entra pela janela, tanto que, ao fim dessa psicomaquia freudiana, ele se encontra inteiramente, ou quase inteiramente, de volta: um Freud certamente em migalhas e mesmo molecular, um Freud emulsionado e mixado, mas de qualquer forma Freud, Freud apesar de tudo, e sempre.

O retorno insidioso do *duplo* freudiano é algo essencial e que deve ser apreendido no nível dos mecanismos de pensamento mais ainda do que no dos temas. Deleuze e Guattari demonstram uma perspicácia que vai longe quando recriminam o caráter indecidível do Édipo psicanalítico: "E por ser ele indecidível é que podemos encontrá-lo em toda parte; neste sentido, é correto dizer que ele não serve estritamente para nada." As críticas mais agudas são sempre aquelas que recaem mais depressa na cabeça de seus autores. *O anti-Édipo* fervilha com conceitos indecidíveis, em especial o capitalismo, ao mesmo tempo decodificante e recodificante, e sobre o qual é possível afirmar com frequência as coisas mais contraditórias. Podem-se retomar aqui certas fórmulas aplicadas ao Édipo e voltá-las, quase palavra a palavra, contra as noções que Deleuze e Guattari pretendem colocar no lugar delas, começando, é claro, pelo desejo. Não se pode inscrever tudo no desejo sem que tudo, em último caso, fuja para fora do desejo. Ao lado da face benéfica, há uma face maléfica do desejo, ela também terrivelmente importante, pois é exatamente dela que depende a sociedade como um todo. Temos sempre a impressão de que os dois autores nutrem um duplo projeto, ao mesmo tempo duplo e uno: o de suprimir todas as diferenças que servem como escapatória para seus adversários, psicanalíticos ou não, e o de erguer uma nova diferença, um "verdadeiro desejo", nunca ainda percebido e que só pertence a eles e aos seus amigos. Existe aí um *double bind* no qual o livro se debate por muito tempo, e com extremo vigor:

> Desde o começo deste estudo, sustentamos, ao mesmo tempo, que a produção social e a produção desejante são uma só coisa, mas que diferem em regime, de modo que uma forma social de produção exerce uma repressão essencial sobre a produção desejante, e também que a produção desejante (um "verdadeiro" desejo) pode potencialmente explodir a forma social. Mas o que é um "verdadeiro" desejo, já que também a repressão é desejada? Como distingui-los? — reclamamos o direito de fazer uma longa análise. Porque, não nos enganemos, mesmo em seus usos opostos *são as mesmas sínteses.*

Resumindo, é preciso decidir o indecidível, primeiro num sentido e depois em outro, graças a uma série de vaivéns que nos conduzem, é claro, ao método esquizofrênico. Devemos, portanto, perguntar como esse tipo de demonstração pode se inscrever na reivindicação delirante. Se é o delírio quem fala, se é em nome do delírio que se fala, por que buscar fixar a diferença de um lado e não de outro, por que não se deixar levar pelo movimento infinito? Se o delírio for realmente o que queremos que ele seja, por que não desfrutar dele sem se preocupar em baseá-lo numa crítica ainda lógica de todo sistema não delirante?

Na maior parte da obra, os dois autores se esmeram para fixar as diferenças perambulantes. A despeito deles próprios, ambos nunca renunciam às valorizações e às exclusões, as quais, aliás, não chegam a se concluir, fazendo surgir *duplos* no canto de todas as páginas. Portanto, no que diz respeito ao essencial, a obra corresponde não ao conteúdo confesso da reivindicação delirante, mas a seu conteúdo inconfesso; o delírio que sustenta essa obra não é, e não poderia ser, aquele que é reivindicado. A relação com o delírio, por isso, é ainda mais autêntica. Ela possui a única autenticidade compatível com a natureza delirante, que é a de desconhecer a si própria e a de gerar efeitos sempre mais opostos àqueles que são buscados. Para delirar de verdade, para se instalar no delírio efetivo, é necessário não o abandono ao turbilhão e à fuga da diferença, como pretende fazer *O anti-Édipo*, mas realizar o que a obra de fato realiza, esforçando-se para imobilizar todo o sistema nas circunstâncias em que a tarefa se torna desesperada. É isso, como vimos e verificamos aqui, que provoca o redemoinho e a fuga da diferença. É por querer estabilizar a diferença que a tornamos sempre mais instável, como o canoeiro desajeitado que compensa demasiadamente as oscilações de sua canoa e acaba por soçobrar.

Aliás, chega o momento em que a pressão da identidade se torna tão forte, a presença dos *duplos* tão obsedante, que não se trata mais de livrar-se delas. Tudo o que eu disse até aqui só é válido para uma parte — a maior, aliás — de *O anti-Édipo*. Há outras passagens, certamente difíceis de circunscrever com exatidão, onde os autores renunciam à luta pela diferença absoluta, prestando-se ao jogo da identidade invasora e chegando até a se comprazer nisso. Entre as teses sustentadas, há uma que é difícil não ler como variações miméticas sobre as teses criticadas, em especial as da psicanálise estrutural.

Um exemplo somente: o do *grande ânus transcendente*, que os dois autores acusam solenemente de sobrecodificar o falo estruturalista. Já sabemos que com o delírio não há necessidade de se *excluir* o que quer que seja. Para se livrar de quem está incomodando, basta acompanhar o delírio, afogando as diferenças sempre em mais delírio. Portanto, não se trata de suprimir o falo simbólico — quer dizer, no nível *molar*. Esse objeto já foi muito útil desde *Bouvard e Pécuchet*, mas conserva um charme antiquado do qual seria tosco querer privar-se. É mais divertido reduzir a coisa à insignificância, elevando acima dela um novo objeto simbólico, *exaltando-o*. Do que se trata? Do ânus, é claro, que se pretende transformar numa máquina potente, verdadeira Fórmula 1 da esquizoanálise, capaz de botar no chinelo todas as classes inferiores do falo--estruturalismo em qualquer circuito das Vinte e Quatro Horas analíticas:

[...] se o falo tomou nas nossas sociedades a posição de um objeto separado que distribui a falta às pessoas dos dois sexos e organiza o triângulo edipiano, é o ânus que o separa assim, é ele que suprime e sublima o pênis numa espécie de *Aufhebung* constitutiva do falo.

Deleuze e Guattari devem ter dado boas risadas enquanto cozinhavam o sublime pênis e o *Aufhebung* anal. Diante da acolhida fervorosa reservada a esse novo desvelamento ritual, a antiga observância que, é preciso admitir, de alguma forma mereceu isso encontra-se consternada ou ocupada demais se reconvertendo para perceber que os engraçadinhos verificam, às suas costas, a teoria estrutural da psicose. Acredita-se que basta se instalar sem qualquer dificuldade no esquizofrênico, bancar o sabichão, não vacilar e pronto... é como buraco, de imediato, que o simbólico se manifesta!

Portanto, depois de páginas sérias e apaixonadas, há outras, em *O anti-Édipo*, que desencorajam qualquer veleidade de discussão. Nunca é possível saber onde acaba o pensamento sério e onde começa a gozação contestatária. Essa ambiguidade não deixa de servir um pouco aos propósitos dos dois autores, e pode-se mesmo imaginar que ela queira deliberadamente aprisionar o leitor numa espécie de *double bind*. Por exemplo, a tese defendida aqui de que o livro recai a todo instante nos pensamentos que ele denuncia, e que em sua sina de arrastar esses *duplos* atrás de si nunca consegue se libertar nem de Freud nem de Lacan. Essa tese, elaborada com excesso de paciência, vai se revelar de repente inútil, supérflua. Sempre poderei ouvir que perdi meu tempo e meu esforço, que os autores sabem melhor do que eu tudo o que pretendo lhes demonstrar. E isso não é totalmente falso. Poderão citar como provas a história do grande ânus e algumas outras da mesma laia. De qualquer maneira, o crítico não vai se sentir confortável. Se ele atacar os aspectos que lhe parecem mais sólidos, será recriminado por pontificar sobre um texto que não leva a sério a si próprio. De que serve dissecar algo que não passa de uma bomba incendiária lançada nas estruturas apodrecidas da intelectualidade capitalista? Se, ao contrário, ele se permitir rir, se disser a toda hora: "Essa é muito boa...", será censurado por ter desconhecido a única tentativa ainda um tanto válida na decadência convulsionária de nosso tempo.

Em ambos os casos, não se estará totalmente errado. Levar o livro a sério ou tratá-lo com leviandade são duas maneiras de não enxergar o estágio crítico a que chegamos e o modo pelo qual *O anti-Édipo* deseja se inserir nessa crise. Dizem que em vez de se enrijecer contra o movimento, é preciso entregar-se a ele. É preciso levar sempre mais longe o artifício dos pensamentos atuais, exagerar ainda mais o que já é caricatura. Nessas condições, qualquer procedimento é legítimo. Nós nos apoiamos às vezes nisto para subverter aquilo, às vezes naquilo para demolir isto. Pensar logicamente contra a lógica dos outros: é esse o bom combate para Deleuze e Guattari. Porém, não podemos voltar contra eles a arma da lógica, não podemos exigir deles que sejam lógicos até o fim, pois é a esquizofrenia que está falando pela boca deles, que possuem o copirraite do verdadeiro delírio. Bela invenção essa esquizoanálise! Ela vai reduzir os contraditores ao silêncio com ainda mais rapidez do que todas as "resistências" cujo segredo é detido pelos psicanalistas e está sempre reservado em seus bolsos.

Agravar todas as perversões e reforçar a arbitrariedade das formas culturais que nos rodeiam, num gesto que, é claro, não se vincula nem exclusivamente ao delírio, nem ao jogo e nem ao engajamento, mas que participa de todas essas atitudes e ainda de outras, de modo que se torna impossível fechá-lo em qualquer definição crítica: eis a diferença infinita do esquizofrênico bem-sucedido. É exatamente esse o programa de *O anti-Édipo*, sua estratégia.

Portanto, aqui tudo parece provir, e até certo ponto provém, do cálculo tático. No entanto, é preciso assinalar que a repetição mimética dos *duplos* se inscreve no quadro clínico do delírio esquizofrênico. Deleuze e Guattari só mencionam de forma muito rápida o chamado *histrionismo* do esquizofrênico, e isso para minimizar seu papel que, no final das contas, bem poderia ser mais importante do que eles deixam supor, seja nesse quadro, seja no próprio *O anti-Édipo*. Em outros termos, talvez no plano da luta entre a diferença e a identidade, a relação de *O anti-Édipo* esteja ainda mais de acordo com a realidade do delírio do que a reivindicação delirante gostaria, ou poderia, admitir.

Como vimos, Deleuze e Guattari, na maior parte de seu livro, se esforçam para estabelecer pontos de referência fixos, decidindo o que é o alto e o baixo, a direita e a esquerda. É com muita seriedade que eles se esmeram para separar o bom inconsciente do mau desejo social, a boa esquizofrenia revolucionária da má paranoia reacionária etc. No nível dos métodos propostos e das análises que estes permitem, poderia haver uma discussão sem fim sobre o sucesso ou o fracasso desse projeto, sobre a capacidade das "sínteses disjuntivas" e das "diferenças de intensidade", ou ainda sobre as "diferenças de regime", a fim de desempenhar o seu suposto papel. Na verdade, acredito que não há mais muito sentido em jogar para o social como tal a responsabilidade de toda a infelicidade humana. A tentativa não deixa de ser interessante, pois ela não sucumbe inteiramente, mesmo no que diz respeito à psicanálise, à facilidade que consistiria em atribuir o mal a bodes expiatórios sociológicos ou doutrinais. Porém, exatamente por esse motivo, ela desemboca numa verdadeira paralisia. É sempre ali onde é preciso afirmar as diferenças que, sob outro aspecto, também é importante apagá-las. É preciso partir dessa paralisia e da confusão dela resultante para explicar a reviravolta que acabamos de constatar, a súbita conversão do cavaleiro da diferença em bufão da identidade. Deleuze e Guattari querem acreditar que é por sua plena vontade que eles se transformam em bobos da corte da filosofia e em *tricksters* da psicanálise, mas é necessário um olhar mais cuidadoso. Chega um momento em que mesmo a mais extrema mobilidade, mesmo a dialética mais sensacional, não consegue salvar a diferença da identidade que a penetra. É sempre nesse momento, quando estão sendo seguidos pelos *duplos* e quando a diferença, localmente, parece perdida, que os dois autores se lançam para a causa da identidade, numa tentativa contrária à que sempre perseguiam com o mesmo ardor. Porém, a identidade só é assumida sob a forma da paródia. Longe de se voltarem abertamente para os *duplos*, a fim de perguntar-lhes o que *querem dizer*, eles se proíbem de levá-los a sério. A utilização da paródia contestatária faz com que tudo naufrague no ridículo. No fundo, trata-se de fazer os outros acreditarem, assim como eles mesmos, que o jogo ao qual se está destinado aqui não é realmente o dos *duplos*, que não são os *duplos* que propõem o jogo, e sim que são os dois autores que se propõem a brincar de *duplos*. A diferença só parece importante à luz de determinado projeto, que é justamente o de manter a diferença a todo preço e que se revela ainda mais absurdo por chegar ao mesmo resultado inevitável: a destruição de qualquer diferença concreta, mas num contexto de histrionismo delirante que torna essa destruição ineficaz, transformando inutilmente em pior o que deveria ser o melhor.

***

Por mais curiosos que possam parecer todos esses manejos, eles ainda são menos interessantes do que a questão fundamental, aquela que permanece em suspenso: a do Édipo e seu complexo. Do começo ao fim de sua obra, Deleuze e Guattari empregam a palavra Édipo e os neologismos dela originados — edipizar, edipianizar — como sinônimos perfeitos de *triângulo* e seus derivados. "Triangular" e "edipianizar" designam sempre uma única e mesma operação. Se eu estiver enganado, peço que me corrijam.

Isso quer dizer que, como lhes foi ensinado, os dois autores remetem docilmente ao Édipo psicanalítico todas as relações de configuração triangular, todas as rivalidades miméticas, todas as concorrências de *duplos* que eventualmente observam. Eles mencionam, por exemplo, uma declaração que teria sido feita por Stravinski pouco antes de sua morte, e segundo a qual, durante toda a vida, o músico teria desejado provar a seu pai do que ele era capaz. Deleuze e Guattari veem aí uma confirmação da lavagem cerebral generalizada que grassa na sociedade contemporânea. Eles dizem que a psicanálise não precisa inventar o Édipo, pois os sujeitos se apresentam aos seus psiquiatras já edipinizados.

Aqui, é preciso colocar uma questão não à psicanálise, pois não valeria a pena, mas a Deleuze e a Guattari, que se consideram livres dela. A quem Stravinski teria o direito de querer provar o que quer que seja sem ser imediatamente rotulado como vítima da injunção edipiana? Com quem ele teria permissão de rivalizar sem recair no golpe da psicanálise? Com seu irmão, sua namorada, a zeladora de seu prédio, os outros músicos? Com ninguém, pois a rivalidade sempre e necessariamente será apresentada sob a forma de um triângulo, sendo automaticamente relacionada ao eterno Édipo, abandonada sem combate à máquina freudiano-estruturalista.

Se esse abandono é legítimo, se o Édipo psicanalítico tem o direito de pairar sobre todas as atividades conflituosas, a causa está resolvida. O resto não passaria de escaramuças de retaguarda, futilidades, irritações contestatárias. A produção desejante é a utopia de um universo sem conflitos, vasta nuvem de tinta destinada a dissimular uma capitulação incondicional. A teoria edipiana sai intacta de *O anti-Édipo*, e no último ato até ganha um belo bônus, que é *O anti-Édipo* mesmo. Segundo todas as evidências, ele está edipianizado até o umbigo, pois se encontra inteiramente estruturado sobre uma rivalidade triangular com os teóricos da psicanálise, os quais fornecem pais — vivos e mortos — num número mais do que o suficiente para satisfazer o analista mais detalhista. Se a declaração de Stravinski é edipianizada, ela não o é de modo mais espetacular do que as centenas de páginas de *O anti-Édipo*. Ela funciona ainda como a palha minúscula no olho do vizinho que dissimula a trave no nosso, a enorme trave edipiana constituída pela obra intitulada *O anti-Édipo*.

Não estou aqui me erguendo como defensor da psicanálise, muito pelo contrário. Sustento que são Deleuze e Guattari que a defendem a despeito de si mesmos, que lhe fornecem uma aparência de confirmação recorrendo a um método derrotista. Certamente há uma lavagem cerebral psicanalítica, mas, definindo-a como eles a fazem, Deleuze e Guattari só conseguem perpetuar o equívoco, e até mesmo agravá-lo. Cinquenta anos de cultura psicanalítica transformaram a referência ao Édipo num verdadeiro reflexo diante de qualquer configuração triangular ou paratriangular. Não é o conteúdo dos conflitos que pertence à psicanálise, mas apenas o rótulo. Não devemos nos deixar impressionar pelo rótulo a ponto de acreditar que apenas um novo mito solipsista poderá nos libertar de Freud.

É verdade que, em muitos casos, a referência ao Édipo não corresponde a nenhum pensamento real. No entanto, nunca se trata de algo sem consequências. Ela arrasta consigo todo um mundo de preconceitos que, de agora em diante, é impossível, ou quase impossível, questionar. O Édipo se tornou uma evidência primeira e quase indestrutível, uma verdadeira lei da gravitação psíquica. Prova disso: *O anti-Édipo*.

A definição mimética do desejo permite engendrar a rivalidade sem a ajuda do Édipo, fazendo surgir os *duplos* em número ilimitado, sem nenhuma referência ao mito ou à família nuclear. Estamos na presença de algo muito generalizado, cuja relação com os Édipos mítico, trágico e psicanalítico deve ser elucidada. É evidente que o Édipo de crise, tal qual Freud o concebe, comporta elementos miméticos inegáveis mas variáveis, nunca realmente descritos com precisão. Por suas virtudes desestruturadoras, a relação mimética se opõe, ao contrário, ao Édipo estrutural. Certamente, o desejo mimético sempre se inscreve em estruturas existentes, as quais ele tende a subverter. Isso não significa de modo algum que ele possa ser definido como "imaginário".

É necessário questionar a relação mal definida entre o triângulo edipiano, mítico ou psicanalítico, e todos os triângulos e pseudotriângulos da rivalidade mimética. Para o verdadeiro antiedipismo, não existe esperança senão numa crítica eficaz da relação unívoca postulada pela psicanálise entre o Édipo e todos os outros triângulos.

De acordo com todas as evidências, essa crítica começa pelo mito. Ela é inseparável de um novo esforço para explicá-lo. É fácil perceber em vários mitos, e no de Édipo em particular, traços de crises agudas, em que a trama cultural literalmente se desfaz. Em consequência de todo o formalismo moderno, Deleuze e Guattari acreditam que os sinais de indiferenciação e a presença dos *duplos*, no mito, não correspondem a qualquer realidade. Essa atitude se situa, é claro, na mesma linha da recusa de sistematizar o delírio em função dos *duplos*. Em toda parte, ela chega aos mesmos impasses. Porém, ainda aqui, podemos retomar o problema a partir de duplos reais. Numerosos indícios, certamente sempre indiretos, mas maravilhosamente convergentes, e que vão da peste mítica, dos travestis e das inversões hierárquicas da festa às mutilações rituais, às cerimônias ditas "totêmicas" e às máscaras e cultos de possessões, sugerem que as crises discerníveis por trás de todos esses fenômenos culturais se vinculam ao desejo mimético, combinando ao seu paroxismo a violência física com manifestações do tipo delirante. Não há qualquer razão para não se acolher os testemunhos convergentes e para não admitir, inicialmente sob a forma de hipótese, que a perda violenta do cultural seja a condição necessária de sua restauração, que a metamorfose de uma comunidade em multidão cega e demente constitua o pressuposto obrigatório de qualquer criação mítica e ritual. Nada mais banal, sob vários aspectos, do que esta constatação. Toda a questão consiste em saber como interpretá-la e o que seria possível fazer com isso.

Como só existem *duplos* que se afrontam, o menor acaso, o mais íntimo sinal, pode levar à fixação de todos os ódios recíprocos num único desses *duplos*. O que a *mímesis* fragmentou e dividiu ao infinito ela pode de repente reunir de novo, numa transferência coletiva que a indiferenciação geral torna possível e que ela nos permite compreender como uma operação real.

Na homogeneidade da crise que é inseparável da interminável violência, o falso infinito da diferença em turbilhão, a vítima expiatória realiza uma divisão que fixa a diferença e traz um sentido idêntico para todos. Explica-se, através deste fato, por que tantos mitos de origem se apresentam sob a forma de conflitos entre irmãos ou gêmeos míticos, dos quais apenas um perece ou é expulso. Ou então sob a forma de um choque criador entre entidades simétricas — montanhas, por exemplo —, de onde jorram a ordem, o sentido e a fecundidade. O estruturalismo etnológico decifra as diferenças estabilizadas pela vítima expiatória, garantidas pelo religioso; ele não consegue se interrogar acerca da identidade conflituosa dos *duplos*.

A vítima expiatória fornece um exutório à violência ao unificar contra ela uma comunidade inteira. Assim, ela parece levar embora na morte uma violência polarizada. A violência recíproca que envenenava a comunidade é substituída por uma não violência de fato. Como a violência e a não violência dependem de um mesmo processo nunca realmente compreendido, ambas são sempre relacionadas a uma única entidade, a qual se torna novamente transcendente e benéfica após uma visitação imanente e maléfica. As metamorfoses do sagrado se efetivam através de um ancestral divinizado, de um herói mítico ou de uma divindade: por trás deles, identifica-se sempre o mecanismo da vítima expiatória.

Uma vez que se disponha desse fio condutor constituído pela *mímesis* e pela vítima expiatória, percebe-se rapidamente que apenas nossa ignorância pode vincular as proibições primitivas à pura superstição ou às fantasias. Seu objeto é real: a própria *mímesis* desejante, com todas as violências que a acompanham. Não é possível negar esse fato no caso das proibições referentes à representação figurada, ou mesmo em todos os casos de representação duplicante, como a enunciação do nome próprio. O mesmo ocorre com as proibições que atingem os gêmeos ou até as simples semelhanças entre consanguíneos. Da mesma forma, as proibições de incesto abarcam todas as mulheres próximas sem distinção de parentesco, pelo menos em princípio: o que elas retiram daqueles que vivem juntos é o objeto possível de uma rivalidade mimética. O temor mal definido que a *mímesis* em geral e a *mímesis* particularmente descontrolada inspiram em Platão se inscreve sobre o fundo da crise mimética, assim como a hostilidade de muitas sociedades tradicionais com respeito a mímicas, aos atores e à representação teatral em geral.

Muitas intuições funcionalistas são exatas, embora sejam incapazes de se justificar. A eficácia e a perspicácia relativa das proibições é inseparável de sua origem. A proibição nada mais é do que a violência da crise subitamente interrompida pelo mecanismo da vítima expiatória e que se transforma em proibição por uma comunidade aterrorizada diante da ideia de recair na violência.

O próprio ritual jorra da vítima expiatória. Ele busca prevenir qualquer recorrência da crise repetindo o mecanismo unificador e fundador sob uma forma tão exata quanto possível. Portanto, a ação principal consistirá quase sempre numa forma de imolação ritual, na imitação do assassinato real, o qual evidentemente não é o de um "pai", mas da vítima expiatória.

Assim, o próprio rito é *mímesis* que se refere, desta vez, não mais ao desejo do outro, com as consequências dissolventes e destruidoras que conhecemos, mas à violência unificadora. A *mímesis* ritual unânime, associada às proibições e ao conjunto do religioso, constitui uma prevenção real com relação à *mímesis* itinerante e conflituosa. Então, o único remédio que o cultural conhece contra a má *mímesis* é uma boa *mímesis*. É exatamente por isso que a *mímesis* é indecidível, especialmente em Platão, como bem observou Jacques Derrida. Na verdade, tudo o que toca o sagrado, de perto ou de longe, é indecidível. É o mecanismo da vítima expiatória que fornece o princípio de qualquer decisão, mesmo nas repetições rituais e pararrituais, por mais enfraquecidas e dessacralizadas que elas venham a se tornar.

A resolução final está misturada demais à crise para que os ritos possam realmente distingui-las uma da outra. É por essa razão que os ritos, de modo geral, comportam elementos com um caráter objetivo de transgressão, mas que constituem, antes de tudo, a imitação religiosa do processo que gerou a proibição, necessariamente idêntico à transgressão dessa interdição, principalmente quando apreendido à sua luz. Teremos então violências recíprocas, crises de possessão, ou seja, mimetismo paroxístico, formas múltiplas de indiferenciação violenta, canibalismo ritual e, é claro, incesto. Esses fenômenos sempre trazem consigo um caráter maléfico; eles só se tornam benéficos no contexto do rito, em estreita associação com uma forma qualquer de sacrifício, ou seja, com o elemento ritual mais diretamente celebrador da vítima expiatória.

Se o desejo mimético é uma realidade universal, se ele se dirige a uma violência infinita, isto é, à demência e à morte, certamente é preciso considerar o problema da cultura em função de sua forma mais desenvolvida, que é com certeza o delírio invocado por Deleuze e Guattari. Portanto, *O anti-Édipo* se encontra num lugar cujo caráter crucial deve ser reconhecido, mas que realiza o contrário do que deveria, repudiando *in extremis* a identidade dos *duplos* e fundando-se sobre o próprio delírio, quando tudo deveria se fundar sobre essa identidade. A verdadeira questão não é como aceder ao delírio universal, mas como é possível que só haja delírio e violência infinita, ou seja, absolutamente nada. Esta questão é igual àquela sobre a diferença que parece oscilar entre os *duplos*, mas que, na verdade, só possui realidade quando estabilizada, relativamente ao funcionamento efetivo de uma determinada ordem cultural. Na violência recíproca e no delírio, a diferença retorna ao seu nada original. A única coisa que existe são represálias recíprocas, e é claramente evidente que nenhuma vontade geral ao estilo de Rousseau conseguiria fundar sistemas diferenciais estáveis, comuns a toda uma sociedade. Onde quer que exista, algo como a vontade geral é tributária de um sistema preexistente. Assim, existe aqui uma questão sem resposta, à qual a hipótese da vítima expiatória traz uma solução muito racional, que se imbrica perfeitamente demais com os testemunhos míticos e rituais para que as disciplinas relacionadas possam se esquivar ao exame que ela solicita.[*]

Se quisermos considerar a crise mimética e sua resolução como uma origem absoluta, podemos dizer que a definição da vítima expiatória como parricida e incestuosa tem um caráter retrospectivo: ela só pode se efetuar a partir da lei fundada pela morte dessa vítima. O parricídio e o incesto significam, principalmente, a própria crise e o fato de essa crise estar inteiramente vinculada a um indivíduo único.

Devemos nos perguntar por que as acusações como a do parricídio e do incesto, assim como a recorrência dos crimes edipianos, inclusive o infanticídio, reaparecem em todas as grandes crises sociais, fato que é evidenciado, en-

---

[*] Girard, René. *A violência e o sagrado*. Rio de Janeiro: Paz e Terra, 2008.

tre outras, pela tragédia grega e pela psicanálise. Em todas as violências coletivas que são motivadas por esse tipo de acusação e que apresentam linchamento — *pogrom* etc. —, é sempre um mesmo tipo de drama que é novamente encenado, salvo pelo fato de que não interpretamos o fenômeno coletivo pela chave mítica do herói realmente culpado, pois os fenômenos diretamente observáveis, como a violência coletiva, não são produtores, *por definição*, no plano mítico e religioso.

Se a crise é a propagação da rivalidade mimética, é fácil conceber que, à medida que se alastra, ela acabará por contaminar mesmo as relações dos parentes próximos; é essa transformação do pai e do filho em rivais miméticos, em *duplos*, que a tragédia perpetuamente mostra. Temos assim um triângulo cujo terceiro lado pode ser ocupado pela mãe. No horizonte de cada crise do tipo definido acima, o parricídio e o incesto devem surgir não como fantasias, mas como as consequências extremas de uma extensão da rivalidade mimética ao triângulo familiar. Não é necessário perguntar se esta passagem para o extremo se realiza efetivamente para compreender que ela nunca é definível como imaginária ou fantasmática.

Portanto, a psicanálise não pode se safar afirmando que a gênese aqui proposta não a incomoda de modo algum, que ela não contradiz sua teoria porque podemos sempre enraizar as acusações contra a vítima expiatória nos desejos inconscientes, nas fantasias etc. O parricídio e o incesto não possuem uma origem familiar. A ideia é uma ideia de adultos e de comunidade em crise, como notam claramente Deleuze e Guattari. Ela não tem nenhuma relação com a primeira infância. Ela significa a destruição de qualquer lei familiar pela rivalidade mimética.

Édipo rei mostra a gênese da acusação. Ela nasce da querela dos protagonistas, querela acerca da crise e que é inseparável dela. Cada um se esforça para triunfar sobre seu rival mimético, lançando sobre ele a responsabilidade por todas as infelicidades públicas. O jogo de acusações é recíproco. O fato de o jogo fazer surgir, à medida que se torna mais tenso, primeiramente o regicídio, depois o parricídio e o incesto, mostra claramente que se trata de uma intuição real, referente ao caráter mimético da crise, que já está sendo transferida do coletivo para o individual, e que por isso encontra-se aumentada e transfigurada. A crise trágica não é senão a caça ao bode expiatório, incapaz de se concluir enquanto alguma vítima não conseguir reunir contra si — e, portanto, ao redor de si — a unanimidade.

A partir do momento em que a unanimidade se estabelece, não existe mais a violência de todos contra todos. Só há inocentes diante de um único responsável. A vítima expiatória reúne em si todos os aspectos maléficos, o que só deixa aos tebanos os aspectos mais anódinos, o contágio passivo da *peste*. Quando o oráculo ordena aos tebanos que descubram o único responsável pela crise, ele de fato lhes diz o que farão para resolver essa crise, mas não porque tal responsável exista, e sim porque apenas a unanimidade refeita graças ao acordo de todos sobre um suposto culpado pode trazer a cura. O que o oráculo organiza é uma caça à vítima expiatória. Aliás, é por essa razão que a chegada desse oráculo desencadeia o paroxismo da crise: a discórdia precisa chegar ao auge para que ocorra a resolução.

O desejo mimético nos forneceu uma fonte de conflitos que não se enraízam nem na família, nem no mito edipiano, pois eles desembocam numa explicação completa desse mito, impossível à luz da psicanálise. O Édipo freudiano deve ser lido à luz do desejo mimético em vez de ser relacionado aos triângulos miméticos. O direito de olhar, tacitamente conferido a Freud acerca de toda configuração triangular, funda-se numa relação real, mas Freud inverte o sentido dessa relação. A rivalidade mimética não se relaciona absolutamente ao Édipo como à sua causa e à sua origem; ao contrário, é preciso buscar na rivalidade mimética a causa de todos os Édipos, o mítico, o trágico e o psicanalítico.

Se a psicanálise recobre as obras do desejo e da violência com um parricídio e um incesto mitológicos, exatamente como o mito, isso deve ocorrer pelas mesmas razões. Não é difícil mostrar que a psicanálise clássica funciona como um rito, o rito do Édipo, segundo a fórmula de Lacan, que desejaria que ela fosse algo diferente. Demonstrar o caráter propriamente ritual da psicanálise clássica tornou-se hoje mais fácil, na medida em que os estruturalistas não aceitam a concepção original de Freud segundo a qual todas as criancinhas revivem, ao seu modo, uma versão modificada, mas real, do drama edipiano. A psicanálise estrutural não acredita no Édipo de crise.

Na concepção tradicional do tratamento, convém revelar os desejos vergonhosos e arejá-los, a fim de dissipar sua virulência e permitir aos homens assumi-los de modo construtivo. O tratamento, portanto, transformou esses inimigos em aliados. O Édipo é a representação disfarçada da vítima expiatória, da vítima sacrificial que cada um de nós deve, alternadamente, interiorizar e exteriorizar. Ele desempenha um duplo papel, de mal e de remédio.

Existe aí, evidentemente, uma passagem do coletivo ao individual para a qual não faltam antecedentes. O xamanismo clássico desloca do coletivo para o individual o tema geral da expulsão, que constitui a interpretação fundamental do mecanismo da vítima expiatória no nível ritual. A expulsão torna-se expulsão de um objeto material que teria invadido o organismo do doente. Da mesma forma, a psicanálise converte em expulsão psíquica o *pharmakos* alternadamente maléfico e benéfico, cujo modelo ela encontra, de modo muito mais preciso e literal do que acredita, num disfarce mítico da vítima expiatória, exatamente como nos ritos antigos. Se palavras como *ab-reação* e *catarse* atualmente não servem mais para descrever os benefícios do tratamento, não é por dizerem mal o que convém dizer, mas por dizê-lo bem demais. O paralelismo entre formas rituais e formas culturais modernas causa um incômodo indefinível.

A psicanálise é sempre o indecidível que se decide, primeiro num sentido e, depois, no outro. Reencontramos esse mistério não somente na concepção do tratamento, mas também na obra de Freud considerada cronologicamente e, finalmente, na história da psicanálise, que de início é vista pelos bem-pensantes como praga de Deus e que, em seguida, se metamorfoseia em pilar da ordem social. O próprio Freud, ao chegar ao porto de Nova York, acreditava levar aos americanos a "peste", mas nos últimos anos de sua vida ele irá falar sobretudo da sublimação. O que inicialmente parecia ser o elemento mais destruidor — o parricídio e o incesto — torna-se com muita rapidez o fundamento de uma ordem psicanalítica, o *building block*, do *homo psychanalyticus*. O indecidível, mais uma vez, girou em torno de si próprio. É preciso não projetar essas metamorfoses sobre a traição de certos levitas, sobre as supostas "recuperações" e sobre outros bodes expiatórios de segunda ordem.

Definir a psicanálise como um rito não significa de maneira alguma minimizá-la, principalmente no plano do saber; quanto mais um rito é eficaz, mais é necessário que seja constituído na proximidade da vítima expiatória. Certamente, sempre existe desconhecimento, mas um desconhecimento menor do que o das formas enfraquecidas e derivadas. Na teoria freudiana, é preciso ver o movimento de um ataque duplo e poderoso na direção da vítima expiatória: de um lado, problemática edipiana, de outro, *Totem e tabu*. É a proximidade do verdadeiro mecanismo que confere à teoria sua fecundidade propriamente mítica num grande número de domínios, da medicina à estética e, até mesmo, à ciência, pois ela constitui uma fonte de inspiração para pesquisas posteriores.

Embora Freud nunca chegue à vítima expiatória, pode-se dizer que ele permanece sempre centrado exatamente nela, ou, em outras palavras, que seus progressos, suas hesitações e seus recuos, em vertentes opostas que conduzem a ela, permanecem praticamente equivalentes. Daí o equilíbrio propriamente mítico das grandes noções freudianas, ou, se quisermos, seu caráter indecidível. O elemento crítico e violento é sempre compensado de maneira precisa pelo elemento ordenador e estabilizador. O "complexo" só permite o acesso dos homens a uma vida familiar e social regular por ser antes, como os grandes ritos de passagem, uma passagem real pela violência maléfica, um mergulho na desordem. Freud não seria capaz de conceber o Édipo sem crise, sem esse fundamento que é, em primeiro lugar, perda de fundamento. Parece-me contrário ao verdadeiro espírito de Freud dar destaque a um problema de estruturas transindividuais, o qual *Totem e tabu* permitiria resolver pela "hereditariedade filogenética".

Freud nunca confronta diretamente o problema colocado pelas duas faces opostas do Édipo, a desestruturadora e a estruturadora. Ele deixa o indecidível se decidir sem ele, e a potência mítica é inseparável desse retraimento. O pensamento que se libera pouco a pouco do rito quer sempre decidir tudo por si próprio, mas enquanto a vítima expiatória não revela seu mistério, é melhor, em função dela, não substituir o indecidível por um princípio de decisão que nunca é o bom. O pensamento cai ou no desequilíbrio estável das falsas racionalizações, ou então — ou melhor, seguido por — nos desequilíbrios instáveis que preparam o delírio.

Na psicanálise estrutural, o equilíbrio é rompido em benefício da estrutura. As perdas do lado da crise são compensadas, em parte, pela liberação de uma noção ausente em Freud, a de uma ordem simbólica independente dos objetos nos quais ela se atualiza, resíduo de transcendência puramente formal e que determina os elementos últimos de qualquer representação, que ordena as posições estruturais e distribui os papéis no interior de uma totalidade.

Na perspectiva presente, essa noção de ordem simbólica deve ser considerada uma intuição parcial dos efeitos sempre perpetuados da vítima expiatória, mesmo num sistema aparentemente privado de qualquer fundamento mítico-ritual e mesmo quando toda referência a um princípio transcendente tenha desaparecido. Portanto, deve ser rejeitada a leitura proposta por *O anti-Édipo*, que transforma a ordem simbólica em simples regressão para o "despotismo arcaico".

No entanto, diversos fatores tendem a limitar o alcance da prova. O primeiro se refere ao enraizamento na psicanálise e não na observação direta, sociológica e cultural. Com frequência, a psicanálise estrutural não passa de um estruturalismo da psicanálise. O segundo se refere ao próprio estruturalismo, que só pode se fundar em detrimento da crise, ao preço de uma decisão fundamental que amputa todos os indecidíveis de sua face maléfica. Com certeza, é excelente rejeitar todas as localizações míticas da crise nas quais Freud se detém, sobretudo a primeira infância. Porém, a negação de qualquer crise, a perda de toda intuição a respeito dela, falseia o conjunto da teoria, mesmo no nível da ordem simbólica, que, independentemente das oposições de *duplos* — elas também rejeitadas e efetivamente neutralizadas no gueto do *imaginário* —, não deveria ser objeto de um tratamento separado.

Por sempre recobrirem e disfarçarem o jogo duplo da violência, os grandes símbolos do sagrado simbolizam ao mesmo tempo toda dessimbolização e toda simbolização. Eles só se tornam o significante por terem antes significado o fim de toda significação. É exatamente por isso que são sempre indecidíveis. Equivale a um verdadeiro desconhecimento associá-los exclusivamente a mecanismos, ou melhor, a postulados de estruturação arbitrários demais para não permanecerem improdutivos no plano dos textos culturais. O incesto, por exemplo, só pode significar, nas monarquias sagradas, a diferença estabilizada, a lei instaurada, a soberania entronizada, pois em primeiro lugar ele significa a diferença perdida e a violência realmente desencadeada. Apreendido em si próprio, fora de qualquer contexto ritual, o incesto é exclusivamente maléfico e desestruturador. Se em certas sociedades existe incesto ritual, é por existir previamente vítima expiatória, cujo assassinato coletivo, como punição de um suposto incesto, liberou a comunidade da violência que a sufoca. Exige-se que as vítimas substitutas vivam e pereçam como se imagina que a vítima original viveu e pereceu, em virtude do princípio: mesmas causas, mesmos efeitos. O esforço é no sentido de perpetuar e reviver os efeitos e um primeiro assassinato espontaneamente unificador.

A prova de que o incesto ritual tem a mesma origem do trono do rei, que não é nada além da pedra dos sacrifícios mais ou menos transfigurada, pode ser encontrada nas formulações rituais africanas que por vezes fazem do monarca um verdadeiro bode expiatório, certamente não de "pecados" no vago sentido moderno, mas de uma violência que fermenta sem cessar e que ameaça explodir se não encontrar um exutório ritual — aqui, o próprio rei. Em Ruanda, por exemplo, numa cerimônia em que o rei e sua mãe aparecem amarrados um ao outro como dois condenados à morte, o oficiante pronuncia as seguintes palavras: "Eu te imponho o ferimento da lança, do gládio, da balestra, do fuzil, da matraca, do podão. Se algum homem, alguma mulher, pereceu pelo ferimento de uma flecha, de uma lança... jogo esses golpes sobre ti."

O incesto ritual não provém nem do despotismo bárbaro, como acreditam Deleuze e Guattari, nem de alguma marca estrutural constitutiva do espírito humano. A ordem simbólica nada tem de um dado imprescritível e inalienável, análogo às categorias kantianas. *O anti-Édipo* tem razão de se insurgir contra essa concepção, mas faltam-lhe os recursos para realizar uma crítica eficaz.

Na perspectiva estruturalista, o apagamento do simbólico é definido como uma espécie de carência, a "forclusão", um pouco análoga às carências orgânicas. Todas as identificações reais são "imaginárias". Nada do que acontece entre os homens pode reagir sobre o destino da ordem simbólica. *O anti-Édipo* nota claramente essa ausência de história, mas em outro espírito. A ordem simbólica nasce do mecanismo da vítima expiatória, ou seja, de uma violência unânime e sempre à mercê da violência recíproca.

Como consequência, longe de aceder a estruturas imutáveis, a psicanálise hipostasia um momento histórico transitório. Ela toma o instantâneo de um momento particular, deformado pela óptica psicanalítica, por um dado inalienável do espírito humano. Se o observarmos à luz das colocações anteriores, iremos concluir que esse instantâneo pertence ao fim de um ciclo cultural, próximo da desintegração absoluta. A ordem simbólica sempre reparte os papéis entre as pessoas reais, permanecendo organizadora no plano das relações concretas, mas isso ocorre porque ela opera como falta. Acredita-se possuir através do falo o signo dessa lei estrutural, a potência fálica da qual o desejo quer sempre se apoderar e que dele incessantemente se esquiva.

Em suma, a transcendência só *existe* por se apresentar aos homens como aquilo que enganosamente estaria em jogo. A ordem simbólica é vista como invulnerável a todas essas lutas que teriam esse algo como objeto, absolutamente fora de alcance. Na verdade, o que se observa é um estado de decadência extrema, resultante exatamente desse último objeto em jogo, do qual o estruturalista só apreende os últimos estágios. Ele está longe de prever o que virá a seguir. A exasperação constante da rivalidade que o próprio simbólico toma como objeto, especialmente nas polêmicas, deve provocar uma decadência ainda mais completa, um apagamento do simbólico como potência objetiva — uma objetividade, claro, não absoluta, mas relativa à cultura considerada, às diferenças que o simbólico estabiliza.

Se, em relação a hoje, ontem ou amanhã, é possível falar mais de um advento cultural do delírio do que de aberração patológica ou de simples fantasias de intelectuais, é porque devemos estar às voltas com esse apagamento, e não com uma "forclusão" acidental ou uma negação abstrata. É dessa novidade que Deleuze e Guattari se fazem os portadores quando negam o simbolismo. A respeito dessa negação deve-se redizer aquilo que foi dito acima sobre as negações que tomam o próprio Freud como objeto. Acontece-lhe de se voltar contra seus autores, no formigamento dos triângulos e dos *duplos*. Portanto, ela é parcialmente ineficaz e permanece a-histórica como a afirmação anterior, mas não deixa de marcar uma nova etapa no interior de uma mesma história. *O anti-Édipo* é o signo de uma crise cultural agravada. Os elementos que anteriormente tendiam a se reorganizar em função de um ponto de fuga certamente desconhecido, mas ainda real, a partir de agora tendem cada vez mais à fragmentação e à dispersão. Até aqui substituta da presença, a própria ausência da divindade está se apagando. Diríamos, desta vez, que a própria morte de Deus começa a morrer.

É o espetáculo das *Bacantes* que recomeça entre nós, o retorno da transcendência a uma imanência que corre o risco de se confundir com a pura reciprocidade violenta. O simbólico toco de árvore, que suportava sem reagir as piores humilhações por parte de seus súditos, bem poderia ter como sucessor alguma cegonha esquizofrênica, grande comedora de rãs que pedem um rei ou, pelo contrário, recusam a todos, o que dá na mesma.

O processo de apropriação recíproca do simbólico, a polêmica acerca da cidade em crise, é inseparável da destruição de seu objeto. Isso pode ser constatado, e com um rigor maravilhoso, na passagem do lacanismo a *O anti-Édipo*. Deleuze e Guattari compreendem que o simbólico, na psicanálise estrutural, é objeto de uma apropriação. A distância do imaginário ao simbólico, nos discípulos, é equivalente ao *itinerarium mentis ad Deum* da mística medieval. *O anti-Édipo* imita com humor o movimento essencial da análise estrutural: "Mas não, mas não, vocês estão ainda no imaginário, é preciso aceder ao simbólico!" Não obstante, a vontade de apropriação perfeitamente notada e denunciada em *O anti-Édipo* continua ainda mais viva no próprio *O anti-Édipo*. Ela constitui a motivação fundamental do livro, a qual se manifesta a todo instante, especialmente no tema da "verdadeira diferença" que o lacanismo faz passar, entre o imaginário e o simbólico, por um erro que é também uma usurpação, e que convém deslocar, transportar, quase à maneira pela qual são transportadas as barreiras brancas na passagem das *autoridades*, do lado da famosa produção desejante e do inconsciente sagrado. É durante esse último transporte, evidentemente, que essa arca da aliança, um pouco transportada e sacudida demais, vai dar o último suspiro, acontecimento que *O anti-Édipo* leva em conta à sua maneira, à maneira de seu desconhecimento, afirmando--nos que nunca houve ordem simbólica e que, de qualquer modo, a maravilhosa vertigem esquizofrênica, o fogo-fátuo da diferença, seria preferível a ela:

> Para nós, todavia, o problema é saber se a diferença passa precisamente por aí [entre o simbólico e o imaginário]. A verdadeira diferença não estaria, antes, entre um Édipo, estrutural e imaginário, *e* outra coisa que todos os Édipos esmagam e recalcam, isto é: a produção desejante — as máquinas do desejo que não se deixam reduzir nem à estrutura nem às pessoas, e que constituem o Real em si mesmo, para além ou aquém tanto do simbólico quanto do imaginário?

O que se deixa decifrar em todos os debates teóricos é a história de uma lenta desagregação sacrificial ou, se preferirmos, de uma lenta reaparição do desejo mimético. A *mímesis* desejante corrói lentamente a ordem simbólica, mas permanece por muito tempo estruturada por ela. Concorrências de todo tipo vão se acirrar, mas sem se desregrar ou desencadear completamente. É por isso que, na história, sempre se trata de uma combinação e uma articulação daquilo que a psicanálise estrutural chama de simbólico e imaginário, mas em proporções variadas e sempre a caminho do apagamento objetivo da ordem simbólica, da oscilação esquizofrênica dos *duplos*.

Essa história não começa com a psicanálise e tampouco irá se concluir com o delírio. Para ampliar o quadro desta história — aliás, não tanto quanto conviria —, devemos apenas nos dirigir uma vez mais para *O anti-Édipo*. Tendo nos habituado às novidades de vocabulário, aos "fluxos" e à "produção desejante", com surpresa iremos encontrar no livro muitas atitudes e temas bastante familiares, mais familiares ainda que o "Édipo", aqueles que os individualismos e subjetivismos dos dois últimos séculos cultivaram sucessiva ou simultaneamente.

Sujeito único, estrangeiro a qualquer lei, órfão, ateu, solteiro, o desejo de Deleuze e Guattari "mantém-se inteiramente por si próprio", tal como o Eu puro de Paul Valéry. Seria fácil chamá-lo de solipsista, se ele fosse suficientemente tosco para apreender as "pessoas totais", mesmo que para negar a existência delas.

Como muitos individualismos exasperados, o inconsciente de Deleuze acrescenta à sua impotência concreta um formidável imperialismo abstrato. Como um super--Pichrocole, ele consegue assimilar quase tudo, o universo inteiro se for preciso, e ao mesmo tempo rejeita tudo o que os solipsistas gostam de rejeitar: as pessoas totais, é claro, você, eu, o mundo inteiro. Porém, o fazem sem qualquer maldade. Sempre é esclarecido que não se trata de uma *exclusão*. Se esse inconsciente age como se eu não existisse, eu não tenho nem mesmo o direito de me sentir rejeitado, o último reconforto do deleite taciturno. Temos aí uma filosofia bem adequada às relações urbanas contemporâneas.

Como um inconsciente descrito como impessoal ou transpessoal poderia desempenhar um papel análogo ao do eu, da consciência, nos sistemas de outrora? No plano das essências, a diferença é intransponível. Porém, a diferença das essências poderia perfeitamente estar mascarando, na ordem do desejo, o retorno de um idêntico para o qual decidiu-se firmemente permanecer cego.

A constante de todos os sistemas modernos com traço consciente ou inconsciente, individualista ou anti-individualista, é o lado iniciático abstrato, a conquista ao mesmo tempo impossível e obrigatória de algum impalpável fogo-fátuo. É claro que essa constante reaparece em *O anti-Édipo*. O livro define uma "grande viagem", nova busca mítica que é preciso empreender até o fim para se tornar um "esquizofrênico bem-sucedido". Ninguém ainda chegou até o fim, mas há aqueles que partem e a enorme multidão daqueles que ficam. À lista dos *excluídos* tradicionais — herdeiros, militares e chefes de Estado —, e que talvez devêssemos chamar de *descartados*, é preciso agora acrescentar os psicanalistas.

Uma vez mais, os "horríveis trabalhadores" de Rimbaud, velhos conhecidos, são convocados a contribuir. Eles são oficialmente encarregados de "cavar as fundações do muro da esquizofrenia". Trata-se, na verdade, de inverter a famosa fórmula de Freud: lá onde estava o Eu, é o Isso, ou se quisermos, o fluxo, que deve prevalecer. A tentativa não é nova, mesmo traduzida para uma linguagem mais ou menos psicanalítica. O surrealismo já é uma inversão da mística platônica parcialmente aplicada à psicanálise. Qualquer esforço para situar *O anti-Édipo* exige que se considere o surrealismo. De fato, pode-se afirmar que se o surrealismo já mergulha um dos pés na mística inconsciente, ele conserva o outro firmemente plantado no egotismo romântico. Portanto, se propõe como forma intermediária entre a grande viagem de O anti-Édipo e todas as viagens anteriores. Dessa forma, ele nos oferece o que é preciso para demonstrar que não há nada de inverossímil nem de impossível, apesar das aparências, na filiação que acabo de sugerir.

Antes da chegada do individualismo, a teoria da imitação se encontra presente por toda parte, na literatura, na educação, na vida religiosa. Ter excelência numa atividade qualquer é sempre seguir um modelo. Na origem do individualismo, certamente não ocorre o desaparecimento da *mímesis*, mas sua exasperação. Como o mimetismo se torna recíproco em todos os lugares, o modelo se torna inseparável do obstáculo. O mimetismo passa a ser apreendido como escravidão, tornando-se inconfessável. Então, o individualismo surge no contexto de um desejo já evoluído, num certo estágio de uma história que é a da *mímesis*, ou seja, da desagregação dos interditos, particularmente lenta em nossa sociedade e fecunda em criações culturais de todo tipo. À medida que o desejo evolui, ou seja, que se emaranha na armadilha do *double bind*, ele busca se justificar, e essas justificativas só refletem negativamente a evolução real do processo, o mesmo processo que descrevemos acima e que se reproduz em nossa sociedade de modo muito análogo ao que ele era em todas as sociedades primitivas, mas também muito diferente. É crível, por razões que não cabe aqui expor, que no mundo primitivo as crises miméticas fossem extremamente rápidas e violentas, recaindo muito depressa no mecanismo da vítima expiatória e na restauração de um sistema fortemente diferenciado.

É a essa mesma *mímesis*, cada vez menos regulada por interditos, mas nunca completamente desregrada — regrada em seu próprio desregramento, como se a virtude sacrifical presente em nossa sociedade fosse quase inesgotável —, que devemos atribuir todos os fenômenos de "decodificação" de que nosso mundo é produto. A rivalidade mimética invade a existência sob formas que seriam radicalmente destrutivas nas sociedades primitivas e que, ao contrário, são incrivelmente produtivas na nossa, embora acompanhadas de tensões sempre mais extremas. O próprio capitalismo possui uma essência mimética, inconcebível numa sociedade fortemente diferenciada.

A história das doutrinas modernas faz parte dessa história, dessa lenta evolução do desejo em direção ao delírio. É por isso que muitas das formas culturais anteriores sobrevivem em Deleuze, reinterpretadas e radicalizadas em função da reivindicação delirante. Essas formas são apenas uma série de máscaras. Quando uma delas consegue se impor, quando triunfa por toda parte e é tomada pela moda, é necessariamente revelada e se torna alvo de uma crítica desmistificadora. Essa crítica também é uma retomada do mesmo projeto numa base necessariamente estreitada, pelo fato de que ela deve levar em conta sua própria contribuição crítica. Portanto, a história das doutrinas em questão se apresenta como uma série de retraimentos estratégicos, sob o efeito de um *double bind* que vai se tornando gradativamente mais cerrado, pois cada uma delas só busca repudiar a precedente para propor, ela própria, uma variante ainda mais implacável. De alguma maneira, o individualismo e o subjetivismo expulsam a si próprios do cenário cultural.

Eles se refugiam nas camadas sempre mais rarefeitas da atmosfera cultural ou, pelo contrário, mergulham em regiões subterrâneas, e é então que o "inconsciente" faz sua aparição sob uma forma crítica — inicialmente na psicanálise —, para em seguida se tornar objeto de uma idealização, como único lugar possível de uma reivindicação ultraindividualista, especialmente em *O anti-Édipo*.

É preciso incluir a psicanálise no interior do processo que tem como motor a rivalidade mimética sempre criticada na pessoa do rival, sempre desconhecida no nível do próprio observador. A polêmica é sempre um esforço para se apoderar daquilo que subsiste de sagrado, para se apropriar da virtude sacrificial, que sempre parece pertencer ao outro. A polêmica suscita deslocamentos reais da virtude sacrificial, e esses deslocamentos permitem à psicanálise, por exemplo, desempenhar um papel pararritual sem dúvida mais e mais efêmero e precário, mas jamais nulo.

O anti-Édipo se inscreve visivelmente nessa sequência. Flutua, em torno do inconsciente maquínico, o mesmo perfume de intolerância moralizante e de terrorismo que foi vago, mas que hoje parece se tornar mais preciso, característico desde sempre desse tipo de tentativa. [E] *quem ousaria chamar de lei esse fato de que o desejo põe e desenvolve sua potência* [...]? Existem almas suficientemente vis para afirmar que o desejo poderia carecer de alguma coisa. *Eles ousam injetar religião no inconsciente.* É ao próprio Freud que este discurso deve se dirigir, a ele que, no entanto, inventou a coisa e deve responder a um processo de difamação contra o inconsciente.

Ao transpor uma passagem perigosa, os dois autores parecem subir de tom. Dir-se-ia que eles se dirigem para os bastidores, dando um aviso a alguma guarda vermelha formidável que deve estar acampada nas proximidades, cegamente devotada à causa do "inconsciente molecular". Todo esse lado feroz e ruidoso diz que finalmente o *irrecuperável* foi agarrado e que não se largará dele. Porém, não se vê que o *irrecuperável*, aqui como em outros lugares, é inseparável do princípio de toda recuperação, ou seja, de toda ritualização. O delírio seria o próprio vulcão de Empédocles, o desafio supremo de todas as tentativas de "exploração cultural". Na verdade, nesse tipo de história, a única exploração cultural que existe é a dos próprios fiéis. E os homens não esperaram *O anti-Édipo* para transformar o delírio num produto de consumo. Basta dar uma olhada nos cultos de possessão, tal como são descritos, por exemplo, por Michel Leiris, em sua pequena obra sobre os etíopes de Gondar. É lá, e não nos ndembu de Victor Turner, que devem ser buscadas as correspondências rituais verdadeiras das esquizofrênicas séries de individuação deleuzianas.

Tudo isso não nos permite concluir que a escalada seja apenas retórica e que *não haja algo acontecendo*. A virtude sacrificial se esgota pouco a pouco, e como ela é inseparável do desconhecimento, existe realmente um progresso, mas também, e simultaneamente, um aumento da violência e do delírio. Devemos nos perguntar qual dos dois progressos levará a melhor. O saber em questão diz respeito à violência e ao jogo das formas sacrificiais; ele não tem nada a ver com um saber *absoluto*, do tipo hegeliano.

Cada forma cultural está fundada sobre o repúdio de uma forma anterior, sobre a eliminação de certa "positividade", ou seja, de um desconhecimento. As máscaras se tornam cada vez mais lívidas, os ritos, mais aterrorizantes. No fim, somente subsiste o movimento infinito da diferença carente de qualquer estabilidade, o próprio movimento da polêmica delirante.

Existe hoje um pensamento da diferença do qual o livro de Deleuze *Diferença e repetição* fornece uma descrição típica. A "diferença" bem poderia constituir o elemento fundamental de todas as formas culturais presentes e passadas, revelando-se hoje ao termo do longo processo de depuração que pouco a pouco a isolou. E ela ainda desempenha entre nós, no nível da reivindicação delirante, a função outrora atribuída a formas mais substanciais.

O pensamento da diferença pura, sem identidade, pretende se libertar — e efetivamente se liberta — de certas identidades míticas, da identidade do sujeito consigo próprio, da divindade, do espírito hegeliano. Porém, esse pensamento logo esgota seu poder de desmitificação. Ele próprio é fruto do processo que acabamos de esboçar, não constituindo uma verdadeira ruptura com o passado; ainda aqui, a autêntica contribuição crítica protege e abriga uma nova forma de desconhecimento. Rejeitando qualquer identidade — o próprio princípio de identidade —, Deleuze pretende se libertar da "metafísica ocidental". Sem dúvida, sempre existiram usos metafísicos da identidade. No entanto, será que podemos concluir que o fundamento da metafísica e o princípio de identidade são apenas um? Seria metafísico o próprio princípio ou o uso que se faz dele? A lógica seria interior à metafísica ou a metafísica tenta se perpetuar repudiando toda lógica? Talvez haja duas faces do dogma da diferença: a primeira, crítica, dirigida contra as identidades metafísicas; a segunda, mais metafísica do que nunca, já que é dirigida contra o novo uso da identidade que a desintegração simbólica torna possível — uma identidade com o outro e não mais consigo, uma identidade dos *duplos*. O pensamento da diferença é o querer delirar que rechaça, com todas as suas forças, o querer dizer do delírio, o querer dizer essa nova identidade.

Longe de romper com a tradição cultural, o pensamento da diferença constitui sua forma extrema e quintessencial. De fato, se existe um traço comum a toda cultura, das religiões primitivas à contracultura contemporânea, é sem dúvida a primazia da diferença no sentido de uma negação das reciprocidades. Para Deleuze e Guattari, existe sempre uma "diferença verdadeira". É preciso situá-la a partir de agora fora de qualquer codificação cultural, no delírio da loucura, pois não é mais possível fazer de outra maneira, pois não existe nada de outro a desposar, pois todas as diferenças estão se dissolvendo, revelando sua nulidade. O moribundo nada pode além de reclamar dos últimos sinais de sua própria vida, ou seja, das convulsões que ainda desmentem a morte mas que, por sua própria violência, apressam sua vinda. O que vai morrer aqui é o conjunto daquilo que chamamos de *moderno*.

Portanto, o enraizamento esquizofrênico de *O anti-Édipo* se revela a nós sem parar e sempre como mais verdadeiro, no sentido da não verdade do delírio. Assim como identificamos no inconsciente deleuziano a presença de elementos tomados do surrealismo, do romantismo alemão, francês etc., é fácil descobrir, nas formas culturais dos últimos séculos, elementos já característicos do delírio hoje desposado. Para apreendermos isso com clareza certamente convém nos voltarmos, ainda outra vez, não para os dados temáticos, os diversos elogios da loucura que por vezes são enunciados na incômoda proximidade de verdadeiros loucos: Nerval ao lado de Gautier, Artaud ao lado de Breton — e ninguém pode estar certo de que não repetirá tal desventura. Devemos nos voltar para os dados estruturais, para os traços pré-esquizofrênicos das personalidades exemplares e dos retratos-modelo, para todos os traços comuns a todas as formas sucessivas que polarizam a *mímesis* delirante.

Invariavelmente original e espontâneo, o herói romântico é o único a escapar de uma uniformidade sempre mais opressiva em torno de si; ele é sempre o herói da diferença: ou experimenta um tédio mortal num universo de diversões baixas e vulgares, ou, ao contrário, conhece as mais raras exaltações num mundo em que reinam uma apatia e uma monotonia desesperantes. Ele é sempre um pouco o homem da aventura previsível, do imprevisto ainda um pouco codificado, dos altos e baixos extraordinários, mas que dão uma impressão de *déjà-vu*. Nunca, entretanto, a anulação efetiva das diferenças sempre invertidas o leva a refletir. Nunca nos interrogamos sobre a estranha capacidade que possui o criador moderno de fazer surgir símbolos de alienação e de divisão que se tornam comuns a um grande número, nos minirritos da moda.

Assim como o delírio recapitula o jogo mimético do qual é o coroamento, *O anti-Édipo* é a recapitulação ampliada das formas culturais anteriores. Portanto, devemos ver na referência ao delírio, não uma aberração individual, mas uma aberração da própria cultura. É o destino da cultura moderna, do fim moderno de toda cultura no sentido histórico, viver seus momentos sucessivos, inclusive o delírio, numa lucidez relativa, para desembocar numa verdadeira morte do cultural. Esta deveria nos revelar a verdade completa do cultural se nosso pensamento não morrer com ele.

Um livro como *O anti-Édipo* não seria concebível sem o impasse em que afundam as disciplinas da cultura quando acreditam se unificar em torno da psicanálise, sem o derrotismo do saber que resulta desse fracasso. Esse estado deveria ser temporário. Uma vez dissipada a miragem de *O anti-Édipo*, uma vez apagada qualquer ilusão de diferença, a identidade dos *duplos* irá se tornar manifesta e o pensamento se dirigirá às novas formas de totalização que já se oferecem a ele. No movimento do saber moderno, nunca a sedução da incoerência chegou a suplantar a sedução, necessariamente superior, de uma nova coerência.

Deleuze e Guattari fazem de tudo para enlouquecer um jogo que, já há muito tempo, apresenta sinais de aceleração mórbida. Porém, a vontade de esgotar esse jogo, de ridicularizá-lo, ainda se inscreve nesse mesmo jogo: talvez ela constitua sua quintessência, inclusive no desprezo que assume ao desencorajar as paciências necessárias. No pensamento atual, há algo diferente da moda e do capitalismo decadente. Para enxergar isso, talvez seja antes necessário rejeitar o mito da verdadeira diferença, que nos vincula ao pior desse pensamento à maneira do *double bind*. Nossos fetiches intelectuais só conservam uma aparência de realidade em função de uma ordem simbólica estabilizada, ou, resumindo, enquanto houver outros para respeitar as proibições que nós mesmos transgredimos e não delirantes que se aterrorizem com as belas audácias do delírio. A luta pela "verdadeira diferença" ainda repousa sobre o prestígio da transgressão, que por sua vez repousa sobre esse antigo respeito. A diferença disputada, e que por vezes pertence a um lado, por vezes a outro, é a joia que só brilha com todos os seus fogos sobre a virgem inocente, a Cinderela esquecida a quem foi dada pela boa fada. O belo tesouro se transforma em folhas mortas assim que as irmãs rivais tentam se aproximar, assim que intervêm o desejo mimético e a reciprocidade conflituosa.

Apenas o interdito verdadeiramente respeitado pode definir um para-além sagrado da comunidade regrada. Herdeiro do mítico-ritual, o pensamento de hoje perpetua esse para-além. Toda a "revolta" moderna permanece metafísica, pois continua fundada sobre a transgressão valorativa, ou seja, sobre a realidade do interdito. "Besteira da transgressão", escrevem admiravelmente Deleuze e Guattari. Porém, como não recair nessa besteira quando se recomeça a pregar a verdadeira diferença, desta vez no nível de um delírio sacralizado e do qual tentamos nos apropriar?

Como sobreviver sem interditos, sem um desconhecimento sacrificial, sem bodes expiatórios? É esse o verdadeiro problema, e é para *não* confrontá-lo que se perpetuam os ritos da infração. Agarrar-se à verdadeira diferença é brincar mais uma vez de o grande transgressor, é recair em falsas ousadias, é sacrificar a revelação essencial a uma última entronização incestuosa e sagrada. É difícil acreditar que a velha máquina possa continuar a funcionar por muito tempo.

É preciso se convencer de que os interditos continuam aí. É preciso se convencer de que em torno deles há um exército potente de psicanalistas e padres, enquanto por toda parte só existem homens desamparados. Por trás dos rancores gagás contra as velhas luas de interditos, dissimula--se o verdadeiro obstáculo, aquele que juramos nunca revelar, o rival mimético, o *duplo* esquizofrênico.

Tudo isso já está visível em Nietzsche. No final de um de seus livros sobre o filósofo,[*] Deleuze reproduz um texto extraordinário de *Aurora*, em que o autor deseja que o interdito desempenhe um papel que ele não poderia desempenhar. Ele nos diz que matou a lei e que é a ela, como se ela sempre estivesse ali, que ele relaciona as oscilações esquizofrênicas. A lei está sem dúvida morta, e é porque ela está morta, é porque não há mais lei, que existem as oscilações esquizofrênicas. Nós nos agarramos ao cadáver da lei para não ver, por trás dela, o *duplo* que avança. É preciso sublinhar esse texto, com o comentário que ele evoca, como epígrafe a toda vontade moderna de delirar:

Ah! Deem-me ao menos a loucura, poderes divinos! A loucura para que termine finalmente por acreditar em mim mesmo! Deem-me delírios e convulsões, horas de claridade e de trevas repentinas, aterrorizem-me com arrepios e ardores que jamais mortal algum experimentou, cerquem-me de ruídos e de fantasmas! Deixem-me uivar, gemer e rastejar como um animal: contanto que adquira a fé em mim mesmo! A dúvida me devora, matei a lei e tenho por lei o horror dos vivos por um cadáver; se não sou mais do que a lei, sou o último dos ré-

---

[*] *Nietzsche*. P.U.F., 1965.

probos. De onde vem o espírito novo que está em mim, se não vem de vocês? Provem-me, portanto, que eu lhes pertenço! Só a loucura a mim o demonstra.

Origem dos textos

"Dostoïevski, du double à l'unité". Paris: Plon, 1963, coleção La Recherche de l'Absolu.

"Pour un nouveau procès de l'*Étranger*", PMLA, LXXIX, dezembro de 1964. Primeira versão francesa em *Albert Camus. 1. Autour de l'Étranger*, La revue des Lettres modernes, Paris, 1968.

"De la *Divine Comédie* à la sociologie du Roman", Revue de l'Institut de Sociologie, Université Libre de Bruxelles — Institut de Sociologie, 1963, n. 2.

"Monstres et demi-dieux dans l'œuvre de Hugo", Symposium, XIX, n. 1, primavera de 1965. Publicado pela Universidade de Syracuse, Nova York.

"Système du délire", Critique, Paris, novembro de 1972, publicado pelas Éditions de Minuit.

PRODUÇÃO EDITORIAL
Hugo Langone

REVISÃO TÉCNICA
Pedro Sette-Câmara

REVISÃO
Mariana Oliveira
Eduardo Carneiro

PROJETO GRÁFICO
Priscila Cardoso

CAPA E DIAGRAMAÇÃO
Filigrana

ESTE LIVRO FOI IMPRESSO EM FE-
VEREIRO DE 2011, PELA EGB EDI-
TORA GRÁFICA BERNARDI LTDA.,
PARA A EDITORA PAZ E TERRA. A FONTE USA-
DA NO MIOLO É DANTE 12/15. O PAPEL DO
MIOLO É PÓLEN SOFT 70G/M², E O DA CAPA É
CARTÃO 250G/M².